书香阅味

"越读越有味·全民读好书"
主题征文精粹

绍兴图书馆　编

国家图书馆出版社

图书在版编目（CIP）数据

书香阅味："越读越有味·全民读好书"主题征文精粹 /
绍兴图书馆编. — 北京：国家图书馆出版社，2021.3

ISBN 978-7-5013-7261-4

Ⅰ. ①书… Ⅱ. ①绍… Ⅲ. ①读书活动—中国—文集 Ⅳ.
①G252.17–53

中国版本图书馆 CIP 数据核字（2021）第040958号

书　　名	书香阅味——"越读越有味·全民读好书"主题征文精粹
著　　者	绍兴图书馆　编
责任编辑	王燕来　王佳妍

出版发行　国家图书馆出版社（北京市西城区文津街7号　　100034 ）

　　　　　　（原书目文献出版社　北京图书馆出版社）

　　　　　　010-66114536　63802249　nlcpress@nlc.cn（邮购）

网　　址	http://www.nlcpress.com
经　　销	新华书店
印　　装	河北三河弘翰印务有限公司
版次印次	2021年3月第1版　2021年3月第1次印刷

开　　本	710×1000　1/16
印　　张	23.5
字　　数	300千字
书　　号	ISBN 978-7-5013-7261-4
定　　价	88.00元

序

　　绍兴是全国首批历史文化名城，人杰地灵，文风昌盛。这方充满灵气的土地，哺育了大禹、勾践、王羲之、陆游、王阳明、徐渭、蔡元培、鲁迅、周恩来等一大批引领时代潮流的杰出人物，创造了大禹文化、书法文化、阳明文化、师爷文化、黄酒文化、越剧文化等璀璨瑰宝，在中华文明史上留下了"越文化"辉煌灿烂的一笔。

　　历史人文底蕴的厚积，造就了绍兴人"腹有诗书气自华"的精神特质，也促成了一段段与书结缘的历史佳话。早在 2500 年前，越王勾践"十年生聚，十年教训"之时，便已有"昼书不倦，晦诵竟旦"的故事，或为绍兴最早"读书故事"。而后魏晋以降，民间藏书蔚然成风，私塾书院更是遍及城乡，如绍兴稽山书院、嵊州鹿门书院、蕺山书院、古越藏书楼、三味书屋等……书香文脉历经千年赓续不断，读书佳话传唱古今脍炙人口。

　　"促进全民阅读，建设学习型社会"是党中央、国务院连年强调的基本文教国策，也是实现中华民族伟大复兴中国梦的重要力量。一直以来，绍兴十分重视全民阅读推广工作。自 2020 年以来，市委宣传部旨在打造文化品牌，组织开展"越读越有味·全民读好书"全民阅读主题活动，组建"绍兴市阅读联盟"，积极引领社会各界力量共同参与和推广全民阅读，居民阅读率不断提升，全民阅读氛围越来越浓。

　　2020 年 4 月 23 日，绍兴市阅读联盟组织开展"越读越有味·全民读好书"主题征文活动,共收到征文 818 篇,经专家评审,共评出一等奖 5 名、二等奖 10 名、三等奖 20 名。《书香阅味》一书由 102 篇精选的征文结集而成,分为"记忆中的经典""难忘的读书地""好书伴我成长""书人书事书缘""我的读后之感"五辑。全书以生动的笔触,荐读好书,讲述书人书事书地书缘,呈现阅读影响人生甚至改变命运的真切故事。

该书作为"越读越有味·全民读好书"主题活动的一项成果结集出版,是为了让更多人共飨佳作,品悟读书之美,让更多人参与阅读,享受阅读之味。

编　者
2021 年 3 月

目　录

第一辑　记忆中的经典

第二辑　难忘的读书地

第三辑　好书伴我成长

第四辑　书人书事书缘

第五辑　我的读后之感

第一辑　记忆中的经典

有些书你读了一遍，

便在你的记忆中不可磨灭，

这些经典的读物，

或许不是你一个人的记忆，

而是值得我们共同回味……

那些年，我读的《红楼梦》

朱思敏

　　《红楼梦》这本书，我已经不记得自己读了多少次。随着年岁愈增，每次读每次都有不同的感受。

　　在文化较为贫乏的过去，我第一次接触《红楼梦》还是在高中语文的课本上，犹记得是那篇《林黛玉进贾府》勾起了我对《红楼梦》的兴趣。因为自己那时候就是借宿在亲戚家，青春期的自己心有戚戚。常常抱着一本《红楼梦》，把自己想象成林黛玉。

　　那时的阅读，只是在看故事，眼里只有林黛玉、薛宝钗和贾宝玉，关心着黛玉的敏感以及她和宝玉的爱情，为她黯然神伤。

　　在读到第四十五回《金兰契互剖金兰语　风雨夕闷制风雨词》时，当看到林黛玉在雨滴竹梢的黄昏，写下哀怨缠绵的《秋窗风雨夕》词时，我心里有着说不出的烦闷和哀伤。整个人就沉浸在那种忧郁的情绪里，现在想起来，觉得那时的自己真是"为赋新词强说愁"。

　　上了大学以后，有一次在学校的图书馆里读到庚辰本《红楼梦》，还是第四十五回中有一条脂砚斋的长批，读完以后整个人豁然开朗，再也没有那种忧郁的情绪，而是满心的喜悦，仿佛自己打开了《红楼梦》里的另一扇大门。

　　第四十五回里，蘅芜苑中两个婆子打着伞提着灯，给林黛玉送了一大包燕窝、一包子洁粉梅片雪花洋糖。要走的时候，这婆子告诉林黛玉夜中值班赌钱，"如今园门关了，就该上场儿了"。脂砚斋在此写了一条长批，"几句闲话，将潭潭大宅夜间所有之事描写一尽。虽偌大一园，且值秋冬之夜，岂不寥落哉？今用老妪数语，更写得每夜深人静之后，各处灯光灿烂，人烟簇集，柳陌之上，花巷之中，或提灯同酒，或寒月烹茶者，竟仍有络绎人迹不绝，不但不见寥落，且觉更甚于日间繁华矣。此是大宅妙景，不可不写出。又伏下后文，且又衬出后文之冷落。……"

读了这脂批，我才知道自己根本不懂《红楼梦》，又或者说，以前只是盲人摸象一般地在读《红楼梦》。像鲁迅说的，"经学家看见《易》，道学家看见淫，才子看见缠绵，革命家看见排满，流言家看见宫闱秘事。"《红楼梦》如同一个万花筒，从不同角度照出不同的世界。而年轻的自己，心里只想着主角林黛玉，便只能看到黛玉的才情、黛玉的哀愁，却全然看不到《红楼梦》里其他的人情世故。

庚辰本《红楼梦》里的脂砚斋好像一个老师，他跳了出来，在人们阅读容易放过的地方，读的疏忽的地方，闲闲一指，告诉你作者为什么这样写，此处大有深意。他是一个优秀文艺评论家。多亏了他，我才在《红楼梦》里发现了俗人的快乐。

也许是一个不恰当的比喻，从那以后看《红楼梦》，好像自己从喜欢看俊男靓女的偶像剧转变成喜欢家长里短的家庭剧。

但随着对《红楼梦》读的越多，相关研究论文看的越多，对《红楼梦》的思索也更多。比如，《红楼梦》里的钗黛，最一开始，自己喜欢的是黛玉，后来了解人情世故，又喜欢宝钗多一点。但现在，对钗黛的形象都是喜爱。因为在作者心目中，钗黛都是美好的形象，《红楼梦》里两人的篇幅用力均等，有黛玉葬花便有宝钗扑蝶，有黛玉的诗情便有宝钗的画意。美本有不同，何须分上下？

现在的我，看《红楼梦》更喜欢从写作方法上去探索。知道作者为什么这样写，才能更理解《红楼梦》的苦心。

写人物群像非常之难，因为写着写着难免就重复了。《红楼梦》

里却塑造了几百号形色各异的人物，这真是一项浩大的工程。这里面又特别避免重复，令人敬佩。

写到这，不禁想起2019年大火的电视剧《知否知否应是绿肥红瘦》，这部作品也是模仿《红楼梦》，也赢得人们的喜爱，但是对比在写法上的"犯重"方面，就能知道《红楼梦》的伟大。《知否》里秦氏给明兰出难题，除了是塞妾还是塞妾，好像除此之外就别无他法一样。

可《红楼梦》里，"晴为黛影，袭为钗副，"晴雯和黛玉是一类人，然而晴雯撕扇的娇蛮却是黛玉做不出的，袭人和宝钗是一类人，但宝钗即使人情练达却不能像袭人那般伺候宝玉周到体贴。当人物的身份与性格的合一，即使有相似也会有独特性，这样人物才能立体。

特别是作者在描写黛玉时，并未仔细地写黛玉的形象，而是笼统地表述，给人无限的遐想，从而脱离了时代性。比如说黛玉，"两弯似蹙非蹙笼烟眉，一双似喜非喜含情目。态生两靥之愁，娇袭一身之病。泪光点点，娇喘微微。闲静似姣花照水，行动如弱柳扶风。"那是一种朦胧的美，不具体，可以由读者无限发挥。而且，如果稍加注意，会发现作者很喜欢写人物穿什么衣物，却很少说道黛玉具体的穿着，不落于具体，便多了一份朦胧，更能营造出她绛珠仙子的身份。虽然作者是清朝人，但我们从未直接将黛玉的形象和清朝女子结合起来。这多亏了作者的用心之笔。

立体的人物才能带动情节的走向。《红楼梦》里故事的情节也因为不同的人物性格而产生不同的走向。比如二尤，在作者的字里行间，我们能发现其实二尤都非贞洁烈女，在尤二姐未嫁给贾琏之前，二尤在贾府是被玩弄的对象，与贾珍、贾蓉都有着不清不楚的关系，这在第六十三回有体现，"贾蓉当下也下了马，听见两个姨娘来了，便和贾珍一笑。"这里父子二人一笑的情节很细节，也很有意味，可见日常之混乱。但从贾琏娶了尤二姐之后，贾珍还来继续和他们胡闹，尤三姐才更明白贾府之人视她们为倡优，所以在柳湘莲悔婚之时才万念俱灰，抹剑自刎，玉山倾倒。而尤二姐以为曲意承欢可得善果，但被骗进大观园之后，贾琏又结新欢，她生生被王熙凤折磨，最后只好吞金而亡。

二尤之死，一个刚烈，一个委屈，人物命运相似，但故事情节却大不相同，毫不重复，却又都非常经典。

与之相似的，还有金钏之死、晴雯之死，各有各不同。尤其到了故事后期，这么多人物，作者要给他们不同的归宿，真是煞费苦心。然而在这种苦心之中，作者的写作才能也是大放异彩，也让我更加膜拜曹雪芹。

特别是对比续书后四十回，一边黛玉将死，一边钗玉结合，浓烈对比不符合作者给林黛玉的描写；而一边贾府抄家，一边出来个忠仆护主，这情节过于模式化，和当时的一些小说情节类似，所以读起来索然无味。后四十回令人有狗尾续貂之感，很大原因是因为续书作者没有沿着故事人物的性格继续写下去，或者没敢写下去，毕竟没有很多人敢于直面惨淡的人生，而是在想象的大团圆中让贾府中兴了！

少年读红楼，常耽情爱中。中年读红楼，体悟人情重。不知道，等到自己老了再读《红楼梦》时会有什么其他感受？《红楼梦》常读常新，我会继续读下去。

"满纸荒唐言"的红楼之梦

谢善骁

　　在一位伟大作家吴敬梓离世还不到十年，又一位伟大作家曹雪芹消逝在神州大地。吴敬梓走得匆促，身后是何其萧条；曹雪芹走得寂寞，晚景也一样凄凉！曹雪芹死后全赖生前相交甚厚的敦诚、敦敏兄弟和张宜泉等"二三友朋，赙赠相资，草草殡葬。西山某处，荒坟一角，衰草寒烟，便是这位文学巨人的归宿之地！"（周汝昌《曹雪芹传》）。

　　在极端困苦的条件下，曹雪芹"披阅十载，增删五次"，创作了一部伟大的《红楼梦》，把我国的古典小说推到了新高峰。曹雪芹如同一位建筑巨匠，在这部巨著中构筑了荣国府、宁国府两座百年望族的围城，通过二者由乐园变愁城进而成坟场的兴衰变化，淋漓尽致地展示了封建贵族的奢靡生活和丑恶灵魂，揭示了封建社会必然崩溃的历史趋势。曹雪芹又像一位雕塑大师，在荣国府这座乌烟瘴气的舞台上塑造了两尊洁白的石像：一尊是消受着玉食锦衣却成为封建叛逆的贵公子贾宝玉，另一尊是寄居在荣国府中却不甘流于世俗的弱女子林黛玉。同住大观园，常常能见面，但一道无形的高高隔离带，却隔断和扼杀了这一对志同道合的情人的爱情。

　　贾宝玉、林黛玉这两个封建社会叛逆形象，是曹雪芹精雕细琢的两个典型人物，贯穿于《红楼梦》一书的始终。在作者笔下的贾宝玉是个什么样的人？一个狂人却又是一个俗夫！恰如《红楼梦》第三回的一首《西江月》所言：

无故寻愁觅恨，有时似傻如狂；纵然生得好皮囊，腹内原来草莽。

潦倒不通世务，愚顽怕读文章；行为偏僻性乖张，那管世人诽谤！

富贵不知乐业，贫穷难耐凄凉；可怜辜负好韶光，于国于家无望。

天下无能第一，古今不肖无双；寄言纨绔与膏粱，莫效此儿形状！

在以封建家长贾政为代表的统治者眼里，贾宝玉是一个"草莽""愚顽""偏僻""乖张""无能""不肖"的狂人，而这却正是作者用心良苦地反其意而用之。贾宝玉以自己的狂人言行，显示了他对封建文人仕宦道路的厌恶，对"男尊女卑"道德观念的对立，对忠孝节义封建道德的鄙夷，最终大胆地向至高无上的孔孟之道展开挑战。这种精神正是作者力图宣扬和赞颂的，从对一个望族"孽根祸胎"所作所为的揭示，塑造了作者所追求的一个封建制度叛逆者的形象。

然而"混世魔王"贾宝玉毕竟是一个衣来伸手饭来张口的公子哥儿、"富贵闲人"，因此他又很"俗"，一个典型的俗夫。他自幼生长在女儿国中，沾染了过多的胭脂气，也颇多风流韵事。他基本上没走出过围城，对社会世事了解很少，纯真却又显得愚蠢，甚至被骗成亲后，也只能气愤地指天责问："只以为百年好事今宵定，为什么月老错系了红头绳？"而且过惯了华衣美食的豪奢生活，一旦富贵云散，家道败落，他也就必然"贫穷难耐凄凉"了。

容貌倾城、诗才旷世、名列"金陵十二钗"正册之首的林黛玉，是荣府最小的千金贾敏与巡盐御史林如海之女，也是曹雪芹倾毕生心血下大力气雕塑的另一个人物形象。由于母亲早亡，后又父亲病故，她在贾府过着寄人篱下的生活。天生丽质的形象之美，才华洋溢的气质之美，率真坦诚的心灵之美，追求挚爱的悲剧性格之美，都展示出林黛玉迷人的魅力，醉人的吸引力。

多愁善感，清高孤傲，是林黛玉两重对立的性格。这种看似矛盾的性格，在曹雪芹为林黛玉写的数首咏花诗中得到艺术体现。在一首感叹身世遭遇的《葬花吟》（黛玉《葬花词》，《红楼梦》第二十七回）中，唱出了积聚在她心底的全部哀怨：

> 未若锦囊收艳骨，一抔净土掩风流；
> 质本洁来还洁去，强于污淖陷渠沟。
> 尔今死去侬收葬，未卜侬身何日丧？
> 侬今葬花人笑痴，他年葬侬知是谁？
> 试看春残花渐落，便是红颜老死时。
> 一朝春尽红颜老，花落人亡两不知！

在《红楼梦》第三十八回《林潇湘魁夺菊花诗　薛蘅芜讽和螃蟹咏》中，"潇湘妃子"林黛玉选了《咏菊》《问菊》《菊梦》三道诗题，表现了她性格中的另一面，像菊花那样不畏风霜、孤标自傲的高尚品格，也许还可以嗅得到她追求爱情、冲破牢笼的叛逆精神。

小说中的三号人物非薛宝钗莫属了，曹雪芹对她的塑造也下了一番大功夫。这位知书达理、德才兼备、稳重大方、玲珑机巧的美貌淑女，是封建门第中大家闺秀的典型。当她心安理得地成为宝玉新妇之后，也就理所当然地成为贾府继承人的贤内助，百年望族的未来掌门人。然而这位封建制度的忠实卫道士，却又在作者的狠心安排下，最终却成了可怜而无望的守寡者，据说原来在曹雪芹笔下薛宝钗的下场比高鹗笔下的守寡更不幸。封建王朝的千年大厦在行将崩塌的时候，薛宝钗之类的封建制度忠实维护者、封建伦理坚定执行者，都将不可避免地成为殉葬者。作者通过薛宝钗这一看似完美无瑕的形象最终毁灭，欲哭无泪地控诉了他曾经欣赏、留恋和维护过的社会。

先后在《红楼梦》中登场的人物究竟有多少？按清朝嘉庆年间姜祺统计共 448 人；而在民国初年兰上星白编的《红楼梦人物谱》中，共收 721 人；近年，徐恭时统计为 975 人，其中有姓名称谓的 732 人，无姓名称谓的 243 人。后人将其中部分有名有姓的人物归纳为：十二金钗，十二贾氏，十二丫鬟，十二家人，十二儿，十二官等等，可谓洋洋大观，让人眼花缭乱。

"红楼"中的人物称得上经典者，少说也有数十人，每个人的音容相貌各异、性格爱好不同。曹雪芹雕塑的"红楼"群像，如同杜莎夫人蜡像馆中的名人塑像，一个个栩栩如生地展示在人们面前。而蜡像塑得最像也只能做到形似，曹雪芹笔下的人物性格则是个个惟妙惟肖，这种高妙的人物塑造使"红楼"故事的悲剧色彩更显得惨淡。而由于曹雪芹的知识面很广，对诗词、金石、书画、医学、建筑、烹调、印染等无所不通，也使这场"梦"尤有真实细腻之感。

少年曹雪芹既生于"秦淮风月"之地，又长于"繁华锦绣"之乡。在这个"贾不假，白玉为堂金作马"的江宁织造之家，使他经历过一段富贵豪奢的生活，留下了许多难以忘怀的印象。晚年的穷困没有让曹雪芹变得落拓潦倒，一蹶不振。归隐黄叶村，著书茅草房，曹雪芹从被迫到自觉，对自己作了重新定位。以前的他，在江宁的围城内呐喊闹腾，却还没有完全从那个充满"禄囊"的世俗世界之中反叛出来。北上尤其在迁居西山之后，他的生命已经被完全地净化，人生目标也完全确定了——以《红楼梦》开始他生命的新起点，毕其有生之年，全力完成"红楼"之梦。

生于荣华，中经巨变，历尽人间沧桑，备尝世态炎凉；而又博学通识，才华富赡，胸多波澜，笔无滞碍。这一切的主客观条件，使曹雪芹的灵感得以不断地充电，在人们的旁观冷眼中，在令人窒息的环境下，他蘸着血和泪写出了不朽的《红楼梦》。这才是一个真实的曹雪芹，一个在艰难竭蹶之中呕心沥血地完成《红楼梦》巨制的伟大作者！

《红楼梦》的一首缘起诗《自题一绝》（又名"题石头记"），曹雪芹以短短二十言，道出了自己的一片痴心与一腔悲情：

> 满纸荒唐言，一把辛酸泪！
> 都云作者痴，谁解其中味？

满纸荒唐言道出了大墙红楼内多少秽德彰闻，一把辛酸泪洒出了古往今来多少桎梏枷锁——这正是《红楼梦》的伟大和曹雪芹的不朽！

管窥政老爹的教子之失

——《红楼梦》阅读随想

张文彩

作为荣国府的掌门人，贾政身上既没有贾赦的荒诞，也没有贾珍的靡费，基本可以称得上是坐得正，行得端。作为父亲，政老爹的女儿无疑是出色的，国色天香，秀外慧中，堪称女儿国中的佼佼者。然而元春、探春的成长与成才与她们老爹的教育培养有多大的关系？似乎看不出来。

政老爹对儿子，特别是宝玉的教育是花了不少财力、物力和心力的，从这方面说，很有点不遗余力的意思。《红楼梦》中描写贾政出场的笔墨并不是很多，却有好几处是写他板着面孔横眉立目地跟儿子宝玉较劲。可是较劲的结果如何呢？宝玉有没有朝着老子希望的方向成长与发展呢？那种"于家于国都无望"的悲凉感是从何而来的呢？宝玉的离经叛道，自然跟他的先天禀赋，跟贾府锦衣玉食的生活，跟祖母及身边人的宠溺有关，难道跟政老爹本人就没有关系吗？管窥曹雪芹笔下贾政这位严父的教子之道，笔者认为还是存在不少问题的。

一、吝于奖赏　苛于责罚

第十七回：大观园试才题对额。这一回，同游大观园，似乎是曹雪芹笔下这对父子相处时间最长、关系最为融洽的一次。贾政听到塾师对宝玉的夸赞——"尽有才情""专能对对"，就想试一试宝玉的才华，看看是不是名副其实。此番游园，宝玉虽然没有思想准备，是与父亲不期而遇，仓促上阵，但他没有怯场，应对积极主动，侃侃而谈，题额做对，很有见地，颇有几处妙语佳作，充分展现了自己的聪慧灵秀，自然也博得了随行清客们一迭连声的赞誉。然而，面对儿子的出色表现，我们这位政老爹却一直保持"清醒"的头脑，绝不允许儿子有得意忘形的机会，也绝不允许自己因儿子的才情与灵秀沾沾自喜。他对儿子的最高奖赏是：点头微笑。众人"哄然称好"，政老爹笑骂："畜生，畜生，可谓管窥蠡测矣。"还不忘对众人谆谆告诫："休如此纵了他。"

诚然，谦逊低调、含蓄内敛是儒家的传统美德；诚然，清客们的阿谀奉承容易令年轻的主人飘飘欲仙，不知身在何处。但对于一个十几岁的男孩来说，父亲的肯定与赞赏何其重要，孩子需要得到认同，得到鼓励，需要明确自己今后努力的方向。可政老爹何其吝啬，除了含含糊糊地点头微笑，就只剩下迂腐的矜持与虚伪的自谦了。给孩子一点客观公正，热情洋溢的鼓励，在他那里，何其难也。

表现出色的时候，父亲吝于奖赏，稍有不如意之处，则横加指责，摇头是轻的，动不动就喝骂，时不时斥为"胡闹"，甚或至于断然斥退。主动评论吧，引来老爸一声断喝："谁问你来！"吸取教训所以保持沉默吧，又来一句："怎么？你应说话时又不说了，还要等人请教你不成？"真正让人无所适从。好在宝玉口角伶俐，抗击打能力较强，尚能应对自如。

说到政老爹的责罚，不能不提到三十三回：手足眈眈小动唇舌，不肖种种大受笞挞。贾环加油添醋的诬告，终于使早已处于盛怒之中的政老爹骤然爆发，把宝玉绑起来一顿暴揍。这回老爹是真正的发了狠，这顿暴揍执行速度之快，前所未有；拒绝解劝，禁止通报，还亲自动手，绝不手下留情。细思量，这次毒打的表面因由是："在外流荡优伶，表赠私物；在家荒疏学业，逼淫母婢"，其实根本性的原因，一是害怕儿子得罪了忠顺亲王府，祸及自己，祸及家族；二是不满宝玉怠慢访客，倦于应酬，无心仕途经济；三是主观臆断宝玉长此以往，将变本加厉，越走越远以致无可救药……此时的政老爹已经因为怒不可遏，导致"暂时性"的心理变态。他教训儿子的目的已经很少有略示惩戒治病救人的成分，更多的是老爹自身情绪的宣泄，宣泄自己心中的愤怒、不满与恐惧。

那么，如此严苛的责罚，有没有收到预期的效果呢？适得其反，宝玉虽然遭受了一段时间的皮肉之苦，可收获了一大群身边人加倍的怜惜与关爱，受到了贾母更进一步的特殊照拂，得到了更多的时间与空间，悠然自得地过自己想要的生活。政老爹不遗余力地非常"成功"地将儿子推到了更加远离自己的地方。

二、了解不足 沟通不畅

政老爹长年忙于官场事务，忙于在自己的朋友圈应酬，"于家务疏懒"，对儿子的具体情况知之甚少。跟着他伺候他的人是谁？念了些什么书？学到什么程度了？上学时跟谁交朋友？哪些方面学得较好？喜欢什么书？有什么兴趣特长？……作为一个父亲，他对这些信息的了解与掌握显然不够多，也不够及时。

了解得少没关系，加强沟通就什么都有了。可事实却是这样的：有一回宝玉要出门去，他这样选择出行路线——

若从上房后角门过来，又恐遇见别事缠绕，再或可巧遇见他父亲，更为不妥，宁可绕远路罢。

由此可见，宝玉在父亲面前就是一只"避猫鼠儿"，能避则避，能躲就躲。只要远离父亲，宝玉就是一只出笼的小鸟，自由、欢畅、神采飞扬。只要一到父亲面前，就一脸愁闷，拘拘束束，畏畏缩缩，"全无一点慷慨挥洒的谈吐"。父子疏离，形同水火，这是贾府上下人所共知的事实。

"老爷在梦坡斋小书房中歇中觉呢，不妨事的"，清客们知道，通报老爷的行踪就是巴结这位少爷的良方，无本万利。

"你可仔细，老爷今儿在家呢，提防问你的书"，奶妈知道，呵不住少爷时，提一下老爷的威名就是一个万能的杀手锏，屡试不爽。

"……别和他们一处玩闹，碰见老爷不是顽的"，这是亲近的丫头好心的衷告。

他若在场，"恐拘束了他众姐妹不得高兴玩耍"。这是慈爱的祖母宠溺下辈的特殊方式。

一个父亲，若总是甩着脸子、瞪着眼珠子、端着臭架子，也就将亲生儿女拒于千里之外，成了传说中会吃人的大灰狼、恶老虎。没有亲近，没有信任，缺少沟通，缺乏了解，也就谈不上影响，谈不上教育。

三、疾风暴雨　疾言厉色

"才考了这么点分，干什么吃的？跪下！看看对面的，他们姐弟三个都是三好学生，为什么你们一个都不是？蠢货！骨头痒了是不是？老子今天非要好好收拾收拾你们！"

小时候，每逢开完"休业式"，拿到成绩单，邻居家总会传出诸如此类的怒喝，总要上演这样的一幕：大叔高举扁担，怒容满面，吼声如雷；他的一双儿女则跪在地上，战战兢兢，哀哀求饶……不过，痛苦是短暂的，平常这位大叔还是很宽容的：空闲的时候，他会带着儿女下下棋，打打扑克；农活忙，或者外出做生意赚钱的时候，就由着孩子们住在姥姥家，上树下河捉鱼抓鸟。只是期末一到，新的成绩单一出，老子雷霆震怒儿女哭天抹泪的一幕少不得又重演一回。我常常戏称这位大叔的教育方式是"暴风骤雨"，来得快来得猛，去得也快也干脆。

"你如果再提'上学'两个字，连我也羞死了。依我的话，你竟顽你的去是正理，仔细站脏了我这地，靠脏了我这门！"

"你们成日家跟他上学，他到底念了些什么书？倒念了些流言混语在肚子里，学了些精致的淘气！……"

政老爹与我们这位邻居大叔一样，迫切希望儿子学业有成，光宗耀祖，自己这个做老子的也就脸上有光。他采用的教育，也是"暴风骤雨"式的，逮住一个机会，抓到一个由头，不管有人没人，狠批一通，批到孩子想找个地缝钻进去；甚至暴打一顿，打到皮开肉绽，遍体鳞伤，求爷爷告奶奶。用词之激烈，下手之狠毒，不留半点情面，将自己平生恨铁不成钢的愤懑尽情发泄。可是在此之前呢，在此之后呢？或忙于公务，或醉心应酬，或甩手远行，对儿子的教育问题并没有花足够多的时间，缺少教育过程中经常性的关注，也没有安排靠谱的人员代替自己切切实实地进行跟踪管理。

"随风潜入夜，润物细无声"，娇嫩的幼苗要长成参天大树，除了沃土，也需要和煦的阳光，如丝的细雨，日复一日的呵护与照拂。修剪枝叶、除草治虫是必需的；电闪雷鸣、疾风骤雨则最好能免则免吧。

应该强调的是：笔者在这里管窥政老爹的教子之失，丝毫没有贬损贾宝玉的意思，绝不是说贾宝玉这个人物不成材，不成器。正好相反，我很喜欢这个人物，觉得他身上拥有很多特质，可爱又可敬，他的人生境界达到了很多人无法企及的高度。本文想要表达的意思是，宝玉为什么终究没有长成他父亲希望他长成的模样？就政老爹所处的那个阶层的立场来说，就他的教子初衷与教子理想而言，他并没有给儿子多少正面的影响，并没有收到预期的效果。虽然不是自觉自愿，但事实上政老爹本人对儿子的离经叛道也起到了推波助澜的作用。

管窥政老爹的教子之失，我们可以此为鉴，智慧地处理亲子关系，在孩子的成长之路上更有效地发挥正能量。

我抄《水浒传》

彭思信

　　小时候，文化市场极度匮乏。除了看电影、听收音机，就是去新华书店读书了。新华书店里面有一张大桌子，四周是一些椅子，专门让人在这里读书。我家离新华书店很近，我又不喜欢跟小伙伴们玩耍，周末我几乎都在新华书店里度过。

　　初中时，我突然爱上了《水浒传》。林冲、燕青、鲁智深、武松等英雄好汉们的形象，就印到了我的脑海中，成了我的朋友。虽然我跟他们相隔千年，可一时间竟然离不开他们了。到了晚上，我也不能轻松。我喜欢思考，喜欢把白天读到的书，像演电影一样在脑子里回映一遍。鲁智深醉打蒋门神、武松杀嫂、林冲雪夜上梁山，这些故事在我的脑海中演绎着，比电视剧精彩多了。那时候，我就有一个梦想，能够拥有一部《水浒传》，成为自己的枕边书，想读了拿过来就能读，享受那种跟英雄在一块的日子。

　　有了这种想法，我就想用自己的笔抄录这部书。为此，我准备了十几本笔记本，那种最精美的笔记本，我平时不舍得用，这时候倒是派上了用场。一到了星期天，我便躲进新华书店，一笔一画地开始抄书。

　　对于我来说，抄书的过程也是一种享受的过程。每当抄到精彩之处，我都会击节叫好。有一次，当我抄到武松血溅鸳鸯楼时，我早已经进入忘我的境界，竟然情不自禁地大声地叫了一声"好！"此时，正在读书的人们把眼光齐刷刷地投到我的身上，我却仍然沉醉其中不能自拔。我想，大家大概都把我当成"精神病"了。不管他们怎么想，我都不在乎，因为我从书中不仅得到了精神营养，还得到了许多快乐，这就足够了。

在抄书的过程中，我渐渐对这些英雄好汉们的故事烂熟于心。同时，我有了一个美妙的想法，那就是自己写一部书，同样是描写英雄好汉们的故事。我一边抄书，一边写书。写了几个故事，我怎么看都不满意，直到这时候，才知道码字的不易，才懂得古人所说的"腹有诗书气自华"的真正含义，更加珍惜一次次抄书、读书的经历。

有一次我去新华书店，铺好了笔记本，取出钢笔。来到书架边，却怎么也找不到《水浒传》了，急得我冒了一头虚汗，像热锅上的蚂蚁一样，坐也不是，站也不是。新华书店的阿姨见了，跟我说："有人来的比你早。"我忙问："阿姨，这位读者在哪里？"阿姨笑了："在哪里？你还要去人家家里找呀。"这时候，我才感觉到了自己的唐突，连忙说："对不起。"阿姨说："看你是个爱书的孩子，我这里有一部《水浒传》，是我们店长的藏书。今天恰好店长不在家，就借你一用吧。"我听了，高兴得手舞足蹈，都不知自己姓什么了。

店长的《水浒全传》跟我抄的版本不一样，我抄的《水浒传》是70回本，而他的《水浒全传》是120回本，四册。初次看到120回本，大喜过望，书中内容增加了征辽、征田虎、征王庆、打方腊以及梁山好汉们的大结局。我来不及抄书，一口气就把后50回读完了。这书越读越心寒，当读到梁山好汉们悲惨结局的时刻，特别是我喜欢的人物，如林冲病死，武松断臂，鲁智深坐化成仙的情节，我泪如雨下。回家时，天已经大黑了。当父母看到我的泪眼时，问我怎么了，我说："我的朋友们都死了。"吓得父母把门关起来，一个劲地劝我要想开点，朋友死了还会有新的朋友，毕竟人死不能复生。这时候，我才破涕为笑，说："这都什么跟什么呀，我的朋友，是书上的人物。"这样，父母才放心地回到了他们的屋里。

再去新华书店抄书时，有个老人主动来到我的跟前，跟我套近乎。原来，这位老人就是那位"比我早"的人。他说他也喜欢《水浒传》，平常读了这部书，心里总感觉堵得慌，总想找个人来聊聊这部书，当知道我正在抄书时，就感觉我也喜欢这部书，肯定会对书中众多的人物有一种特别的感情，没事的时候想跟我一块聊聊这部书。我真是碰上了知音。经过一番交流，我感觉老人是一位有知识有文化的老人，一旦聊起读书这个话题，老人便滔滔不绝。然而，我们也有一些不同的观点，如他喜欢李逵，不喜欢宋江，而我则不同，我喜欢宋江，不喜欢李逵。他喜欢李逵是因为李逵老实，是地道的农民，直来直去，士为知己者死，当面对宋江的毒酒时，一点怨言也没有，而宋江太毒，为了他自己的名声，竟然害死了最忠于他的兄弟。我则认为，宋江才是这部书里真正的英雄，宋江心胸宽阔，能容纳人才，自从宋江上山后，梁山才开始发展。如果没有宋江，梁山一伙就是一伙贼寇，肯定会被田虎、王庆、方腊这帮声势浩大的造反队伍所淹没。而李逵就是一个地地道道的杀人狂，一生杀人为乐，几乎没有是非观念。他一生杀害了无数无辜的百姓，他不想接受招安，主要是受不了当官的那份约束，只不过是一己私利罢了。当然，我们虽然对人物的看法有分歧，可是却依然建立了友谊。就在我要抄写120回本时，他赠给我一套四册《水浒全传》。从此，我才正式结束了我的抄书生涯。

而我的手抄本《水浒传》，一直陪伴我过了很多年。虽然枕边有一部《水浒全传》，可我始终对那部手抄本情有独钟。没事的时候，便随便翻翻，自得其乐。后来，人们都说我写字漂亮，问我写好字的缘由，我说，大概是年轻时抄书的原因吧。

后来，由于搬过几次家，刚开始还挺注意我的手抄本，不知什么时候，那套手抄本的《水浒传》失去了踪影。我叹了一口气，就像当年读到英雄们的结局一样。

书海夜航

李剑

古剑陶庵老人张岱在《夜航船》一书中详尽地记述了丰富精妙的中国文化常识，并认为"天下学问，惟夜航船中最难对付"。其中所涉内容，包罗万象，博雅宏深。夜航船本是南方水乡苦旅长途的象征，而张岱将其命为书名，也暗喻了读书人在求学、研问上务求严谨，必然要经历精神上的一番"苦旅"，方得驶临获求知识之彼岸。否则就会沦为《夜航船》序中的士子，怯露肤浅之事，权使僧人伸脚可已矣，令人聊发一笑。

而对于性喜读书之人来说，在书海中夜航，在"苦旅"中自愉，持之以恒地积累分辨质地的能力，通过叠加累积，充盈自我，才可逐渐提升"风物长宜放眼量"的胸襟和气度。

有位先贤曾说，读书是"魂灵的壮游"，随时可以发现名山巨川、古迹名胜、深林幽谷、奇花异卉。我不知从何时喜欢上了读书，在万籁俱寂的夜晚，窗外细雨霏霏，星夜暗淡，"沙沙"的雨滴声韵律般地落下，更增加了夜的静谧。打开朦胧的照明灯，灯的光晕温暖了一室，清茗一杯，书卷一册，压住了心头多少浮躁，也拂去了多少琐事羁绊。在书海中夜航，来一番醍醐灌顶的"魂灵的壮游"，让整个身心舒展通透，其情其景，其味其趣，不能与外人道万一。

细细追忆，书对我的最早启蒙其实来自于念小学时。连环画这种雅俗共赏的读物深深地吸引了我，支撑和丰富了那时单调寂寞又渴望阅读的心灵，每个星期天一早到新华书店购书就成了心中最为期盼的一件乐事。

也许就是连环画这种图文并茂、通俗易懂的读物最早开启了我的读书生活，从而使我与书结下不解之缘。《三国演义》《西汉演义》《东周列国志》《兴唐传》《水浒传》《岳飞》等连环画让我看得如醉如痴，并成为我认知中国历史的"启蒙老师"。从学生时代兹始到参加工作以来，读书便一直陪伴着我的成长足迹。

野夫说，读书人视书如拱璧，只要曾经勾留过一段岁月的地方，营造一个书斋聊以栖心，这是不能阙如的。不计书的多寡，也无论斋的雅俗，这些时筑时弃的空巢，作为一个时间和空间中的坐标，在转顾之中，发现它们依然贮满了值得频频温习的记忆。

书之于我，便是如此赏心乐事。时空变换，岁月更迭，但我学生时代购买的六百多册连环画以及后来越买越多的大批藏书都保存完好。他们似老友般如影随形与我相伴，让我乐此不疲。多年来，每当我徜徉在书架前，看到它们亲切又熟悉的"容颜"时，往昔购书以及阅读的情景便清晰地还原在我的脑海，那些温暖、美好的记忆就会一幕幕在我的心头荡漾，流连，让我情不自禁地莞尔一笑。

"三更灯火五更鸡，正是男儿读书时。黑发不知勤学早，白首方悔读书迟"。不知从何时起，我读书的兴趣越来越浓，并养成了每日夜读的习惯。日积月累，书越读越多，却愈发感觉到自己的浅薄和无知。在浩瀚的知识海洋中，我倾其所有，珍惜时光，发奋读书，也只能在卷帙浩繁的书海中捕捉到一丝"微光"。但我相信：只要读书的初心不改，坚持不懈地热爱读书，这一丝"微光"终究会越聚越多，并成为航标，不断照亮前进的路程。

腹有诗书气自华。春去秋来，时光飞逝，多年过去后你会发现，读书会使你的精神世界更加丰盈。它在不经意间会由内而外地改变一个人的容颜、气质、修养、谈吐和举止。春风化雨般地丰富你的情感，温暖你的内心,提炼你的人格,让你变得更柔软,更细腻,更富有创造力,成为一个真正"有意思"的人。

台北的杨照曾谓,书比爱人忠心,比亲人有趣,比烟酒、彩票深邃;书比宗教调皮,却又比巫术庄重;书让我们不必离开人的世界,就能坐拥天堂和地狱。

我以为,的确如此。

近读岳南先生的《南渡北归》一书,使我心灵震颤而不能自拔。

《南渡北归》以"卢沟桥事变"爆发后,中华儿女同仇敌忾,英勇抗日为背景,描述了中国知识分子和民族精英在国家生死存亡关头,发奋读书,以知识报国的热血情怀。他们虽处纷乱的巨变时代,但不改其节,临难不苟的高尚人格给后人留下了划时代的追忆和仰慕。他们在糜烂的艰困时局共同擎起中国文化的苍穹。

该书分为《南渡》《北归》《离别》三部。特别读到第三部《离别》时,在残酷的政治高压和"众生颠倒"的局面下,知识分子们命途多舛,兴尽悲来的厄运使我痛惜不已,我与书中的人物同忧、同苦、同悲,曾几度掩卷,不忍卒读……

当读到曾昭燏在南京灵谷塔上纵身一跃,一代女杰从此诀别人间一章时,我再也无法控制自己的情感而为之流泪。

诗人穆旦(查良铮)曾随中国远征军奔赴缅甸对日作战,在经历了野人山和胡康河谷的九死一生后,才回到国内。在后来的政治运动中也落得"在劫难逃"的悲惨命运。

他们的不幸遭遇正如穆旦在他的诗歌《冥想》中所道出的人生感悟:"但如今,突然面对着坟墓,我冷眼向过去稍稍回顾,只见它曲折灌溉的悲喜,都消失在一片亘古的荒漠。这才知道我的全部努力,只不过完成了普通的生活。"

是的,人只有经历过九死一生或沧桑巨变,才会从心底呼喊出振聋发聩,响彻天宇的泣血心声。

掩卷长思，文化大师们忧国忧民的高风亮节使我久久难以释怀。我想：人世间的悲欢离合，哀苦困厄以及凄凉漂泊的壮悲，从未泯灭中国知识分子和民族精英对真理的不懈探求以及对民族家国的赤胆情怀。

在抗日救国的艰苦岁月中亲历神州大地发生天翻地覆的这批中国知识分子精英堪称中国近代史上闪耀着伟大思想光芒的文化群星。他们似天际中的耀世明星，用自己的智慧和才华，带给中华民族以光明和希望，播下了生生不息、薪火相传的文化种子。

胡适、蔡元培、梅贻琦、陈寅恪、傅斯年、梁思成、林徽因等一大批文化巨匠的丰满形象在我心中树立成一座座不朽的丰碑，使我心潮澎湃，激荡不已！

噫！斯人已去，但其天心可鉴，风骨永存！

台湾著名作家三毛谈到她的读书体会时说，每当缓缓踱步到城墙似的书架，但觉风过群山，花飞满天，内心安宁明静却又饱满。读书至情真意切处，便觉天人合一，物我两忘，落花流水，天上人间。

读书就是这般化境，有时让你情有所困，感时伤逝而不能自已。有时使你因寄所托，放浪形骸而陶然忘机。古人则很形象地将读书喻为："饥读之以当肉，寒读之以当裘，孤寂而读之以当友朋，幽忧而读之以当金石琴瑟。"这也便是读书的妙处。

古人读书为稻粱谋。而今天，读书的环境与目的与古人相比，可以说都有了天壤之别。我更欣赏三毛的读书理念："读书只为自己高兴。"增加智识、开阔视野、陶冶情操、涵养浩气、与书为伴、岁月有依。

夜深了，在书海中夜航，在夜航中寻觅"知音"，似乎可以感受到自己与"高贵的灵魂"之间的心有灵犀。那透着淡淡墨香的文字勾勒出一个个栩栩如生的丰满人物，幻化出一个个令我心驰神往的精彩世界……

就这样，心有所属，凡生安宁。乐以忘忧，不知老之将至，该是怎样的一种理想境界啊？

聆听菜根的声音

钟实

　　《菜根谭》的作者洪应明名不见经传，所著此书却被誉为奇书，不仅在国内声名远播，而且在日本影响极广。

　　《菜根谭》，又作《菜根谈》，书名的由来说法不一。有人以为典出"性定菜根香"；有人以为化自宋儒汪信民之语——"人能咬得菜根，则百事可做"。毛泽东说，读懂一部《菜根谭》，体味人生的百种滋味，就能做到"风斜雨急处，要立得脚定。花浓柳艳处，要着得眼高。路危径险处，要回得头早"。从祖父到我们孙辈，我家几代人均与《菜根谭》有缘，从这本书中汲取了所需的营养，甚至借此度过了一些艰难岁月。

　　中专文化的祖父曾担任某地的卫生院院长，后因历史缘故被下放到农村做起"赤脚医生"。工作之余，读书给予了祖父强大的精神支撑，除了与工作相关的医书外，各种名著、经典成为他案头的必备之物。尽管当年祖父的生活捉襟见肘，他愣是坚持从牙缝中抠出钱来买书，渐渐装满了一大箱。腹有诗书气自华，与别人谈话时，祖父常常引经据典、谈吐不凡。我懂事后，问过祖父如何看待他人生的起落。祖父说，《菜根谭》云："人知名位为乐，不知无名无位之乐为最真；人知饥寒为忧，不知不饥不寒之忧为更甚。"从那时起，我知道了《菜根谭》这本书。祖父是这样说的，也是这样做的。他经历坎坷从未怨天尤人，以乐观的心态履行着治病救人的职责，直至生命的尽头他依然坚持用放大镜看书读报。

　　父亲初中毕业考上省重点扬州中学，高二那年，响应号召的他辍学回乡支农，繁重的体力活令瘦弱的他身心交瘁。面对这种反差极大的困境，父亲以《菜根谭》中的文字自勉——"居逆境中，周身皆针砭药石，砥节励行而不觉"。再苦再累，父亲总要千方百计找一些书来读。其间，父亲爱上了写写弄弄，村里搞文娱节目需要剧本、村民写书信或者打个报告什么的找到父亲，他每每得心应手地一挥而就。因为文字方面的特长，父亲做了村里的语文代课老师，当时微薄的薪酬根本无法养家糊口，但他在教书育人的过程中实现着人生的价值。当时家里一贫如洗，人到中年的父亲累得跟陀螺似的，仍挤出有限的时间自学，常常去县城学习。考试的盘缠也得外借，但他克服重重困难，如愿拿到中文大专的文凭。数十年来，读书不辍的父亲不断晋升职称，从代课教师转为民办教师，又从民办教师转为公办教师，还当选过县人大代表。年近七旬时，喜欢法律的父亲不顾别人的异样目光，毅然报名参加函授学习，并以优异成绩取得法律本科的文凭。

　　那时，父亲提到的《菜根谭》仍然是我心中的谜团，直到20多年前，我才在集镇的一个地摊前与这本书意外相逢，一来由于祖父和父亲的故事，二来翻看几页由衷地喜爱，便毫不犹豫地购入囊中。有段时期，情绪低落的我万般沮丧，《菜根谭》排解了我无言的苦闷，让我重新扬起前行的风帆。有所感悟的我尝试着写作，用笔来描绘人生的酸甜苦辣。多年的练笔，虽说发表的"豆腐块"屈指可数，然我获得了心灵的极大慰藉。工作中，屡有领导提醒我这个人性子犟，不谙变通之道。我固执地认为，人不可有傲气，但不可无傲骨，执意坚守心中的原则与底线，尽管经常受伤，每以《菜根谭》语录抚慰疗伤——"藜口苋肠者，多冰清玉洁；衮衣玉食者，甘婢膝奴颜。盖志以澹泊明，而节从肥甘丧也"。

　　作为一本几百年前的古书，《菜根谭》中亦不免瑕疵，但瑕不掩瑜，如此菜根绝非鸡肋，可谓内藏真经大乾坤，我将一如既往地与家人们恒久聆听菜根的声音。

草根梦

成水凤

我是一棵草，根在大地，梦在蓝天。

——《平凡的世界》读后感

一

一年秋天，我翻开《平凡的世界》，走进了农村青年孙少安、孙少平兄弟俩艰辛的奋斗之途。

孙少安、孙少平兄弟是双水村一户贫困农民家庭的孩子，在20世纪七八十年代中期，他们一个在农村一个在城市，在大时代历史进程中各自走着艰难曲折的道路。

孙少安十三岁那年，上完高小，平心静气做了庄稼人，承担起家庭重任。其弟孙少平从原西县高中毕业，回乡教了三年书后，赤手空拳进黄原城做揽工汉。

兄弟俩的生活辛酸坎坷却处处充满生机。

在开春寒冷的深夜，孙少安为给生产队的病牛医病，流落米家镇街头。他利用中午别人睡觉的时间营务自己的庄稼，种什么都是精心谋划——有些要补充口粮，有些要换成零用钱。1980年，全国乡镇企业崛起之际，孙少安创办砖窑厂，走上了曲折的"农民企业家之路"。

孙少平在黄原城谋得的首份工作是给阳沟大队曹书记家箍窑。把一百多斤石头从沟道里的打石场背往半山坡箍窑的地方，他的脊背被压烂、被石头磨得双手起茧，茧皮像一层透明的纸。辗转几个工地后，孙少平被招录为煤矿工人，井下工作危险、劳累，但工资有保障，收入相当可观。无论是背巨石还是下煤井，孙少平心满意足：他挣脱和超越了他出生的阶层。

纵观孙少安、孙少平兄弟俩走过的路，没有依靠，没有资源，在一穷二白中乐观向上、自强不息。他们在追求什么？很明确，有尊严地生活。这是那个年代的农民最朴实也是最高层次的追求。

二

在20世纪七八十年代，城乡二元结构泾渭分明，人们的户籍分为农业户与居民户。农民，起早摸黑在地头劳动，到年底看不见几个钱，有的甚至吃不饱饭。居民，国家发粮票、油票，生活过得安稳体面。农民渴望成为居民。在他们眼里，居民户是好人家，做居民是前世修来的福气。所以，孙少平被煤矿录为正式工时，兴奋得买了二斤猪头肉和十几个油饼，以揽工汉的方式请"萝卜花"大餐一顿，惊喜之情溢于言表。

我出生在20世纪60年代，家里世代为农。父母盼望我们姐弟四个成为居民。他们说得最多的一句话："只要愿意读书，就给你们读，直到读不上去为止。"因为读书是我们姐弟成为居民的唯一途径。

父母起早摸黑在小队劳动，又从房前屋后、路边田埂开辟出自留地，种上南瓜、花生、绿豆等等。他们像孙少安一样，在自留地里精打细算，相互套种，边边畔畔种满了庄稼和蔬菜。农作物成熟了，父亲把装满农作物的箩筐挑上埠船，由我母亲在城里吆喝着卖。从城里回来，母亲会带四个苹果给我们姐弟吃。

父亲去世时，我们姐弟还未成年。家里实在困难，大姐辍学进社队企业，与母亲一起挣钱供我们三姐弟读书。那年，大姐才十四岁，她像孙少安一样，用自己柔嫩的肩膀担起了家庭重任。

母亲在自留地上种的农作物更多了，茄子、丝瓜、乌豆等十几种。母亲又养了一大群鸡，雄鸡稍大点，炖茶瓶鸡给孩子吃；雌鸡产的蛋，一半做菜吃，一半卖了换钱。

自留地的农作物成熟了，母亲照旧乘埠船到城里卖。母亲挑着箩筐跟跟跄跄、孤独凄苦的背影，至今历历在目。那一幕总让我想起孙少平背巨石的模样，两者交叠闪现时，一股辛酸从心底涌起，常模糊了我的眼。

母亲从城里回来，依旧带来苹果，但不是整个，是一瓣瓣的。我以为母亲把苹果切开后分给孩子们的，当我自己买苹果时，才知道那些苹果被剔除了烂疤，很便宜。

三

家里失去了父亲这个顶梁柱，要吃饱饭已非易事，母亲还是执拗地要让孩子们吃到苹果。记得我刚上大学时，母亲第一次来看我，提出的也是要给我买苹果吃。

那时，我正在外面办事，同学叫我回宿舍，说我母亲来看我了。我跑着过去，见母亲坐在宿舍的小椅子上，穿着旧布服、解放鞋，身上沾着薄薄的灰尘，一脸疲惫。母亲在城里卖完农作物，转了几路公交车，绕道来看我。

母亲高兴呀，自己的孩子上了大学、成了居民，不再看天吃饭了。她拉着我的手，要给我买苹果去。我鼻子酸酸的，坚持不要买。如果给我买苹果，母亲卖了一天的农物钱全搭进去了。母亲也不强求，留了点钱赶紧回家，临走时，要我自己买点吃的，不要太节约。

苹果仿佛图腾般存在。它代表什么呢？后来，我知道它代表着母亲心中的一个执念：让孩子过上好生活。它像孙少安、孙少平眼中的新窑洞，是一个梦想、一个创造，它直接关系一个人的生活尊严。

许多年后，我们三姐弟大学毕业、拥有一份稳定的工作；大姐开辟出了一方广阔的天地，拥有一份不错的事业，家里生活好转，苹果不再是稀罕物。一天，与母亲聊天，她说："过去苹果只是好人家吃吃的，想不到现在吃苹果像吃咸菜一样平常了。"那神情，高兴夹杂自豪。在母亲心里，苹果真的如"旧时王谢堂前燕"般珍贵难得。

母亲终于说出了埋藏在心底的愿望。"让孩子过上好生活"成了她神圣的信念，刻进心里，融入血中。这个信念支撑着一个穷苦的、孤单的弱女子挑起沉重的担子，把孩子们供进了大学。

我读《平凡的世界》已经多年，孙少安、孙少平兄弟俩仍时不时在我心头穿梭。在他们的奋斗历程中，我感受到了父母辈人的坚韧与执着。他们如小草般存在，卑微又坚强。卑微，是因为贫困；坚强，是因为对美好生活始终充满信心。他们鼓舞并激励着后辈人跨坎过壑、披荆斩棘去追求幸福生活。

《平凡的世界》于1986年12月第一次出版，距今34年。其间，农村发生了翻天覆地的变化，农民从土地中解放出来，有的搞经营，有的办实体，参加了合作医疗保险和养老保险，农民与居民一同享受着改革发展带来的文明和实惠。我想，如果路遥生活在当今时代，他笔下的孙少安、孙少平兄弟一定会拥有更加丰裕的生活和精彩的事业。

磨难下的精彩人生

——读《平凡的世界》有感

谭钰嫣

奥斯特洛夫斯基说过："钢是在烈火和急剧冷却里锻炼出来的。所以才能坚硬和什么也不怕。我们的一代也是这样在斗争中和可怕的考验中锻炼出来的，学习了不在生活面前屈服。"我们人的一生不正是在一次又一次的磨难中度过吗？每个人都会经历各式的磨难，磨难是成长的催化剂，催你成熟，逼你刚毅，使你在挫折中坚强，在困境中奋起，披荆斩棘，勇敢地走向心中的那番精彩的天地。

《平凡的世界》，书如其名，作者路遥用朴素的语言深刻地展示了一些平凡的人们在大时代历史进程中所走过的艰难曲折的道路。翻开这本书，我看到了人性的自尊、自强与自信，人生的苦难与拼搏，挫折与追求，痛苦与欢乐，纷繁地交织，读来令人荡气回肠，不忍释卷。

慢慢阅读，孙少安和孙少平这两兄弟深刻地烙印在了我的脑海里。其中，孙少安是最触动我内心的人物。作为父母的长子，他孝顺懂事；作为哥哥，"长兄如父"这四个字他当之无愧。但是，他对得起所有人，却独独对不起他自己。俗话说："穷人的孩子早当家"，这句话放在孙少安的身上再合适不过了。孙少安少年老成，早早地便知晓自己作为这个家的长子所要肩负的责任，那时的他才 13 岁。在升初中时，他深知能够继续上学这件事，对于自己来说已经是遥不可及的一个梦。但他并没有因为这板上钉钉的事而放弃参加小升初考试，他不但参加了考试，还以全县第三的成绩拿到了录取通知书。然而，这本录取通知书却是他与学校最后的一点联系。参加考试，是他的一份坚持，因为他想让村里人都知道，他不继续读书并不是因为考不上，他能！并且优秀！孙少安的身上有着闪闪发光的品质——牺牲与承担。不甘为命运的玩偶，在沉重的生活中发掘自己被禁锢的价值，孙少安就是用这样的品质撑起了一个家。

《平凡的世界》所呈现出的，是我们平凡大众的世界，书中没有穷小子逆袭成人人喜欢的香饽饽，没有各种惊心动魄的生死时速，也没有出现新闻中那样跌宕起伏的抱错人生，却将大众生活中的种种矛盾与突如其来的意外遭遇体现得淋漓尽致。孙少平从开始的穷小子，到最后也仅仅变成了一个全靠苦力和风险吃饭的煤矿工人，脸上还留下了苦难生活的见证——让人触目惊心的伤疤；孙少安全凭自己的努力让自己家在村子里的地位发生翻天覆地的变化，也让原本劳苦的家人和自己风风光光，但是到头来，发现自己的妻子患上了癌症。

全中国有成千上万这样的家庭，就是这样一个个平凡的家庭撑起了整个中国。少安的第一个大磨难：少安有一个青梅竹马田润叶，他们两情相悦，他却因为种种原因退缩了，娶了一个不要彩礼的媳妇贺秀莲，本以为未来会很美好，谁知秀莲得了癌症。命运真的是一个很奇妙的词，它总是在平静的生活中忽然扔下一个响雷。孙少安在家庭和政治的双重压力下顽强拼搏，他从不屈服于磨难，不论是情感还是工作。正是他这种迎难而上的精神使他最后富裕起来。

看着孙少平与孙少安的13岁，再回想当年的自己，还是个只知道读书，不知柴米油盐贵的孩子，在长辈跟前撒个娇，从未体会过父母艰辛，更何况是帮父母分担辛苦。我得以无忧无虑地生活在这个时代、这个家庭，何其有幸！看完这部小说，我闭上眼，反省了我自己，我拥有这样优渥的生活条件，却是经常身在福中不知福。一遇到挫折，就想着放弃，父母的艰辛，不懂得多去体谅。看一看孙少安，再看看自己，就好像在照一面放大镜，自己的不足显露，放大。

磨难是什么，磨难是催化剂，人的一生都是在经历磨难中度过的，没有磨难就没有成长。不经历磨难的自己像是一直住在象牙塔里的公主，没有了象牙塔的保护，又像刚蜕皮的昆虫，没有坚硬的保护壳，一切都是那么没有安全感。

孙少安的吃苦耐劳让我深感佩服，从上学时期吃最便宜的馍到孤身在外闯荡，他从未喊苦喊累。孙少平的吃苦耐劳同样也是我们中华上下五千年传承下来的优秀品质，应当由我们继续传承下去。因为有孙少安这个坚强后盾，孙少平才可以毫无后顾之忧地在外闯荡。尽管没有家庭的后顾之忧，但是他的一生也是在磨难中度过的，在情感上少平更是历经坎坷。双水村的贫困，少年爱情的夭折，当揽工汉时亲戚的冷落，工作待遇的不公，身体受到的伤害，尊敬的师傅去世……这些磨难一个接着一个，好像一个个的连环炮，炸得少平措手不及，但少平并没有因此而消沉，反而心智变得更加成熟。

再看看我自己，长辈的一句责骂、工作的一次失败、朋友的一次吵架等等这些曾经都让我消沉好几天。看完这本书，我就发现自己的遭遇实在是不值一提。什么是人生？人生就是一次又一次地经受磨难！用磨难造就精彩的人生！只有选定了目标，并在奋斗中感到自己的努力没有虚掷，这样的生活才是充实的，才是五彩缤纷的人生，人生的这一趟旅行才没有白来。

作为一个生活在小康社会的中国人，没有孙少安和孙少平那样条件艰苦，我们拥有的是良好的生活、学习环境和更为优厚的经济条件，我们更应该珍惜现在所拥有的优越条件，多体谅体谅自己的父母，去体会人生百态，敢于直面磨难，给自己的人生添上几笔浓墨重彩！孙少安和孙少平所经历的磨难远比我们多得多，他们可以勇敢面对，我们又为什么不能迎难而上呢！

一座精神之"原"

王光太

　　大约用一周的空闲时间，我把陈忠实的小说《白鹿原》重看了一遍，整个故事和人物在脑海中印象清晰，又以照镜子的心态观看了王全安执导的电影《白鹿原》。其实，小说和电影本就是不同的艺术表现形式，选择同一个命题来作文，自然各有千秋，差异明显，小说的宽广和细腻是电影无法全部捕捉呈现的，而电影带来的强烈视觉听觉冲击也让小说难以比肩。包括秦腔、话剧、舞剧等改编形式，虽"道"不同，但实则讲述的都是陈忠实笔下那个20世纪前半叶风雨动荡的白鹿原。

　　多年前第一次读《白鹿原》，还未理清白嘉轩前后娶过七房女人的奇幻开头就戛然停止了，虽知道这是一本好书，却被有些晦涩难懂的开头吓住了。直至这次燃起不可遏止的重读欲望，多半是因陈忠实的溘然长逝，当代文坛又少了一个敢于用生命写作的人。路遥、陈忠实、贾平凹，被誉为文学陕军的"三驾马车"今已去二，令人扼腕叹息之余，能够以示敬重的方式，就只有用心去阅读他们生前留下的心血结晶，方可告慰这些在文字中行走的安静灵魂。

　　作为陈忠实的扛鼎之作，《白鹿原》的写作初衷，是他决心要写一部死后可以用来当枕头靠的书。不是一时的兴致所致，也不是草率而为，为了写《白鹿原》，他在农家小院一住就是十年，翻烂了所有县志，遍访当地的高龄老人，经几千个日夜的酝酿构思，这才着手开始动笔，这一写就是四年。那时他已有些名气，却完全和当地的农民没什么两样，要实在找区别，那就是农民扛在肩的是锄头，他扛在肩的是一支笔。这笔，用他的话来说，是一旦拿起就放不下的。即便呕心沥血完成《白鹿原》的那一刻，他愤而把笔扔到了窗外，说再也不写了，不写了，可第二天又捡了回来。

从不纳皇粮剪辫子，到原上掀起"风搅雪"，再到后来的大闹滋水县、渭北暴动、红三十六军攻打西安、滋水县保安团起义等等，《白鹿原》在动荡的历史进程中，描绘出一场巨大而又深刻的时代悲剧，生动展现了一个民族的历史缩影，深刻揭露出中华民族的心灵磨难演变史。

书中的核心人物白嘉轩，一个把腰杆挺太直，试图努力维系宗族传统却注定会失败的白鹿原族长。当战场逃兵杨排长要白嘉轩敲锣征粮时，白嘉轩一口回绝，说自古只交皇粮。当交农起事的领头人被抓，白嘉轩跑到县府去投案，要把他们换回来。白嘉轩将最疼爱的女儿白灵认长工鹿三当干爸。白嘉轩婉拒田福贤诚邀出山的请求。白嘉轩用家法严惩自己堕落的长子白孝文。白嘉轩先后两次带人修缮白鹿祠堂。陈忠实赋予白嘉轩忠厚仁义，刚直不阿的形象，不管原上风云如何变化，始终固守着自己的内心。这与狡黠奸诈、攀权附势的鹿子霖正好相反。佛说种什么因得什么果，二人最后的不同结局正印证了这一点。

穷苦出身的黑娃代表着反叛。从小就不喜欢念书是铺垫，不安于父辈一辈子给人打工的生活，勇敢做了白鹿原上第一个争取婚姻自由的人，第一批反抗斗争的人，历经诸多苦难和磨难，在幸福生活将要到来之时被白孝文罗列罪状杀害。

田小娥体现的是那个时代妇女的悲惨命运。先是嫁给有钱有势的郭举人守活寡，后因和黑娃偷情败露被休，因不守妇道入不了白鹿祠堂，为保黑娃又落入鹿子霖之手，在破罐破摔引诱白孝文后，被无颜面对主子的鹿三大一刀毙命。

"白鹿原上最好的一个先生"——朱先生，在我看来是先进文化的推动者。白鹿两家第一次闹翻时，他以小纸条的形式劝大家各退一步，瞬间让两家化干戈为玉帛。他的"未卜先知"，让落后的白鹿原人视为神一样的存在，他适可而止的指点，挽救了不少险走岔路的人。他不屈服于任何势力，尽职本分的以文载道，倾尽全力编写本县县志，以一介儒生赢得了原上所有人的敬重。

鹿家兄弟、白灵这些接受启蒙思想的先进分子，在时代动荡中选择并坚定了自己的理想，即使居无定所，东奔西跑，颠沛流离，甚至流血牺牲也在所不惜。陈忠实以肯定的笔调颂扬了这些白鹿原上的革命先驱。

厚重大气的《白鹿原》，是渭河平原五十年更替史的集中展现，各色人物在此粉墨登场，演绎喜乐悲哀。那一曲曲粗犷的秦腔唱不尽人世凄凉，那奔腾不息的滋水河洗不尽一阵阵血雨腥风，而待繁华落尽，曲终人散，没落的白鹿祠堂里再传不出"黎明即起，洒扫庭除"的朗朗训诫。

"嘉轩，你抿一口这好酒——西凤"，这是白嘉轩与鹿三最后一次痛饮，随即"白鹿原上最好的一个长工去世了"，主仆二人始终以兄弟相待，在患难中真情与共，组成荡气回肠《白鹿原》中又一个拨人心弦的音符。

"原上曾经有白鹿，人间从此无忠实"，因了忠实，《白鹿原》承载一种使命，一种精神，终成一代绝响。

黑夜的诗与画

杨郑

认识顾城，是因为那一句话："黑夜给了我黑色的眼睛，我却用它寻找光明。"也是因为这句话，想去认识顾城。

书名叫《顾城的诗 顾城的画》。

原本以为诗是高尚的灵物，像生长在山顶的雪莲，清亮高洁，诗里用到的语言，就得似翡翠一样的晶莹剔透，那才是雪莲的花瓣。

可是顾城的诗与画，却截然不同。就像他哥哥顾乡说的："他所有的事都听，充满期待，眼睛明亮。"我认为，也只有这样的一个人，才会用黑夜赐予的黑色眼睛，寻找光明。

他的诗乍看，看到的是生活，生命，思考诸如此类的话题，或者是生活中常见的一道光线，一缕青烟。超脱于柴米油盐酱醋茶，来源于风火水土木阳光。他在1968年的冬天，看到星月的由来。在生命幻想曲里，放进贝壳，船篷，太阳和港湾。

初看，是山间自然的林风吹拂。那风吹过田野，吹过弯腰割麦的农人；那风吹过山村，吹过饭后闲坐一桌的家人；那风吹过河流，吹过慢竿撑舟的渔人。最后那风吹回山间，带来生活平淡的艺术。

细看他的诗，看到的是米开朗基罗般的"雕刻"艺术。如果把别人诗中用的词语比作美玉，那他诗中的词语，更像是一块普普通通的玉，被他用巧夺天工的刀法，雕刻出了栩栩如生的花朵一般。两者同样的美丽。

太阳是他的纤夫，窗帘站在一边，窗纸一声不吭，像空白的信封。一小队太阳，沿着篱笆走来。露水害怕了，打湿了一片草地。风吹得害羞。一句一句都是平平淡淡的字眼组合而成的，却带着别样的灵动。每看到精妙之处，都会有茅塞顿悟的惊喜之感。原来这词这字，还可以放在此情此景。那种惊喜就好像我第一次知道山药还可以凉拌做菜，并且味道还不差似的。

回顾那首写在 1979 年的《一代人》，总觉得顾城写诗并不浪漫，有些悲情的戏码。但是看完了整册诗画集以后。你会觉得恰恰相反，他是个极为浪漫的诗人。

他画里的浪漫，是生命与生活的邂逅。某个清晨起床，逆光看向太阳，他便能写下一首诗来。一小队太阳，沿着篱笆走来。出门散步，瞥见自己窗户后的窗帘，便有了灵感。窗帘站在窗边，守护着房间。

笨拙抽象的笔画，简单粗暴地将一些物体组合在一起。《小王子》中的"我"，在幼年时画了一幅画，内容是蟒蛇吞了一只大象，如果不仔细看，所有人都会以为这是一顶帽子。可是小王子却一眼看出来了。顾城画了很多，可是我看懂的没多少，大概也是因为我不能像小王子那样，用简单而纯净的眼睛去看，去欣赏。

"他聪慧、灵动、谦和、达观，他又认真严谨，寸步不让。他看着世界也看着自己，他看见了注定，也看见了无限的自由。'生命和生活无关''感性即自然的理性''人可生如蚁而美如神'……这都是他说的话。"顾乡在书的最后说道。

我喜欢称他的诗画为"黑夜的诗与画"，是因为看他的诗与画，就像慢慢走进了黑夜，怎么也看不懂他想说什么。但是你细细地品味，细细地品味……当合上书的时候，突然发现一点星光，紧接着恍然大悟，灵台一点清明，像是打开了天眼，看到的星星越来越多，满天繁星璀璨成一条银河。

或许这就是他说的寻找光明吧。

葵花，不落别处

吴之境

淡淡的茶香弥漫着整个屋子，在这夜深人静时，我独留了一盏灯，拾起这本《青铜葵花》。

这本小说是曹文轩的代表作。以城市女孩葵花因父亲不幸离世寄养在乡村哑巴男孩青铜家为线索，刻画了青铜与葵花之间的种种深厚情谊。

女孩儿，红绒带，田野，冰凌项链，淡淡的云彩，一切都显得如此唯美，是香茗氤氲模糊了我的双眼，还是别的什么？我一时竟觉得有些愣神，不经感慨万千。

相差无几的年龄，却有着不一样的童年，物质充裕的我们早已没有了饥饿的烦恼，没有了喂牛羊的负担，却也没有了"心"。一张张故作深沉的脸上再也没有了天真可爱，报纸、电视上总是层出不穷地刊登某某中学生、大学生跳楼自杀的新闻。那鲜血淋淋的文字真叫人触目惊心，那一张张稚气未脱的脸啊，那一条条风华正茂的生命啊，竟如此脆弱，如此惨烈地消散了。

世界再如何错综复杂，我们又何必彷徨，何必黯然神伤，何必躺在阴影里独自徘徊。不如看看青铜一家贫穷却依旧善良待人，不如听听青铜因满心思念化作内心深处的一声呼唤。因为也曾听说过一句话：你若简单，世界便简单。

没有经过恐怖的地狱，哪里能来到天堂，没有流过鲜血的手指，哪里能弹出千古绝唱。挫折是炼金石，困难是人生导师，悲剧亦是财富，我们何不微笑，何不迎难而上。带着"长风破浪会有时，直挂云帆济沧海"的气势，和着"欲与天公试比高"的呐喊，消释心中的"冻土"，让春风拂过脸颊，让童心回归，让我们扼住命运的咽喉。

人之初，性本善，我们由生命的起点走来，谁不是善良的？谁的生命不曾是一滴绿水，晕染了一汪的清泉？谁的生命不是那如雪的剔透洁白？可是又有几个在社会俗世这个大染缸中坚守本心，不忘初心？

古往今来，有多少的伟人为我们做出了榜样，让我们赞美杜甫的"安得广厦千万间，大庇天下寒士俱欢颜"的愿景，让我们铭记文天祥的"人生自古谁无死，留取丹心照汗青"的铮铮誓言，我们跟随王峰三次冲进火场救人，留下带血的脚步，我们学习吴斌忍痛停车，保证乘客安全的大义。

所以我想呐喊，我想歌唱，不要忘记最初的感动，不要随波逐流，不要与世俗同流合污。世界再功利，再浮躁，我们要学习莲之出淤泥而不染，如果我们不是耀眼夺目的太阳，那就安静地做一颗星星，给人安慰。如果我们不是永不熄灭的火炬，那就做一支蜡烛，短暂燃烧，如果我们不是化作春泥更护花的落红，那就做一株小草，在最美的时光陪衬主角。

窗外，点点花灯在我眼前仿佛幻化成了一朵朵灿烂、热烈的向日葵，带着蓬勃的朝气，带着不可抵挡的信念，向上，向上。记忆中的葵花永远在油麻地吧。

夜未央，灯落灭，茶已凉，但终不愿再续下去。

一本《绍兴名胜》影响了我的一生

胡文炜

　　1966年我初中毕业，离校前一位同学送我一本由绍兴鲁迅纪念馆编印的《绍兴名胜》。这是一本只有56页的小册子，前面是绍兴地图和绍兴简史，后面正文介绍了30多处绍兴名胜，其中"城区""郊区"各占一半。那时我才十多岁，几乎没有离开过老家安昌镇，所读的书也基本上是教科书。读了这本《绍兴名胜》，使我知道家乡绍兴是"千岩竞秀，万壑争流，风景如画"，有着众多的名胜古迹。于是产生了一个念头：要是能到书中介绍的地方去走一走看一看该有多好。那时正是中学生的待业时期，我约了几个同学步行去了其中几个地方，如柯岩、下方桥石佛寺、钱清环翠塔（现在只存塔基，那时还完整）、后海塘等，都是当天来回。只是限于条件，没能走更多的地方。此后下乡支农、回到集镇进了单位，这几年虽然居无定处，但我一直把这本《绍兴名胜》带在身边。那时我去了书中"城区名胜"的不少地方，如鲁迅纪念馆、沈园、青藤书屋、越王台等，但"郊区名胜"大多还没有去，总想有机会把书中写到的名胜全部都去走一走看一看。

　　1995年我已经安家柯桥，当时由张能耿、盛鸿郎等三位专家编著的《越中揽胜》一书出版，我看到后爱不释手，立即买来。这本书内容十分丰富，书中收录了绍兴全市1000多个名胜景点，使我眼界大开。按照这本书，我尽量利用业余时间去走访周边的风景名胜，兴趣越来越浓。不久又购买了整套的《绍兴市志》《绍兴县志》以及很多有关地方文化的书籍。这样我一面阅读，一面实地走访，在这基础上试写了一些稿子，陆续在《绍兴日报》《绍兴县报》《越文化研究通信》《绍兴史志》《越地春秋》《绍兴学刊》等报刊上发表。

2010年我退休了，但还有充沛的精力，同时有了安定的生活环境。怎样安排退休后的生活，特别是最初几年的生活，这是许多人都需要面对的。我的同事、同学多次约我外出旅游，这确实是一个很好的选择，辛苦工作了几十年，现在有条件看看祖国的大好河山，调剂生活，无疑有益于身心健康。但我有自己的打算，我要实现几十年前的一个心愿，就是走遍家乡绍兴的山山水水。开始几年我去的是南部山区，在大致三年的时间里我登过数十座山峰，走过了一百多条山路，走访过几百个村落。接着我再去上虞、诸暨、嵊州、新昌，结合有关介绍，又大致用三年时间，基本上走遍了四地的著名景区。然后踏看北部平原的水乡村落，也穿插去山区等以前未走到的地方。在这十年里，我徒步超过一万里，到过两千多个自然村，拍摄六万多张照片，记下六十万字的流水账。我不仅在气候宜人的春季秋季出去，也在盛夏酷暑、寒霜严冬中外出，在阴雨连绵、雪花纷飞时外出，可以说是全方位记录了绍兴从山区到平原一年四季的不同景色。我之所以这样做，正是起因于最初阅读的这本《绍兴名胜》，起因于20岁以前所接受的知识和产生的兴趣。

近40年来，绍兴同全国各地一样，乡村面貌发生了前所未有的重大变化，延续千百年的传统建筑，传统环境，通过拆迁、改造和美化，给村民的日常生活带来了根本的改观、改善，生活质量得以迅速提高。乡村的传统道路、历史建筑，清除的清除，改变的改变，出现了历史性的大变化。40年时间并不长，对于历史长河来说只是短短的一瞬，从这个角度看，这次改变不是渐变，而是突变，这种改变不是发生于几代人之间，而是就出现在今天的一两代人面前。现在整体保存历史面貌的古村落已经非常稀少了，南部山区有个别小村虽然不通车路，但也有二三十年前所建，用砖块砌柱子、砌墙的房子。少量老房子破了后用水泥修补，屋顶翻轩破了采用塑钢瓦、琉璃瓦、树脂瓦等新材料更换传统瓦片。许多老房子因主人外出而空关、废弃。偏远的深山村落，只要通车路，大多旧貌尽失，十有八九改建或翻建成新房，能保存一半老房的村子已经难找，多数村落只剩少量几间低矮的老屋。时代的发展必然带来环境面貌的变化，我的图片和文字比较全面地保存了 21 世纪第二个十年的绍兴乡村面貌。由于时代仍在快速发展，乡村面貌还在继续变化，有的地方几年前去过，现在再去又有了很大的改观，所以我留下的图片和文字，一定程度上成了一份历史资料。

通过长期的阅读和实地走访，我发表了 200 多篇地方文化稿件，出版了《绍兴文史纵横》《绍兴历史文化之谜》《会稽山志》《绍兴山岭古道记略》《越地咀华》等著作，有关媒体也作了报道。多年来我虽然陆续购买了大量地方文化书籍，但这本《绍兴名胜》依然插在我最常用的书架上，因为这是一本引领我在文化道路上起步的书，每次取出来翻阅时，总会感到非常的亲切。

读《活出生命的意义》

沈立峰

在对的时间，遇见一本对的书，是人生的一种大幸福。能在不惑之年遇到《活出生命的意义》这本书，我觉得就是我的一种大幸福。

我曾经在高中时代，尤其是面对升学的压力，面对每天机械式的校园生活，开始不断地问自己活着的意义是什么？但一直找不到满意的答案。只觉得佛法与我无缘，而儒家"立德、立功、立言"又是一种圣人的境界……尤其是后来身体一直健康得可打死老虎的母亲突然被确诊为肺癌晚期，这犹如一记晴天霹雳，更让我对生命的意义产生怀疑。这时，我有幸遇到了这本书。

这是一本意义隽永的经典、是一位伟大人物心灵升华的见证。一开始被书的作者所震撼，弗兰克尔，他的人生堪称 20 世纪的一个奇迹：身为犹太人，除他和妹妹外，全家都死于奥斯维辛集中营；开创了心理学上的意义疗法，给了无数人生活下去的勇气；一生对生命充满极大的热情，67 岁学习驾驶飞机，80 岁还登上阿尔卑斯山。他的作品《活出生命的意义》销量突破千万册，并获选"美国最有影响力的十大图书"之一。

好的作者可以让读者感同身受，伟大的作者可以让读者感同"心"受。书分为两个部分，第一部分是作者的自传，他以一种旁观者的角度叙事，不仅让读者身临其境体会到集中营的惨绝人寰，大量的心理活动记述，更是引起了读者无限的共鸣。第二部分则介绍了意义疗法的核心理论。

在刺激与反应之间，人有选择的自由

作为亲历者，弗兰克尔在书中的第一部分回忆了在集中营里的苦难经历。食不果腹、衣不蔽体，在皮鞭和枪口下，时刻面对着生死存亡。"连做噩梦都成了一种幸福，不管梦有多恐怖也比集中营的现实状况要好得多。"

在如此恶劣的环境中，作者在某一天忽然有一种全新的感受，后来他称之为"人类终极的自由"。即虽然纳粹能控制他的生存环境，摧残他的肉体，但他的自我意识却是独立的，能够超脱肉体的束缚，以旁观者的身份审视自己的遭遇。他可以决定外界刺激对自己的影响程度，或者说，在刺激与遭遇的回应之间，他有选择回应方式的自由。这之后他设想了各式各样的状况，比如想象他从死亡营获释后，站在讲台上给学生讲授自己从这段痛苦遭遇中学得的宝贵教训，告诉他们如何用心灵的眼睛看待自己的经历。

凭着想象与记忆，他不断将内心的自由种子培育得日益成熟，直到超脱禁锢。对于物质环境，集中营有生杀予夺的决定权，但是弗兰克尔享有更伟大的自由——他强大的内心力量可以帮助他实践自己的选择，超越集中营的禁锢。这种力量还感化了其他的狱友。最恶劣的环境中，弗兰克尔运用人类独有的自我意识，发掘了人性最根本的原则，即在刺激与回应之间，人有选择的自由。

"刺激与回应之间存在一段距离，成长和幸福的关键在于我们如何利用这段距离。"的确，人不是被事物本身困扰，而是被他们关于事物的意见困扰。同样的刺激，我们有权决定自己的回应。同样在集中营极端恶劣的环境中，有人能够在自己随时被饿死的情形下，省下一小块面包，去安慰比他更虚弱的狱友；而有人则为争取当上"囚头"，极尽残忍手段对待身边的狱友，甚至比党卫军军官更凶恶。

如果苦难是不可避免的，以什么样的姿态面对它却是自己自由选择的结果。即使在最困难的环境中，你依然有选择的自由，你可以选

择怎么去面对苦难。这也是他在书中表达的，不管境遇如何，你都仍有选择。在苦难的环境下，困苦提供给人道德完善的机会，有的人会充分运用它，有的人会放弃它，这也决定了他是否配得上自己所遭受的苦。正所谓"卑鄙是卑鄙者的通行证，高尚是高尚者的墓志铭"。

在反思中，我也仿佛跳出了自己的角色，成了一个旁观者，身处那段距离来观察源自外界的刺激。看到了这一点，我突然认识到，原来，以前一些疑问都似乎有解了。一直认为，人生最终是一场悲剧。哪怕一些曾身居高位的人到年老时，也往往难逃病痛与孤独。而当我们转变观念，每个人都有自己独特的经历，诗人说"你所经历的，世人夺不去"。正是在这层意义上，我认识到了原来老年人其实比年轻人有更多的自豪。

2017 年，因为母亲的去世和事业的不顺，我一夜间得了耳鸣。一开始，内心极度焦虑，四处求医。而有一天，我突然意识到，伤害我们的并非悲惨遭遇本身，而是我们对于悲惨遭遇的回应。我无法左右耳鸣，但可以左右对耳鸣的态度。随着时间的推移，我也逐步适应了耳鸣，与其相安无事地相处了。

知道为什么而活的人，便能生存

尼采说"知道为什么而活的人便能生存"，这可以作为所有心理治疗师的座右铭。也是弗兰克尔在《活出生命的意义》书中多次重复提到的一句话。他认为每个人都是独特的，拥有独一无二的价值，不因这个人是否有好的工作，或者好的头衔才有生命的意义，他认为存在无条件的意义。然而事实上，越来越多的人不知道自己活着的意义是什么。无意义感像新冠病毒，可能侵袭每个人的心灵。弗兰克尔研究发现，假如一个人没有正确的目标，他就会出现各种各样的问题。研究发现自杀的、抑郁的、焦虑不安的、心理枯竭的心理障碍患者都有一个共同的问题，看不到未来，没有生活目标，不能明确了解生活的意义和责任。没有生活目标的人特别容易放纵自己的堕落，逃避现实，经常回忆过去。

要在集中营里活下去需要勇气，而勇气一旦失去就很难找回。很多人就是在勇气失去后很快自杀了。当看到某个人早上5点起来不去上工，怎么喊都不去干活，拿出平时舍不得抽的烟点燃，那就意味着这个人活不过48小时了。支撑弗兰克尔的勇气是他的家人，是他未发表的手稿。

因此，"生命"的意义不是抽象的，而是非常实在和具体的。假如一个人明白了为什么活，就能承受所有如何活的问题。但我们平时更强调的是什么学习方法、工作方法、管理方法，但其实更重要的是为何活。生命的意义问题几乎与人类同样古老，是人类世世代代不断探索、追寻，且至今尚无标准答案的问题。周国平说，作为普通人我们其实不用过多考虑人类的终极意义，只有人世的现实意义，才是我们可以掌握的。弗兰克尔在书中提到有三种不同的方式可以发现生命的意义：一是通过创立某项工作或从事某种事业；二是通过体验某种事情或面对某个人；三是在忍受不可避免的苦难时采取某种态度。第一种即成就或成功，第二种意义往往更易于获得、更稳定，也更恒久。正如周国平推崇的，这二种也是平常生命中最受用的。

随着阅读的深入，我也看到书中提到一个人的目标是奉献，奉献是无止境的，所以他的人生追求是不停止的，他会永远地有激情，永远地有目标。假如一个人的目标就是为了自己，他将活得毫无意义，他为了别人他才会活得有意义。

人的幸福分两种，一种是因为获得而得到的幸福，一种是因为奉献而得到的幸福。因为获得而得到的幸福是有限的，因为获得是有限的。"为人民服务""我将无我，只为人民"，只有真正将小我融入到大我的奉献之中，生命的意义才会真正永远充满生机和活力。透过弗兰克尔的理论，我们也许能进一步加深对这些价值观的理解。

《活出生命的意义》，值得每个人反复阅读。

为你，做个读者

王鑫洁

　　字本无它，经过朗诵抑或歌唱，用轻柔的声调和音色，生出故事和情绪。

　　我与吉姆·崔利斯的《朗读手册》就这样生出了许多故事来……

——题记

　　歌声之所以动人，是因为能拨动你的情；笑声之所以怀念，是因为能温暖你的心。可总有一种声音，虽然没有千般动人，万般柔情，却能将知识如春日细雨般滋润着每一棵刚刚探出脑袋的幼苗，使他们苗壮成长，日益美丽。这种声音就是——朗读，这种朗读的声音一旦被烙在心里，印在脑中，她就会成为孩子爱上阅读的原动力。

缘起——钟书阁

　　2018 年 10 月，与友结伴来到杭州钟书阁，移步书架时，它的封面让我驻足：一棵大树下，一位美丽的母亲捧着一本书在为孩子们读书，孩子们有的趴在地上，有的坐在秋千上，有的跪坐在地上，甚至有的依偎在母亲的怀里，但所有的孩子都沉浸在书的世界里。整个画面静谧、温馨、祥和，我很喜欢。当目光定在左下角的两行字时，更让我心动了：你或许拥有无限的财富，一箱箱的珠宝与一柜柜的黄金。但你永远不会比我富有——我有一位读书给我听的妈妈。作为人母的我，重视早期教育，这两行字让我忍不住往下翻阅。初读不过寥寥 30 页，就有一种相见恨晚之感。

缘生——做个读者，甘之如饴

《朗读手册》的作者崔利斯拥有一位能读书给自己听的妈妈，那是多么可观的一笔精神财富。崔利斯用生动的事例来说明，在我的心底产生了共鸣。用确切的数据佐证事实，更让我信服不已。字里行间处处折射出深思熟虑后的简洁与深刻。直到现在回过头再看《朗读手册》，我真的确幸遇见了这本书，那是我成为语文老师的第八年，成为一个妈妈的第七年。这本书的前半部分主要针对的是家庭教育，后半部分针对的主要是学校教育。因此这本书对于我来说不管是母亲还是老师的角色，我都能从中获益。

故事一：用朗读温暖亲子

回忆当时初为人母的我与所有的妈妈们一样极其关注孩子的早期教育，从她很小时候，就常常给她读儿歌、读故事。从小伴她长大的声音是最好的语言教育。记得女儿 4 岁时，那时还没有上幼儿园。我给她买了一套《鼠小弟的故事》，这套书以黑白为主，画面简单但是却很细致，也很可爱有趣。故事语言简单，还有反复的语言特色，比较符合小孩的心理，女儿特别喜欢这套书。天天睡觉前让我一遍一遍地讲，她百听不厌。一个午后，无意中发现女儿独自坐在窗帘边，有模有样地自己在叨叨这个故事，更可爱的是，她还会模仿我的语气语调甚至表情，当时的我多满足啊。现在想来朗读的魅力真是太大了，就像崔利斯说的："世界上最棒的辅导课程就是在孩子们还小的时候，为他们进行睡前朗读。久而久之，如果孩子们觉得这是一种美妙的体验，他们也会开始自己的阅读。"

后来女儿上了一年级，我想应该尽量让孩子学会自己独立阅读了，因此我渐渐地给孩子有声朗读的时间少了，更多的是让她自己阅读。可是我发现，孩子在这个过渡的过程中非常不适应，独立看书很慢，有时候 30 分钟才看了 5 页，我本来想她应该会慢慢适应这个过程，但是我发现，在我强压让她自己看书的情形下，她对书的热忱度明显降低了。幸亏在 2018 年 10 月看了这本《朗读手册》，书中这样说道："一点都不给孩子读故事听，以及太早停止阅读，都是大错特错的。研究儿童听力的专家表示，孩子的阅读能力和听力在八年级时会达到相同的程度，在这之前，通常听力比阅读能力强。因此孩子能够听懂并理解那些复杂、有趣的故事，却无法自己看懂故事书。"原来我做了一件大错特错的事情。

现在，即使再忙也会为孩子挤出时间，给她读半个小时左右的故事，之后再让她自己看 20 分钟左右。现在女儿会自觉地、准时地洗漱，为的是能有足够的时间让我给她多读几本故事书，这已经成为她现在睡前的常态。是的，通过朗读，她的人生有了一个良好的开始。在陪伴孩子教育的道路上，我也乐做一个有耐心地陪蜗牛散步的家长！

故事二：一个老师的幸福感

"罗伯特艾伦 6 岁时就成为孤儿，7 岁时，他的姑婆开始读书给他听。后来，他读一切他能获得的书，他从未上过一天学，直到 32 岁进入一所小型学院就读。3 年后，他以最优异的成绩毕业，接着，他获得了凡德比大学的英文硕士与博士学位，如今在田纳西马丁大学任教"。这本书上有很多这样的事例，让我明白，作为一名老师，特别是一名语文老师，在给自己的孩子朗读外，给班里的孩子朗读也是一种责任。

今年教四年级，刚开始接班时，总觉得孩子们的理解力有些低，大部分孩子爱阅读的习惯也没有养成。按照老方法，提高学生理解力就做一些习题，讲一些方法。其实也知道这个方法收效甚微，但是也找不到比这个更好的办法。学校近几年很重视学生的阅读，设立了大量阅读课，开展了许多阅读活动。但是对于班级里中等学习能力的孩子来说，没有一个吸引他阅读的动力，阅读能力和习惯可想而知。

《朗读手册》中说："你读得越多，理解力越好；理解力越好，就越喜欢读，就读得越多。"看到这句话时，我特意在旁边打了个五角星。当时就冒出给班级孩子朗读故事的念头。于是，我对阅读课有了新的安排，找了一套《晴天有时下猪》系列的书，这本书不管是书名还是故事情节，都充满想象，能抓住学生的好奇心。在每节阅读课上给孩子朗读 20 分钟，这 20 分钟孩子们有时静静地听，有时会让他们猜故事情节，之后让孩子持续默读 20 分钟。

一个月下来，孩子们非常期待周一阅读课的到来。于是我趁热打铁，将每周三的午间又安排成"朗读课"，周三中午我又会抽 20 分钟读另一本书，到后来我发现，只要是我读过的书，学生马上就入手一样的版本，有时在我下一次朗读之前就露出得意的微笑，还跟我说："老师这本书我已经看完了，但是我还是喜欢听你读。"习惯了朗读，喜欢上了阅读，把读书当成是一种乐趣。我的目的不就达到了吗？我的内心多么享受啊。是啊，正如《朗读手册》中写道："我们教孩子去热爱与渴望，远比我们教孩子去做要重要得多。"其实，每天朗读 15 分钟是美国教育的秘诀。他们乐此不疲地做着同样一件事，可见朗读的魅力。

缘续——将朗读进行到底

随着时间的迁移，孩子的长大，我越来越体会到"朗读"是一门学问，是教育的学问，也是生活的学问。所以，我经常会将《朗读手册》拿出来温习，也时常会有新的收获。如在阅读"朗读的要领"这一节的过程中，我总结出"重复指读，高频提示"的方法，让孩子们轻松地掌握了一些常见的"高频字"。对于多次朗读的熟悉文本，我们一般都会鼓励孩子用手指自己指着读出书名。不仅如此，对于熟悉的情节，我们会鼓励孩子自己对着图画"说"文字，虽然孩子所说和文本有一定的差距，但这并不那么重要。渐渐地，生活中孩子常有"口吐莲花"的"惊人之句"，也就不足为奇了！

　　渐渐地，当朗读成为一种习惯，当书籍成了家庭生活的一部分，当朗读声成了孩子们期待的一种声音。那朗读，便已经开启了孩子敏锐而又好学的一生。

两个世纪的《资本论》

——感悟《资本论》与《21 世纪资本论》

蔡宁伟

不错，这两部《资本论》横亘了两个世纪，它们分别是 19 世纪末德国政治经济学家马克思（Karl Heinrich Marx）的《资本论》以及最近大卖的法国经济学家皮凯蒂（Thomas Piketty）的《21 世纪资本论》。

《资本论》是我读研究生期间的必读书目，马克思在当时的资本主义劳资关系矛盾激烈、高度对立的大背景下，运用逻辑推理与抽象思维，提炼出资本主义社会背后的成立与发展逻辑。其核心观点为：资本、商品都源于无差别的人类劳动，而资本的积累和资本家的发迹正源自对商品也就是无差别人类劳动的结晶中剩余价值的无偿占有。这种占有不是一次性的，也不是局部性的，而是全面的、自始至终的，支撑了资本主义社会的构建与繁荣，成为这一社会机制良好运行的根本和基础。

只是，马克思早在 1883 年仙逝，而资本主义社会在 20 世纪中后期，已经意识到大师提出的这一问题和警告，开始了近乎全面而深刻的转型。部分采取这一机制的国家早在 20 世纪中期就逐步向社会主义社会和共产主义社会的思潮和形态中借鉴了先进思想，吸收、融合并采取了诸如"国家资本主义""计划经济"和"宏观调控"等方法和手段，保持了长时间的快速发展。但是，资本主义仍然纵容了人类无底的欲望，放任对金钱赤裸裸的追求，在新产品、新业务领域缺乏及时、全面和有效的监督，导致历次"不可避免"实质"可以避免"的金融危机。特别是 2008 年的美国"次贷危机"，使得社会和人们重新反思这一制度，以至于导致一个世纪前的《资本论》重新热销，一些书店和地区甚至出现了供不应求的情况。大家都试图与马克思"再次对话"，寻找解题的妙方。在这一背景下，21 世纪的资本主义何去何从？金融危机之后的资本剑指何方？尚未有学者给出令人信服的回答。

我能够理解这样的"短路"与"窘境"。好比曹雪芹与《红楼梦》，虽然有高鹗几近完美的"续本"，但人们始终对原作者的思绪与情怀念念不忘。他究竟想探讨哪些内容？他会给出怎样的结局？以至于诞生了"红学"这一学派，受关注者众多。的确，试图延续大师的著作或者尝试解决大师没有看到的新情况、新问题本身就是一项重大的挑战，往往难以收场和圆满。这一点，从学者对《21 世纪资本论》的评价与交锋中可见一斑。

但是，皮凯蒂仍然坚持用另外的视角给出了比较令人信服的回答——他不仅采取了"大历史观"的宏观视角，还充分运用了统计数据来分析主要发达国家自 1700 年以来的长期资本积累与收入的变化。当然，对于一些数据的缺失或中断，部分数据难以估量。因此，对于其他国家，例如后发优势的发达国家和新兴经济体，如韩国、中国、印度等的分析期较短，即便展示了长期变化的趋势。

事实上，作者对过去的回顾亦是对未来的警告与预测——这一点已经在社会科学的研究中广泛应用，回归等数理统计分析的基础正源于此。在跨世纪的科学研究中，数理的梳理与统计是一个浩大而繁重的工程，好在最终的结论仅仅归结于两点。《21 世纪资本论》发现，资本主义在百年后有两大主要贡献。一是资本主义的核心矛盾由《资本论》中的劳资矛盾转变为"r>g"，即私人资本的收益率"r"可以在长期显著高于收入和产出增长率"g"。此结果直接导致收入与分配的不平等，也是历次危机、革命与战争的导火索——简而言之，人类社会往往"不患寡而患不均、不患贫而患不安"。二是对比提出了作者的解决方案，即征收年度累进资本税，这或将能够避免无休止螺旋式的不平等，同时保持对新型原始积累的竞争和激励。

此外，《21世纪资本论》还对经济学的地位及其与其他社会科学的关系进行了简要阐述。其主要观点是，经济学应当作为社会科学的一个分支，与历史学、社会学、人类学并列，这大大缓解了其作为"社会科学皇冠上的明珠"这一定论的压力。相比于把经济学比其他社会科学更高地位的称谓"经济科学"，皮凯蒂更欣赏政治经济学的平实叫法。这传递了经济学和其他社会科学唯一的区别，即其"政治、规范和道德目的"。我认为，作者这一深刻的观察与旁敲侧击的观点，恰恰是回答"21世纪的资本主义何去何从？金融危机之后的资本剑指何方？"两大问题的最佳答案。只有如此，经济学才能回归研究目的和应用科学的本源，才能更加脚踏实地地为人类社会服务。

言归正传，两部资本论各有所长。《资本论》不仅带给我们严密的逻辑体系，高超的抽象思维，严谨的演绎推理，还使我们从它不同版本序言中看到马克思和恩格斯（Friedrich Von Engels）之间的伟大友谊。研究生期间，导师组要求我们"重走长征路"，重新研读、讨论和记录《资本论》的意义可能就在于此。虽然常常"挑灯夜读"，双眼"血丝密布"，但毕竟是自己的亲身经历和独特体验，是难以忘怀更难以替代的，这才是老师们的良苦用心。先我多年之前，经济学家梁小民在北大的老师要求学生"能够背诵全书"，以至于他每天吃饭、走路都专心于此。梁先生先用了很大的力气把厚书从头到尾看过一遍，然后逐章分析，领会其逻辑含义。这是读书的第一境界：苦读。然后又用好几个月的时间把厚书读薄，使得自己能够领会作者的含义和演进逻辑，这是读书的第二境界。此后梁先生又联系目录与前言以及其他参考资料，把薄薄的目录还原成厚厚的原著。这是读书的第三境界：把薄书读厚，才可以"神交古人"。毕业几年，我才发现《资本论》依旧"时髦"，依然"不过时",依照有人尝试"续写"。在此基础上,《21世纪资本论》告诉我们更多的历史经验与客观实际,在一些研究方法的运用和数据分析的使用等方面"青出于蓝而胜于蓝",也是基于《资本论》辩证关系演绎与社会发展进步的必然结果。

简而言之,21世纪的资本主义较19世纪和20世纪的资本主义已经取得了长足的进步,主要表现为:一是引入了社会主义的宏观管理思路,在特殊时期实施国家调控;二是极大缓解了劳资双方的矛盾,普遍成立了工会、规定了必要的劳动时间和最低工作年龄,实现了一定程度的双赢发展;三是在长期的历史进程中,保持了长期的高速增长,从而使得一批国家走出了"中等收入的陷阱",先富起来成了发达国家。同期,社会主义也是如此,特别是中国特色的社会主义,吸收融合了资本主义市场经济、解放个体等先进经验,才取得了社会主义阵营中的"一枝独秀"和长期发展。此时此刻,我不由更加缅怀伟人邓小平——是他率先提倡放下对"姓社还是姓资"的争论,带领大众转向"实践是检验真理的唯一标准",希望"鼓励一部分人、一部分地区通过诚实合法劳动先富起来,再通过先富者带动后富者,共同走向富裕路"。他不仅是改革的导师,而且还是经济领域的伟大实践者,与马克思的经济学说一脉相承。早在30年前,邓小平已经深刻认识到社会主义与资本主义"你中有我,我中有你"的必然结果,并且观察到微观对宏观、个体对国家在机制创新下的巨大潜力,并逐步释放对个体的束缚,"解放思想,实事求是"。而这种个体的变化,推己及人,由个体逐步上升到国家层面,必将是"星星之火,可以燎原"。

愿改革长久、开放长久、幸福长久。

有一道街，它比整个世界还要大

刘敏

　　有人说："有一道街，它比整个世界还要大。"没错，这就是查令十字街。

　　它因《查令十字街 84 号》而名扬天下。薄薄的一本小册子，看上去很不起眼，却是我迄今为止收到的最为珍贵的礼物。

　　这本书是纽约一位爱书人与伦敦一家旧书店关于邮购图书的往来信件合集，记录了作者海莲·汉芙和书商弗兰克·德尔之间的书缘情缘。双方远隔重洋 20 年间未曾谋面，其深厚情意却能跨越时空莫逆于心。读来感觉温暖、美妙而又神奇，让人欣赏之余不禁为之沉醉。难怪它被誉为"爱书人的圣经""爱书人的掌上明珠"。

　　一封封往复于海莲和查令十字街 84 号之间的书信，让无数人为之痴迷。数十年来，很多人对这个地方这段情谊念念不忘，更有人怀揣朝圣般的心境不远万里漂洋过海前往这道街虔诚拜谒。《查令十字街 84 号》这本书信集也被译成多种文字、被拍成电影广为流传。它波澜不惊，却意趣盎然，读来甘之如饴，沁香悠远。

　　故事缘起于纽约作家海莲给位于伦敦查令十字街 84 号的马克斯与科恩书店写了一封信，求购一些旧版图书。很快，回信和她要的书就来了，不期而至的还有彼此迅速达成的信任和默契。围绕淘书、购书、论书，海莲和书店经理弗兰克的通信从 1949 年持续到 1969 年。廿年流光数百封书信，让人见识了海莲的执着、风趣、率真以及弗兰克的谨慎、勤奋、敬业，使两个性情迥异的人结下了不解之缘。让人称奇的是这份情缘不断延展和扩大，快乐的涟漪波及了书店员工、弗兰克的家人以及海莲的邻居、朋友，信函往来间他们收获了清新隽永的友情。而这一切皆因为书。

有人说这个世界很寂寞，幸亏有好书可读。我也曾自诩是个爱书人，喜欢浓郁的墨香，每次出差总要寻找书店买上几本喜欢的书。然而买便买了，却难得认真去阅读。面对案头堆积的书籍，这本小册子让我汗颜不已。和海莲相比，我对书的喜爱显得那么矫情，那么虚伪，书的存在似乎只是为了给自己或者别人一种似曾阅读的错觉，说穿了只是为自己装点门面而已。"购买尚未读过的书有违我的原则，就像买没有试穿过的衣服"，这是海莲的购书守则。她只求适合自己的，不像我划到篮里都是菜。可悲的是很多"菜"根本就没动过，任其干瘪在那里，真是罪过。

昨天是我的生日，朋友将这份礼物递到我手上时，不无感慨地说了一番话：读书还是要趁年轻，要赶时间，要读在当下。不要想着等退休了或者以后有时间了再读。想读总有时间，不想读总没时间。

她的话我深有同感。想来这些年书买了很多却读的很少，而读的最多的当数大学期间从图书馆借来的书。正如清代文学家袁枚所言："书非借不能读也。"究其原因，思想懒惰精神懈怠的成分有之，但更为主要的恐怕还是拥有太多反不知珍惜，正所谓身在福中不知福。其实，书与其他大多数物品一样以稀为贵，以精为贵。太多太滥以至于成了摆设便没了新意，也没了意义。遥想当年读书靠借的那段时光，每借到一本书便如获至宝，读起来如饥似渴。如今面对满屋的书籍，却再也找不回那种"求之不得，寤寐思服"的感觉了。

算起来，海莲在查令十字街84号购买图书并不多，20年悠悠岁月，她总共邮购了近50种图书。她追求的是质量，注重的是阅读。她对精心挑选的每一本书都细细品读，爱不释手。她让我明白了如何做一个真正的爱书人。书只有阅读才有价值，购书不应只是为了收藏或者显摆，而应是为了体验，为了应用。读它用它才是真正拥有它，否则将其束之高阁置之不理，即便汗牛充栋也等同于一无所有，毫无意义。与其这样，不如让它存在于应该在的地方，留与真正爱它的人，也算不辜负它。

捧读《查令十字街 84 号》，心中充满了美好与温暖。其实，这是再平常不过的一段故事：一个人买书，书店经理为其寻书、寄书。如此而已。然而原本平淡无奇的商业往来，却因为书香演绎出令人动容的旷世奇缘。它的温情穿透了时空，给世间每一个爱书人带来慰藉和感动。

第二辑　难忘的读书地

有这么一个地方，

或是书店的角落，

或是图书馆的阅览室，

或是自家的书房，

或是老旧的书架旁，

我在那里静静读书。

在山水中阅读

陈于晓

　　阅读是需要氛围的，我喜欢这样的"氛围"。选个节假日，带上一本书，走到山水间，坐下来，静静地翻阅，读着读着，就把自己给忘记了。而且分不清，我是把自己丢在了山水之中，还是文字里了。这种把自己忘了的感觉，特别美妙。

　　这些年，虽然也把不少时间花在手机阅读上了，但最爱读的依然是纸质的书。翻动书页或者书页被风吹动时，所发出的沙沙沙的声音，听上去是那么悦耳。学生时代写作文时，我喜欢把阅读比作蚕吃桑叶，仿佛蚕吃下去的，就是"知识"。吃上一阵子桑叶，蚕就会长大一截。而读书似乎也是这样，读上一些时日，积累多了，就会有一种豁然开朗的感觉。常常是这样，书读得越多，越会发现自己的无知，就越会找书来读。心中时时会有一个想读尽天下书的梦想，尽管谁都知道，天下书是不可能读尽的。

　　实际上，喜欢山水与喜欢读书，在我看来是有相同之处的。因为在山水之中，藏着一种读书的境界，跋山涉水又何尝不是一种阅读？比如，一山放过一山拦，读书也一样，以为自己懂了许多，读多了才发现，有一座更高的山还在前面；又比如，到高处去，高处可能会有些不胜寒，但好风景是在高处的，在山腰处与在山顶，你所能看到的事物肯定是不一样的，只有在山顶，你的心胸才会辽阔得可以盛下一整个的天空；再比如行到水穷处，仿佛"山重水复疑无路"了，人生和读书都难免有这样的时候，有时转个弯，就"柳暗花明"了。但如果暂时真的无路了，也不妨坐看云起，等云雾散去，某一条被隐藏着的路，或许就出现了。

山水是可以疗养身心的，阅读也一样。置身在山水中阅读，既是一种形式，又不是一种形式，我常常觉得，借助于山水这个媒介，文字和身心是相融的。在山间水间，可以找个石凳坐下，我是喜欢找一块方正一些的石头坐下，感觉这样比较生态。坐在林子里，可以享受清凉，可以闻到一阵接一阵的花香，时浓时淡，还可以听到或清脆或婉转的鸟鸣。这些鸟鸣，有时会掉落在字里行间。其实，在鸟儿把一座山啼空之前，你的心上早就空了。

优美的文字总是空灵的，你读着，满心底都是欣喜。这一点，也许对于没有在山水间阅读经历的人，是很难体会的。沉浸在文字所营造的意境里，仿佛山水间的一切都是你的，你可以呼风唤雨，可以采撷远山近水入诗篇。又仿佛什么都不是你的，你只是这流水中的一滴、这草木中的一株，坐久了还会怀疑自己可能也就是身边的一块石头。抬头，白云悠远，俯身，野花簇簇，每一种声响，连同每一种色泽，都是玲珑的天籁。

如果要让阅读间隙中的视野开阔一些，可以找个亭子坐下。四周少了遮拦，风会大一些，最好是夏日，风会送来一阵阵凉爽。山间水间的风，都是湿漉漉的。若是冬天，就找个遮风处，把自己裹在不流动的暖洋洋的阳光里。不过，常常只要展开一卷书，让自己沉浸在文字中，你就什么都忘了。冷暖不怎么能感知了，宠辱也皆忘了，也可不问今夕何夕了。恍惚间，小草正在挠着你的脚尖，而身边的花儿，不知什么时候又开放了一朵。花朵一开始是羞涩，总是在你的不经意间，悄悄地绽放。但一旦与你相处久了，它就把你忘了，就忙着顾自做开花的事情了。我读我的书，草木忙草木的活，我们彼此各自作息，互不相扰。

听一位作家说过，山水散文的境界，就在于"天人合一"。我以为读书的境界，也是这样的。读着读着，仿佛一整个身心，就融化在了一种空旷中。这种"空旷"，并不是空荡荡，而是很充实。心上无垠地蓝着，像深不可测又一眼可以望到边的蓝天；眼中蓬勃地绿着，这种绿，既可以覆盖身边的大地，也可以覆盖遥远的天空。书中所呈现的，是时空的变幻，是从前发生过的事情，也有未来将发生的。过去的人和未来的人，真实的事和虚构的事，邂逅在一起，纷杂在一起，在光与影中走动着。有时你会去分辨，更多时候，你就任由书中的人物在走动着，带你去历经风霜雨雪，或在天地之间驰骋，从远古到未来，从现实到梦幻，随意穿梭。

在山水间阅读，读着读着，仿佛是在无意之间，会发现一切都在响动着。阅读的感觉其实是很奇妙的，那些很少阅读的人，是体悟不到的。我把这样的感觉，叫作"万物有灵"。身外是我可以寄情的山与水，书中是另一个五彩缤纷的世界。我仿佛听到了许多的说话声，山的声音深沉，水的声音清亮，老树的声音沙哑一些，小草的声音有时很飘忽，而偶尔响起的脚步声，打破了空气中的宁静，随即又回归到宁静之中。风一缕一缕地吹着，像是看得见的丝线，急时打个漩涡，缓时漾个涟漪。阳光也是，一朵一朵的金黄，铺着叠着，跳跃着，遇着石头，沧桑，触着溪水，鲜嫩。我所能感知的事物，一些在文字里葱绿着，一些在文字外茂盛着。有些景物，我说不清是从书里出来的，还是本来就在书外的。在入神与出神之间，虚拟与真实似乎是没有界限的。

常常觉得，书是流水，而水是生命所必需的。生命需要流水时时地滋润，而心灵，也需要不断地用阅读去充实。一个不读书的人，他的心灵也许是枯燥乏味的。而那些手不释卷的人，一眼就能看出，他有着儒雅的书卷气。那一种淡淡的书卷气，往往他并不想"显露"，却掩饰不住。人的一生中，有些阅历，是自己走出来的，是生活的积累，更多的是阅读所获得的，阅读确实是随时随地都可以。这些年，我喜欢走到哪里都带着一本书，一有空就读。工作忙碌，生活忙碌，可以用来读书的时间不多。许多书，就是靠着见缝插针读完的。

　　对喜欢阅读的人来说，阅读也许是不必讲究场合的，更多时候，阅读也是一种休闲。到了节假日，我会讲究一下阅读的"仪式"。携一卷书，到山中，到湖边，到大自然中，静坐，或者缓缓地走动着，让自己走进书里，也让书走进我的心中。有时，我也会在这样的"氛围"里，写下一些文字，写下我对于山的叩问，对于水的理解。希望我的文字中，有山在绵延着，有水在流淌着；有霞光的绚烂，也有白云的朴素；有溪流的欢快，也有石头的沉默；有悬崖的陡峭，也有草地的宽广；有仙人的一只白鹿，也有袅袅的人家炊烟……

　　这些年，越来越觉得，在山水中阅读，身心都有着一种难以表达的愉悦。此中或许是有着某种"真意"的，只是欲辩，却不知如何言说。

阁楼，我童年时的书香乐园

傅光明

奶奶家曾经有一个小阁楼，那可是我童年时的书香乐园。

阁楼其实不大，大约十余平方米，正好占了半个房间，高的地方恰好放下一张大床，低矮的窗台处则不足二米高，大人站着就能轻松摸到房顶了。阁楼正中间上方的屋顶处，则是一个小小的玻璃天窗。阳光透过天窗，照到阁楼里，阁楼一下子显得亮堂堂的。

小时候，我特别喜欢玩，经常踮着脚爬到阁楼上，拉抽屉、翻东西、捉迷藏……阁楼里堆放着许多杂物，因此我常常能找到不少有趣的东西，例如破旧的铜钱、不同款式的毛主席像章。有时我还能从抽屉的书本中翻出几张一分、五分的纸币来，那可是叔叔们的宝贝，幼小的我当然是没有什么私心杂念的，翻看了之后就立即小心翼翼地放回原处。

阁楼上还有不少书。书有两类，一类是小人书，什么《渡江侦察记》《杨家将》，只有四五本而已；另一类就是课本了，都是几位叔叔的学习用书，小学、初中的都有，足足有一麻袋。

20世纪80年代初，我上了小学，开始认识一些字了。起初，小人书是我们最亲密的朋友。小人书里不但有精美的图画，而且还有简单的文字描述，图文并茂，引人入胜，确实令人爱不释手。平日里，我与小伙伴们纷纷捧出各自的小人书，席地而坐，大家一边翻看小人书，一边充分发挥自己的想象，叽叽喳喳地议论里面的故事情节，真是好不热闹。不过大家拥有的小人书都不多，翻来翻去就是那么几本。于是大家就各自挖掘资源，哪个发现亲友家有新款的小人书，就借来互相交换着看。就这样，我们小时候确实是看了不少的小人书。小人书给我们的童年增添了无穷的快乐，它们可算是我们当时最好的儿童启蒙读物了。

后来，随着年级的上升，我对阅读的兴趣也日益强烈了。可在那个年代，课外读物特别匮乏，我到哪里去找书看呢？正在困惑之时，那一麻袋的课本不经意间映入我的眼帘。我欣喜万分，这不就是我想找的书么？从那以后，我再去阁楼，除了玩耍之外，也偶尔试着去读一下麻袋中的书本了。

叔叔们的旧书本，版本较早，有些书上还有不少繁体字，有时或是一长段黑体加粗的毛主席语录。我识字不多，读起来当然是困难重重。所以我看的时候，如同看小人书一般，多是找有图画的书本先看，每每碰到生字、繁体字，就干脆跳过。往往整篇课文，被我忽略跳过的有大半，只能断章取义了解个一二，一知半解而已。老实说，我当时的阅读，纯粹是玩的成分占得更多一点吧。

由于是在奶奶家里，年纪又小，我那小孩子的脾气当然是少不了的。在阁楼上，我或趴在床上看一下书，或坐在楼板上玩一通，非常随意。看书或是玩耍累了，我就顺势仰天躺在床上。这时，温暖的阳光透过天窗，正好照在我的身上。我仰望阁楼屋顶，聆听天窗外麻雀欢快的叫声，享受着快乐玩耍后那份美妙的感觉。有好几次，我就这样捧着书本睡熟过去了。有一回，我因为睡熟了，错过了吃午饭的时间。父母紧张地在村前村后四处地找，找了好长时间，为此我还挨了他们不少的骂。

也许是由于叔叔们的语文书读起来确实费劲，且又难懂，总之，到了四五年级时，我翻那些语文书的时间不知不觉少了许多。我突然觉得还是那几本有数字的书容易懂一些，于是转而去翻叔叔们的数学书了。记得刚看到数字前面有个减号时，我大吃一惊，有种所学知识要被颠覆了的感觉。我接着看下面的式子变化过程和文字说明，估摸着那或许是亏欠几个的意思吧。按此思路下去，我居然也能稍稍理解通了。特别是有一本课外辅导读物，我翻看得尤其多。其中有一道分式方程，颇似现在的数学竞赛题，我对它的印象至今仍是记忆犹新。当时，我看到那方程式，觉得其美得妙不可言，再将结果代进去，居然成立了！我一下子佩服得五体投地。小小年纪，当然不知其中道理，只是觉得这初中数学方程真是太神奇了！从此我更加喜爱看那些数学书了，之后看数学书的时间就占了大多数。

时间一长，周围的邻居们都知道我爱看书了。有时，我靠在窗口的扶栏上，一边拿着书，一边与楼下的隔壁伙伴们打招呼。邻居在楼下见了，说："你又在看书了，真当是个书读头。"看本书竟然被说成是"书读头""书呆子"。我心里当然特别生气，发誓从此不再去理他这个大坏蛋。等到长大了，我才明白那可是邻居在夸我呢！

因为看书，我曾得到过意想不到的表扬，也取得了一些让大家羡慕的成绩。有一次，五年级的语文课上，老师忽然语重心长地对同学们说："大家一定要努力学习，不要贪玩啊！看我们班里有位同学，连初中的数学知识都懂了……"老师一边说，一边把她那赞许的目光落在了我身上。起初我也丈二和尚摸不着头脑，后来才明白是怎么回事。原来在刚刚结束的全乡小学数学竞赛上，其中有道题我猜出了答案，但左思右想，就是式子列不出来。情急之下，我索性设了两个未知数，列了方程组，然后直接把答案写了上去。当时纯粹是投机取巧，不想被老师当成优秀事例表扬，实在是始料未及。由于我的数学成绩优异，后来就经常代表学校，参加乡里、区里的数学竞赛，还有幸参加了第一届"华罗庚金杯"少年数学邀请赛浙江赛区的选拔赛。这些活动的参加，让我感到特别的光荣，也让我深深感受到了读书带来的无穷乐趣。

在我读小学的那几年里，奶奶家的阁楼一直是我向往的书香乐园。在那一方小小的阁楼里，我快乐地玩耍，愉快地徜徉在知识的海洋里，度过了童年里许多美好的时光。在玩耍与阅读的过程中，我不断汲取课外知识，品味书香中的乐趣，了解科学奥秘，渐渐养成了读课外书的良好习惯，并且一直保持至今。

时光荏苒，一晃四十年过去了，奶奶家的小阁楼早已成了久远的记忆。然而发生在阁楼上的点滴往事，却依然深深地印刻在我的脑海里。每当我回忆起那些童年旧事，以及阁楼上那些难懂的高年级书本，心中依然感慨万千，久久不能平静。

阅读：杂志、鲁迅图书馆和《五角丛书》

吴金权

在互联网和手机还远远没有进入人们生活的 20 世纪 80 年代，人们除了看电影、听音乐外，阅读各种各样的杂志，不失为一个好的娱乐项目。

阅读杂志，对于那个年代的青年人而言，是最富有时代特征和现实需求的。门刚打开，百花齐放，各种思潮风云际会，人们尤其是年轻人对知识的渴望，以及对外面世界的了解欲望，达到了空前的程度。杂志种类之多、涉及范围之广、发行数量之巨，在中国乃至全球，都达到了空前绝后的程度，用前无古人、后无来者，来形容当时杂志发行的盛况，是最恰当不过的了。

记不清当时到底订过多少种杂志，但不会少于十种。从文学类的《诗刊》《青春》《萌芽》，知识类的《科学画报》《世界知识》，到体育类的《田径》《新体育》，以及《中国青年》《读者文摘》（现在的《读者》）等等。但这些旧杂志在经历了四次搬家后，已所剩无几。每次搬家都要为这些旧杂志的取舍与妻子吵上一架，开始时住房面积小，放置这些旧杂志确实缺乏空间。每次搬家都要纠结再三，忍痛割爱地将留存的旧杂志一减再减，以接近妻子可接受的程度。现在回想起来，还十分心痛。

当时，所订杂志不光自己看，还在朋友间交换着看。所以一般情况下，好朋友之间在订杂志前，都商量着尽量彼此不重复，实在喜欢的，要反复读多遍的，如《读者文摘》之类的也有重复订的。

但个人订最多的杂志，对于当时如饥似渴的求知欲也是不过瘾的，再说大点或印刷纸张好点的杂志，因价格太高，当时也订不起，如《十月》《人民文学》《收获》及《人民画报》之类的。因此，公共图书馆的阅览室成为阅读杂志过把瘾的好去处。好像整个青年时代，记得自己去得最频繁的地方，就要算鲁迅图书馆了。

泡图书馆的阅览室，也是需要有经验的。当时鲁迅图书馆就在鲁迅故里内，场地很小，阅览室自然也小。因此，去晚了就没了座位。我还曾经有几次站着或坐在地上把整本杂志看完。我几乎每天泡图书馆，是在 20 世纪 70 年代末形成的，那时没考上大学，失业在家，当时美其名为"待业青年"。

在家做了两年"待业青年"，除母亲安排的买菜烧饭外，就每一天泡在图书馆。一般上午八点到，下午四点离开，中午就吃早上带去的两只五分钱一只的面包。这样泡图书馆就泡上瘾了，即使后来参加了工作，也经常去泡，一泡就是十年，直到结婚生子后就不太去泡图书馆了。现在想来，这也算是个人经历中一个不小的奇迹。

记得泡图书馆还泡出了一个副产品，自制的手抄书诗集。那时诗集出得慢，我就在图书馆的阅览室里，从文学杂志上把自己喜欢的诗一首一首地抄下来，诗抄得多了就分门别类地装订成册，而装订的工作往往由母亲来完成，到现在我还保存着好几本这样的手抄本诗集。

这样大量地阅读杂志，丰富了我的知识和业余生活，我的不成体系的知识结构，许多来自于各种各样的杂志。后来，看到葛优和徐帆主演的《不见不散》电影中，葛优说得把喜马拉雅山炸开一个口子，让印度洋的暖湿气流进入大西北的那个桥段。在 20 世纪 80 年代的《科学画报》上，就作为一个科学假设，完整地介绍过。而这个科学假设，还真在之后被"超级倒爷"牟其中相中而正式提出，后因牟其中入狱而不了了之。

　　《五角丛书》在中国出版业的江湖地位，就其对人们的影响和发行量而言，或许是中国出版界永远无法逾越的高山巨峰。

　　《五角丛书》是上海文艺出版社在 20 世纪 80 年代推出的一套小型百科全书式的丛书，其内容五彩缤纷、包罗万象，小 32 开，一册书文字少则四五万多则七八万，但定价一律五角，《五角丛书》由此得名。

　　1986 年 7 月，《五角丛书》第一辑十种首次出版发行，就一炮打响，读者排队购买的盛况，被媒体称之为"五角丛书热"。头五年《五角丛书》出版发行 12 辑，120 种，发行量达 4000 万册之巨，每种平均 33 万册之多。

　　据说《五角丛书》的出版发行，是受到赵家璧 20 世纪 30 年代初主编过的《一角丛书》的启发，而赵家璧编《一角丛书》是受到西方《蓝皮小丛书》的启发，《蓝皮小丛书》定价一律五美分。

　　"每册定价五角。在这里，人们将得到最新、最美、最有意义、最富趣味、最具魅力的精神收获"。这是《五角丛书》的封底广告语。

　　《五角丛书》从文学、艺术、生活、体育、娱乐五个维度，展示了丰富多彩的精神世界，这也是《五角丛书》名字的另一层含义。

　　《五角丛书》对于那个年代的年轻人乃至中年人，所产生的影响超过任何书籍。《五角丛书》第三辑中的《人性的弱点》和第五辑中的《处世的艺术》是对我印象最深的书，我就是从这两本小书中，了解了卡耐基人际关系理论，并对我的人生产生了深远的影响。

　　结婚后，在妻子带来的物品里，我发现了一大堆《五角丛书》。我把妻子带来的《五角丛书》与我买的《五角丛书》作了一个比较，除了《外国爱情短诗萃》等少数几本外，我俩买的《五角丛书》重复的很少，这或许是男女喜好有别吧，但也可以从另一个侧面看到，《五角丛书》所选题材的广泛性和趣味性。

相约图书馆

李杰

我是个农村孩子，当时，父母为了要儿子，一连添了我们姐妹七个，我是父母最小的女儿，后来，才有了下面两个弟弟。可以想见，在父母的眼里，我在家里虽然算不上是个多余的人，但他们对我，始终没有抱以任何希望，包括读书。

然而，我却喜欢读书。

从年龄上看，我跟大弟仅差一年，可父母对待大弟跟我，始终是两种态度。读到初中时，父母就有意不让我继续读下去了，一来，家里穷，二来，他们想让我早点承担家庭负担。就像六个姐姐一样，找个人家嫁了，从此家里便没有了负担。

可我想读书，想考大学，想跳出农门。就是这个现在看来极其简单的愿望，却跟父母抗争了好几年。

我初二时，大弟也读初一了。父亲找我谈了，初中毕业后，别再考高中了。我想读书，心里难受，却只有保持沉默。有一次，父亲不知从哪里搞来了一个借书证和一个阅览证，当时，能够搞到借书证和阅览证，并非易事。因为那时候刚刚粉碎了"四人帮"，全国顿时掀起了一股学习的狂潮，我们整个县里就只有一个图书馆，成千上万的读书人齐聚图书馆，不可能每人一个借书证，需要花很大力气才能搞到借书证的。

然而，大弟对学习从来没有热爱过，父亲给他办的借书证，就成了我的学习工具。每到休息日，我背着书包，带上借书证和阅览证，去县图书馆读上一天的书。

图书馆是特别适合学习和读书的地方，那里虽然人多，却十分安静，我渐渐喜欢上了这个地方。我在学习上是拼命三郎，在读书上同样是拼命三郎。只要能够看到一本热爱的书，我会坐在那里，不吃不喝读上一天。

自从有了借书证，走进图书馆，就像走进了一个五彩缤纷的大世界。在这里随便抓起一本书，就像抓住了一个历史名人。

在图书馆里，我读到的第一本书是《平凡的世界》，能够喜欢上这部书，就因为我的命运跟书中人物的命运几乎一模一样。也就是从这部书里，我学会了抗争。

每到周末，父母都会跟我谈，劝我别再读书了，也省下点费用，将来供两个弟弟念书。不管父母怎么说，我只保持沉默，因为我感觉在父母面前，选择最佳的方式就是沉默。

虽然这样，我还是利用业余时间，给家里打草、喂猪，干力所能及的活，为求父母多为我的学习开绿灯。

可父母在老观念的影响下，始终没有给我开绿灯。就这样，我依靠星期天，把学习地点转移到了图书馆，一边学习文化，一边读书。

我成了图书馆里的常客，中午的时候，阅览室里就没别的人了，只有我一个人仍然坚持学习、读书。这样一来，管理阅览室的阿姨都认识我了，中午她看我在的时候，阅览室就不锁门了。既然认识了，阿姨就常问我家里的情况，我如实告知，她对我挺同情，有时候还从家里带些吃的东西给我，说像我这样的年轻人，对学习这样认真，早晚会考上一所好的大学。

又是一个星期天，我背着书包来到图书馆阅览室里学习，到中午了，我没带饭，仍然在用功学习。一部《围城》让我读得着了迷，读着读着，我竟然被书中幽默的语言逗乐了。突然，门外走进一个男生，手里拿着两个烧饼，来到我面前，把烧饼送到我手里，说，"大学生，辛苦了，吃饭吧。"我抬头一看，根本不认识这个男生，就说："我们又不认识，我凭什么吃你的东西？"他却说："你虽然不认识我，可我却认识你，我观察你很久了，中午一直在阅览室学习，却从来不见你吃饭，恰巧，我今天带的烧饼有剩，你吃了，算你帮我完成任务吧。"看男生挺面善，再说我的确饿了，就不再犹豫，三下五除二，就把他交给我的任务完成了。

巧得狠，这个男生也是初二的学生，有了这个伴，我们在一块读书、学习，你帮我、我帮你，一起攻克学习难题，竟然成了一对学习的好伙伴。

当年中考，我们双双考到市里最好的一所中学，还进了一个班。我们高兴极了，我想，这大概是老天的安排吧。

从此以后，每到星期天，我们都会相约图书馆，除了对文化课的学习之外，还读了无数的名著，如《静静的顿河》《基督山伯爵》《飘》《红楼梦》《悲惨世界》等，这对我今后的学习积累了无穷的知识和力量。而有了那个学伴，我们相约图书馆的愿望更加强烈了。

高中读了两年，我们相约坚持每周去图书馆学习了两年，风雨无阻，有人感觉我们是恋爱了，其实我们的这种感情，从来没有卿卿我我地谈过恋爱。直到我们二人双双考入大学，也没有相互表白那种爱情。

在离开家的时候，他陪我去火车站。一路上，我心里有无数的话想说，此时却一句也说不出，我们就这样沉默着，到了车站，他郑重地从书包里拿出一本书，是我最喜欢的《史记》。我喜不自胜，翻开第一页，上面有他清秀的两行字，"史家之绝唱，无韵之离骚"，然后是他的名字。我双手捧着这部书，就是不肯上车，直到列车员催我了，才上了车。

火车"呜"——的一声长鸣缓缓地离开了车站，随着火车的行进，他在我眼睛里缩小到了一个小黑点，此时，我的眼睛却湿润了。那时候，如果他对我表白的话，我肯定会接受他的。因为在我最困难的时候，是他给了我学习的动力。

　　后来，我们各自毕业后，成立了自己的家庭，可那部《史记》一直陪伴了我多少年，直到现在，我仍然在研读。让人纳闷的是，为什么我们之间没有发生点类似爱情这样的感情呢？至今我也没能搞明白。

父亲的书架

秦莉莎

一想到父亲，我就想到父亲的书架。

记得大概是上小学三年级的时候吧，就迷上了父亲的书架。父亲书架上的书真多啊，我像发现了新大陆一样，每天去那里淘书看。那些书跟市面上卖的那种包装鲜艳、五颜六色的书不一样，全是旧版的书，纸张都是发黄的，书里面都没有彩色的插图，都是黑白的那种插图，但是书本的内容却极其精彩，感觉比现在的书编得要好得多。书的出版时间都是几十年前，封底标示的价钱都是几毛钱或者几分钱一本（可见几十年前物价之低），而且每本书封面翻开的第二页都有父亲的落款，每当得到一本新的书，父亲会第一时间在每本书上面写明这本书是在哪里买的，是在什么时候买的，落款有时候会盖上自己的印章，很有仪式感，仿佛是在宣告这本书是属于我的了。

父亲书架上的书大部分都是文学类和历史类的。文学类是因为父亲感兴趣，历史类全部是父亲读电大时候的课本，父亲大学读的是历史专业。我在小学的时候就把父亲读大学的历史课本全部都读完了，因此中学的时候历史成绩特别的好，还记得初中的时候，市中考模拟考，我拿到了全市历史第二名。用那时候历史老师的话来说，我就是中华上下五千年的活辞海，还很好奇我作为一个中学生为什么会懂那么多历史知识。

关于文学类的书，由于父亲的兴趣是外国文学方向，因此书架上外国文学的书籍特别多，我还记得父亲的书架上有妥思妥耶夫斯基的

《罪与罚》、左拉的《卢贡大人》、托尔斯泰的《安娜·卡列尼娜》、紫式部的《源氏物语》、卢梭的《忏悔录》等，中国古典文学类的书籍，父亲的书架上比较少。印象中好像有《唐传奇》《醒世姻缘传》《东周列国志》等，我当时最喜欢看的是《唐传奇》，还有《东周列国志》。《唐传奇》中，很多人物都有神仙的仙力，很神奇，而且负心汉等坏人最后都得到了报应，让人看了很过瘾；《东周列国志》里面的每一个门客尤其是策士，都很厉害，有一张三寸不烂之舌，口才好到能说服各国的君王，让我十分羡慕。

父亲书架上还有不少哲学类的书籍，那时候我太小，哲学类的书籍看不懂，文学类的书还比较简单，我全部都看完了，多亏了父亲的文学类书籍，从小到大我的语文成绩不是年级前几，就是全班前几，而且后面本科和硕士还继续读了文学。

跟父亲不一样的是，我小时候因为看不太懂外国人的书，可能是翻译的问题吧，对外国文学不太感兴趣，对古典文学的书看得比较多，小时候文言文一直特别好，还记得高一入学的时候，我的文言文摸底考试拿了全年级第一。后来读大学的时候，迷上了小说。虽然喜欢天天早上起来背诵魏晋南北朝的诗，尤其是曹丕的诗，喜欢的不得了，但已经开始被小说吸引了，当时特别迷恋村上春树，还有余华。把他们两个人的全集都看完之后还不过瘾，由村上春树又开始迷恋起了菲斯杰拉德和海明威，由余华又开始迷恋起了先锋文学派的那一群作家，莫言、格非和苏童等。这种连锁式的读书方式让我明白了"一生二，二生三，三生万物"的道理——原来读第一本书也会促使我读第二本书，继而读无数本书去。

父亲的书架上也有一些关于乐器的书，父亲的笛子吹得很好，可惜这一点我倒是没有学到父亲的，初中的时候拉过二胡，是学校的课程之一，考试的时候拿了 A，但是不怎么感兴趣。大学的时候自学了钢琴，很感兴趣，但是不是本专业，也很少碰了，前段时间弹了一下，生疏得不得了，而父亲几十年没吹笛子，拿起笛子来还是吹得很溜。在这一点上我觉得自愧不如。

父亲的书架上还有一些关于书法的书，父亲说他小时候的字特别丑，后面上大学的时候被同班女同学笑话，他受刺激了，下定决心拼命练字，练出了一手好字来。小时候，每次父亲在写毛笔字的时候，我就在旁边玩毛笔，搞到后面我也喜欢写毛笔字了。

当然，父亲的书架上也有一些杂七杂八的书，比如《麻将秘诀》《钓鱼王》《店铺风水》等，麻将秘诀全是各种口诀；钓鱼王里面是教人怎么钓鱼的，要选一个怎么样的环境才会鱼多，怎么揉面粉做鱼饵，有一幅插图是一个男人钓到了一条比他还高大的鱼，我小时候看了之后觉得那是骗人的吧……在我看来，这些是一些看起来好像不务正业，但是可以增添生活情趣、释放生活压力的书。

父亲一直用书架来守护着我的精神家园，我知道，以后无论我的学问到了哪个高度，我的起点永远是在我父亲的书架里。

父亲的书架，是我们家最大的财富。

永远在我心中的书店

汤礼春

　　1966 年，我读初中一年级时，脑子不知怎么一下开了窍，疯狂爱上了读文学书籍。可我的父母都是工人，又没什么文化，家里找不出一本文学书籍。我就每天下午一放学，跑到附近的一家新华书店看书。可那个时代，一般进书店的人都是买书，蹭书看的人很少，所以，我不敢在书店久留，找到一本喜欢看的书，匆匆看上几页，就慌忙离去，到第二天再去接着看几页。

　　有一天，我正在书店专注地读着一本儿童文学，读了几页，我正准备依依不舍地离开，蓦地，我感觉头被一只温柔的手抚摸了一下，我回头一看，是一个中年妇女。我有些吃惊地望着她，她却微笑着说："你喜欢看书吗？"

　　我羞涩地点了点头。

　　她又说："我是书店的，观察你好多天了，发现你每天都来这里看几页书。"

　　我有些不好意思地低下了头，因为我的"诡计"被她看破了。我以为她会指责我这样不好。谁料，她却说道："我很喜欢你这种爱看书的孩子。这样吧，以后你到我们店里看书，就不要遮遮掩掩，慌慌忙忙的了，我在这柜台里为你准备了一把椅子，你坐下来慢慢看，想看多久都行。"说着就从柜台里搬了把椅子。

　　我有些受宠若惊地不知说什么好，只是小声地说了声："谢谢阿姨。"

就坐在椅子上看起书来。

这以后，我就每天放学后和节假日来到这家新华书店大大方方地看书，我也渐渐知道为我留椅子的阿姨姓舒，是这家书店的经理。虽然舒阿姨允许我在书店里看书，但我看书时还是尽量小心，不把书弄脏了，以免影响书的出售。可我再小心也有疏忽的时候，有一天我在看书时，正在翻页中，突然有位顾客从我身边擦过，他的胳膊拐了一下撞到了我翻书的手，书的一页被撕扯破了一半，我的脸色顿时变得煞白，我愣怔了一会，就拿着书找到舒阿姨，说："舒阿姨，我不小心把这书撕坏了一页，我会赔的，一天赔你们一角钱好吗？"

舒阿姨听了，没有一句责怪我的话，反而安慰我道："好孩子，不要紧，我把这书买下来送给你。"说着就把书拿过去，并掏出钱来递给售货员道："这书我买了。"等售货员接了钱，在书上盖了章后，舒阿姨又把书递到我手上说，"孩子，书是我送给你的，不准你还钱！我知道你想把你家里每天给你吃早饭的钱省下来还给我，这阿姨是坚决不同意的。你现在正是长身体的时候，可不能不吃早餐哟！"

我听了，只觉得一股暖流顿时涌进了我的心窝，我激动得一句话都说不出来。在书店看书的日子真是幸福的，可这幸福的日子不长，不久，"文化大革命"开始了，一夜之间，新华书店里几乎没有了任何文学书籍，只有伟大领袖毛主席他老人家的书。老人家的书太深奥，我年龄小，看不懂。我虽然不能再去新华书店了，但我隔几天还是会去瞄瞄，看看舒阿姨。

1968年的一天，我接到作为知青老三届下放农村的通知。临走的前一天，我特地又来到了那家新华书店，想跟舒阿姨道个别。当舒阿姨得知我要下放到农村后，把我拉到一边说："阿姨没有别的东西送你，就送你一包旧书吧！这都是书店当废品卖的，我悄悄买下来一部分，也不值几个钱，希望你到农村后也要坚持看书学习，多读书有知识今后总会用得上的！"

带着舒阿姨送给我的几十本文学书籍，我来到了农村，开始了我人生的漂泊。但不论在什么地方，在什么样的环境，我始终都牢记舒阿姨的话，坚持读书学习，并且渐渐拿起了笔，开始尝试文学创作。

1990年，当我写的第一本书出版后，我特地拿了十几本新书赶回了家乡，我要去那家新华书店，去找舒阿姨，告诉她，我的书里有她的身影。我要把这十几本新书摆到书店，送给那些想看书的穷学生。可当我带着满满的意愿，来到那家新华书店时，却发现那家书店已了无踪影，取而代之的是一个建筑工地。当我向旁人打听新华书店搬到何处去了时，那人说："现在谁还看书，都忙着挣钱去了。"那言外之意，书店现在可有可无，搬到什么地方，还存不存在都无所谓了。我听了，却有一种沉重的失落感。我惆怅地离去，但我在心里说：新华书店和舒阿姨会永远在我心中……

先锋书店·大地上的异乡者

王珉

　　黑暗诗人特拉克尔曾言："大地上的异乡者"。掩盖不住的乡愁，于只言片语中流落异国他乡，曹雪芹也曾云："韶华休笑本无根"，品读后更有一番韵味。而金陵这座古都本身就具有独特的忧伤气息，这也是一座永远无法浮华的城市，缘着一种难以磨灭的韶华留下的伤痕，因此，一直以来都对它情有独钟。而我，在年轻的早晨背上象牙塔的行囊，独自走在于我来说是异乡的南京，邂逅了本身便是一首有着淡淡忧伤韵味的诗。然而，我是个异乡者，我是个过客，我不属于它。因为深爱南京，所以格外感伤。

　　倘若一座城市，因为一间书店而使精神达到"制高点"，倘若这间书店被这座城市的所有人呵护和热恋，这会是怎样的一种快慰。文友告诉我，几乎每个读书人离开南京时有两个地方最为不舍，其一是圣保罗大教堂，其二是先锋书店。而先锋书店，曾经便坐落在圣保罗大教堂的对面。有缘相识的南京文友，无一例外，都向我推荐先锋书店，她是这座城市的文化和符号印记。事实上，她的存在并不是为了吸引走过的行人，偏偏是让人像我这样千与千寻，考验真心执意之后才肯给予我企盼许久的惊喜。我为了她，在南京38℃的高温中走一路问一路，找了一个小时。令我兴奋的是，几乎每一个南京人都知道先锋书店。某位文友在南京向路人打听先锋书店的方位时，那个南京人在给他说明了位置之后顺带又补充一句："其实，南京最好的书店就是先锋！

做书店，做到这个程度，真的已经足够了。"

文人一贯矫情，不知自己能否称得上真正的文人，但至少会很重感情，对人，对事，或者对一个地方。我所在的那个城市厦门，素有"海上花园"的美誉，无以忘怀厦门的所有美好。厦大更被誉为全国最美的大学，我喜欢厦大不仅因为它的后花园伴着海浪的气息，更因为我的许多好兄弟都在厦大读书，放假时常找他们闲逛散心。

某个落雨后的黄昏，我和兄弟漫步于厦大后面一条被茂密的树林遮盖得严严实实的小径中。这样的环境，有一种特殊的温馨，温馨中又有一种不可言状的淡淡阴郁。此时我们发现，路旁有家安静的书店——晓风书屋。这是一家源自台湾的人文书屋。往后日子，常来此处静心读书。不管何时，只要一"品"它的味道，便会在心底升腾缠绵的回忆。犹记得高三读书疲劳，会跑来晓风坐坐，古色古香的修茸，余音绕梁的古乐，整个书屋予人的感觉装饰讲究而简洁从容。每每推开晓风的那扇玻璃门时，外面的喧嚣已然远隔，此处便是静谧的一隅。触目所及皆是书，周身漾满书卷的芬芳。薄薄而轻缓地一推，隔离了一段时光，开启了一片天堂。享受着宁静慵懒的时光，伴着耳畔的古乐，有一种幸福感。

书缘即人缘，晓风书屋，堪称厦门一隅诗意的居所。在读书的路上，走得久远而诗意，我不禁回眸。我曾阅读过《先锋书店·大地上的异乡者》，那是一本专门描写先锋书店文化印记的书，叶兆言、苏童、吴炫等人都曾为她著文。我深爱先锋，从先锋书店老板钱晓华的此书中感悟到，这位 20 世纪 80 年代的先锋派诗人，一揽怀已是书缘万千，使得先锋书店一天好上一天。先锋的总店，在南京大学旁边的五台山路，书店名字就叫作大地上的异乡者，这很有意思。书店一半在地上一半在地下，有点隐喻的性质。由地上的一半书店走向地下的那个长廊的墙上，挂着一个巨大的十字架，这或许喻指一种救赎，这种救赎是由内而外的书缘情怀。然而留给我的思考是：这个时代，到底是坚守着的书在救赎可怜的人，还是坚守着的人在救赎可怜的书？

拒绝接受世俗的侵扰，我就这样决绝地来到了文学身边。但是，一位写小说的文友告诉我，喜欢文学的多的是，被文学正眼瞧的寥寥无几。我不知道我的心现在流浪何处，虽然我已扎根新闻行业，一切都以事实为准绳，也忙得焦头烂额，不再那么文艺，但我仍挤出时间浸淫书海，我知道，我依旧坚持着我的文学路。

老书架

陈乐如

依稀记得，老房子里靠窗的左手边摆放着一个竹制的书架，它算不上精美，但已经有些年头，竹节表面沁着一层黄中带褐的包浆。那时候但凡买了新书，读完后就会小心翼翼地放到书架上，闲余时再抽出来阅读几番。多年之后书架各隔层渐渐挤满了竖放的书籍，竟很难再挤进去一本书了。

外婆家在则水牌，在我小时难得进城一趟，每次来外婆总要带我去买一些小食吃。有一次外婆提溜着菜篮子，笑呵呵地领着我去街上，让我随便挑些吃的。路边一家新开的书店吸引了我的注意，蹦进店里，一眼看中了一本《渔夫与金鱼》的童话故事书，眼睛盯上就再也挪不开视线。现在想想，那时候是既懂事又不懂事的表现，不买吃的，去买书算是好学上进的，可是没有预算的概念，记得这本书要9块8毛钱，应该是超了买零食预算的3倍以上了，外婆有些面露难色，看着我充满渴望的目光，微笑后毅然给我买下了。这本书也成了我小时候翻看遍数最多的童话书了，同时它也成了老书架上第一本入驻的课外读物。

待到上了小学，开始识得了更多的汉字，对读书的需求就渐渐大了起来。那时候比较流行科学类的书，很多孩子家里都会备上这样的一套书。在上海读大学的表哥毕业参加了工作，很"阔绰"地买了《十万个为什么》《百科全书》两套书送给我看。那是一套20世纪80年代出版的《十万个为什么》，按照数学、化学、物理、天文、气象、医学、植物、动物等分类，足足有 11 本。黑色的封面设计并不吸引人，翻开扉页后内容是大量的文字及少量的版画插页，也不是很适合低龄少儿，但是内容满满的都是干货，以至于很多学业类的知识上了高中还能用到，科普类的常识到如今都还能教给我的孩子。有了这两套"硬通货"，老书架上的藏书无论是档次还是数量都"噌噌"地上去了。

老书架上的藏书多起来了，我平时阅读的范围也从科学类、文学类慢慢延展开去。扩充了知识面，我也很乐意和伙伴们分享图书和读书的乐趣。朋友看到书架上有喜欢读的书，我会大方地借出去，哪怕在我心里属于珍藏版。记得书架上有一套《现代兵器大全》，主要讲解海陆空三军装备，男孩子尤其喜欢看这书。一个周末，和我差不多大的隔壁邻居拿了我的书正津津有味地看着，他的叔叔也是个军事迷，这书对他产生了莫大的吸引，紧接着一大一小两人便争论了起来，谁先看，谁后看始终无法达成统一意见，最后实在闹得不可开交，叔叔自己去买了一套一模一样的书来。这是场为了阅读的"战争"，他们应该确实很喜欢这套书吧。

老房子后来拆迁了，搬家是最容易流失东西和记忆的。胡适写过一篇自己搬家带书的文章，他这般嗜书的学者自然藏有大量的书籍，但因为搬家他放弃了很多书，最终只是带了一部《红楼梦》随他。老书架没有继续跟着我，包括藏书也卖掉了不少，最后精挑细选了一些书跟着我搬离了老房子。

已经很多年没看到往昔的老书架了，但是它的模样在我脑海里还是很清晰，我甚至还能感受到书架的竹香混合着书的墨香那种沁人心脾的感觉，这种感觉使我愈发喜欢上读书。常常站在书架前，这时我觉得我面前会展开一个广阔的世界，一个浩瀚的海洋，一个苍茫的宇宙。读书是一番品味人生的过程，每本书会讲述一个故事，蕴含了五味杂陈。读书是一种提升自我的修炼，琢玉成器，阅读树人，腹有诗书气自华。

　　老书架虽已不在，但它的影子已为我深深勾勒了阅读的框架，现在我的脑海里始终是有一个"书架"的，让我时常能体味新书"上架"的喜悦，温读旧书的顿悟。激励我多读几本书去延展生命的宽度。

书房百味

温涵

　　我有一个书房，那是我最爱的地方，常让我废寝忘食，流连忘返；我有一个书房，里面都是我的珍藏，是知识的世界，文化的海洋。我有一个书房，那里都是我的精神食粮，是我思想的源泉，那里五彩缤纷，带我领略生活的真谛，品尝人生的各种滋味。

　　书房里的"酸"，这个特殊的味道并不讨人喜欢，但有水平的微酸，却让人回味无穷。古诗词中的众多千古名句，若不是古人的偶尔泛酸怎会留下。感情之酸，思乡之酸，仕途之酸，耐人寻味。李白的那句"孤帆远影碧空尽，唯见长江天际流"经典诗句中就流露出李白对友人孟浩然的离别不舍之情，也同时多少透露出对他"烟花三月下扬州"的微酸羡慕之情。王维的那句"遍插茱萸少一人"中也能流露出他的思乡之酸。而韦应物《滁州西涧》里的"独怜幽草""野渡无人"等用词不仅描绘了景色，也传递了一种被贬后的淡淡哀愁，带一点仕途之酸。书中的微酸，有一种特别的意境。

　　说到书房里的"甜"品，那可是琳琅满目。各种寓言故事集、童话故事集、日记、游记等，这些都像甜点般让我欲罢不能。中国古代寓言里不会写"万"字的孩子，聪明的王戎，开破车上战场的越国大军，伊索寓言里为自由而放弃安乐的狼，吞食坏人的鳄鱼，吃羊的牧羊犬，这些都简单纯粹，因果必报，善恶分明，让我读完酣畅淋漓。各类童话故事、游记描绘出一幅幅宛如仙境般的场景，让人向往，令我心旷神怡。而各种小学生上学记里的机智幽默，搞笑趣事常把我逗得前仰后合，笑得神清气爽。

书房里也有"苦"，高尔基的《童年》《在人间》里的阿廖沙苦难的童年，凄惨曲折的少年经历，让人心生怜悯，感受到生活的不容易。相信在看完《我的大学》后会更能明白苦难的意义，对人生有更独特的见解。虽然我现在还没有阅读完，但至少已经让书房里原本啃起来会让人觉得"苦"的英文绘本变得不那么"苦"了，让我明白了不经历风雨，怎能见彩虹。

"辣"是我钟爱的味道，书房里的"辣"也是如此。各种科幻小说，无论是哈利·波特，还是查理九世或墨多多迷境冒险都非常惊险，刺激着我的感官味蕾，沉浸在哈利·波特在魔法学院的种种经历让我体会到真正的惊悚与猜疑；跟着幻想成为大冒险侦探的小学生墨多多和他的有着皇室贵族血统的宠物狗"查理九世"一起经历一次次的冒险，也影响着我变得好奇好问，冒险精神暴涨。虽然明知那是虚幻的，但那股辣劲儿会让我意犹未尽。

"咸"味是我们每日生活里必不可少的味道，我的书房里肯定也少不了。科普杂志书集《快乐科学》《小读者》《环球少年地理》等，这些都是我的每日必需，是我书房里的"盐"。在课间、饭前、睡觉前，只要一有零碎间隙，我都会忍不住捧起看上一会儿，可别小瞧这些碎片时间，带给我的知识可不少。让我了解了很实用的夏日多种防蚊法，有毒的颜料，人体的奥秘，各种昆虫的特性，探索神秘的宇宙。这些知识赋予我力量，满足我的好奇心，激发我的各种兴趣。

古人云"忠厚传家久，诗书继世长"，书是我们人生必不可少的东西。书房里的"酸甜苦辣咸"，单凭这五味已经够我品味，作为一名小学生，哪一种味道也都只是浅尝辄止，要想悟透其中的滋味，我还需要在书籍的海洋里继续遨游很久很久。然而书中更多的人生百味，也等待着我们一起慢慢体会。

心中有阅读，何处不书房？

许小明

前年，我们家在为装修新房子奔波。我和爱人都是老师，心想怎么着也要布置一个像样点的书房。可是计划赶不上变化，家里又添了一条小生命——小女儿出生了。虽说小女儿未来几年都不会独立起居，但若按计划做书房，几年后小女儿就没有起居室了。我突发奇想：客厅是我们待得最多的地方，能否把客厅打造成书房呢？这样，原来的书房暂时闲置，以后又可以灵活变通。于是我们就舍弃了电视机，在原电视机的背景墙上打造了一整面书架，把我们的书，女儿的书一并放在显眼处。这样，一打开家门，整墙的书就扑面而来。

我们终于搬入了新家。开门未见平常人家气派的电视沙发，而是一整墙原木色的书架，点缀着几盆绿植，仿佛置入了一个小小的阅读厅。这个暑假，我一回到家常看到这样的场景：刚两岁的小女儿，在书架前翻着各种绘本，嘴里叽里咕噜念叨着；大女儿坐在书架吧台前，啃着《哈利·波特》；爱人也捧着《哈利·波特》，时不时地问问大女儿关于书中的情景……

一个人的精神发育史，就是一个人的阅读史。我和爱人都来自农村，从小的教育都没有受到阅读的指引，所以从精神层面来说，我们属于发育不良。阅读的重要性，是我成为教师后才渐渐明白的。除了几年懵懵懂懂的教书经历，尚没有一个鲜活的生命让我见证了阅读的力量，直到大女儿出生之后……

　　对于一个听不懂、不会说的婴儿，"阅读"可能为时尚远。其实不然，父母的声音是安慰孩子最好的工具。虽然宝宝听不懂，但每个父母依然会不厌其烦地对他讲话。"既然你可以对初生儿说话，就一样可以读故事书给他听"，我们的阅读便由此开始。那时，我们是多么希望心中能有说不尽的故事，随口拈来讲给女儿听。可怎奈精神空虚，挖遍脑子，也只能搜出那几个埋藏在深处的、又残缺不全的故事，阅读，是从那时开始在孩子深处生根发芽的。

　　上了学的女儿酷爱读书，我们一家才开始真正走上了阅读之路。购置各种绘本，建造客厅读书角……原来的家比较小，没有书房，就腾出客厅的一角，成为阅读角。几乎每天可以看到这样的场景：我们拖着疲惫的身体躺到沙发上，习惯性地掏出手机浏览时，一个小小的身影冒出来，举着手里的书命令："你帮我讲，快点，手机不要玩了，帮我讲故事！"我们故意推脱一番：你爸爸讲得好，找爸爸；这个故事你妈妈会讲，找妈妈……但最后总有一人拿出百倍的精神，手舞足蹈、声情并茂地带着她读完故事。好不容易读完准备休息时，她早就跑到书柜，翻出另一本叫道："现在讲这本了！"……有时候要一口气读上好几本，直到我们口干舌燥，喉咙沙哑才肯作罢。睡前阅读也成了女儿的"精神食粮"。每每躲进被窝里准备睡觉的时候，就能听见她在房间里喊："爸爸，你快过来，给我讲故事啦！"若不读上一两个故事，她是不会善罢甘休的。

　　几年的阅读已经展现了它极大的影响力。电视、有声读物之类的快餐式阅读已经不合女儿的胃口，再精彩的动画片她也会淡定地瞄过一眼不再留恋。有时候外出回到家，她的第一件事就是跑向书柜，拿起一本书，坐到凳子上静静地翻着。当她烦躁的时候，有一招屡试不爽，就是用读书来引诱她："快，把这件事做好，我们就一起来看一本书。"……

　　一晃，就到了女儿小学阶段。我们常常跟女儿一起读同一本书，并讨论书中的是非观和价值观。一年级的时候，我们多谈论马小跳和米小圈的开心事；二年级时，便和女儿转而谈论三国中的英雄事迹，分析人物的是非成败；三年级，已开始和我讨论明朝里那些皇帝、将领、大臣的智勇功过，到了四年级，我们共读《活着》之类反映中国过去百姓生活的作品……

有句话说，最好的学区房就是自家的书房。这句话不无道理。所以搬了新家，怎么不该有一个像样的书房呢？可最后依旧由于条件所迫，只能将客厅改造成了书房。因祸得福，小女儿从出生开始就泡在了我家的"书房"里，除去睡觉，她在书房里待的时间最多，所以比起大女儿，似乎懂得更多，更早。大女儿读过的书、大人的书、商品包装袋……她都可以拿起来装模作样地读起来。一个晚上，我拿着《苏菲的世界》在床头前静读，要入睡的小女儿翻过来说：爸爸，你读呀。我不多说，就小声地将内容读了出来……第二天，小女儿看着床头的书，问我：爸爸，柏拉图呢？苏格拉底呢？"

或许这些东西在她稍后的记忆中就会消失，但对人的生命成长的影响并不可忽视。记得我工作上的导师说过：阅读这件事，就像一口烧饭的锅。一口新锅，烧了一两次，还是新的，看不出变化。烧了一两个月，变化也不大。一年两年过去了，锅底就变黑了，三年五年后，锅底就黑得任你怎么擦洗都去不掉。

阅读这件事，就应这般润物无声。外出用餐，大女儿会随带一本书，餐厅即是书房。开车路上，每每遇到红灯堵车，她也信手翻开书来，车厢便是书房。而小女儿呢，去商城看到书摊，总要停下来看书；到超市，非到图书角一呆不可。是啊，心中有阅读，何处不书房呢？

第三辑　好书伴我成长

一本好书，

或许能成为一盏明灯，

照亮你成长的道路。

与书相伴　岁月静好

门方东

　　说真的，提起笔写下这个题目有些惭愧，与自己的脾气秉性有关，或是与那个贫瘠的年代有关，没有养成读书的好习惯，读的书也是少得可怜。直到从事了与文字有关的工作后，才真正体会到"书到用时方恨少"的尴尬，所以每每稍有空闲，就迫不及待找些书籍来读，慢慢养成了与书为伴的习惯。

　　母亲在世的时候说，现在的我与小时候判若两人。小时候生性顽皮，对哪里都充满好奇。20世纪70年代的农村，地地道道大自然的味道，我总是把大把的时光放到了田野、河边。读书就像紧箍咒一般，每每听头发花白的老师念经一样诵读着无聊的课文，心思早就随着窗外叽叽喳喳的鸟儿飞向田野，心驰神往了。那时候总觉得树上慢慢爬行、一脸无辜的知了猴，比书中拗口的古诗有意思得多；荷塘里蹲在荷叶上受到惊吓后的青蛙，一下子跳入水中，溅起层层波纹，远比一道道别扭的算术题有趣多了。小溪里偶尔意外发现的大鱼，草丛里突然跳起的蚂蚱，比起老师严厉的面孔和惊悚的教鞭更有乐趣，学习成绩当然是一塌糊涂。可有一种叫作"小人书"的东西却一直吸引着我的眼球。父亲是教师，上课经常查获高年级学生的一些连环画，锁在办公室的抽屉里。而我最大的乐趣就是偷偷打开父亲的抽屉，一本一本地看那些带有连续插图的连环画。《杨家将》《水浒传》《西游记》《敌后武工队》……那些故事百看不厌。好几次，躲在小伙伴家里一起看小人书，着急一起看完再放回抽屉，直到掌灯时分，母亲焦急的声音在胡同里一声声响起的时候，才匆忙地将小人书放进贴身衣服里往家走。因为故事情节的激动，还有些小秘密在心里，脸色红红的像火烧一样，幸亏夜色的掩护，才不至于被父母发现。然而，偷看小人书的日子不会长久，总有一些书会在放假的时候归还给学生们，而我的精神世界也就"断粮"了。家里更没有多余的钱去买那些与现实生活无关的东西，可那段时光或许就是读书最初的启蒙吧？

无忧无虑的那段日子似乎很短，短的来不及回味就逝去了。进入初中，学业的压力伴随着躁动的青春期就来到了，所幸那时候没有现在的网络和新媒体，自己所有的精力放在了读书学习上。身上背负着老师的谆谆教导、父母殷切期望，更多的是因为生活所迫，迫切的需要就业缓解家庭的贫困。这时候，对那些四大古典名著、世界名著等文学作品，仍旧无暇顾及，不得不利用一切空余时间复习和预习，那些与读书有关的日子似乎从来与我没有任何关系。频繁的考试，让我不得不将初中课程的所有课本重复翻看，来弥补没有任何复习资料的缺失。在重复的复习背诵中，试图在书中寻找理想中的"黄金屋"和"颜如玉"。或许是青春期的缘故，喜欢上了诗词歌赋，佩服李白"举杯邀明月，对影成三人"的丰富想象力；南唐后主李煜"问君能有几多愁，恰似一江春水向东流"的千古诗句，能让自己愁绪满怀……走进作者的内心世界，了解当时的历史背景，那些之乎者也的古诗文似乎变得不再那么令人讨厌，《岳阳楼记》《醉翁亭记》《桃花源记》，一篇篇精彩绝伦、荡气回肠的经典文章，阅读中似乎穿越数千年的时空隧道，与古人对话，与先哲叙谈，短短的文章里完成了心灵的交换和洗礼，一次次领悟到深刻的道理和国学的博大精深，学习不再枯燥无味。这时候才体会到诗人杜甫："读书破万卷，下笔如有神"的真正意义。从书籍中汲取营养，陶冶性情。读书使人在获取知识的同时，也净化了心灵，历练了意志，其乐无穷。

真正接触到课本以外的书籍，是在外地求学的那段时光。那段日子不用因为课业的压力而劳心费神，可以安心度过每一个周末和节假日。因为经济的尴尬，总有一些闲暇的时光难以打发。每月固定去校外一个理发馆理发，发现旁边一个报刊亭里有许多书可以看，偶然间发现了一本叫《小小说》的刊物，设计精美，16 开大小，八角钱一本，一个个故事短小精悍，情节跌宕起伏，引人入胜，一下子喜欢上了这本让我既能看到故事又不失体面的刊物。《小小说》陪我度过了三年的求学时光，以至于卖书的老板娘每次新书到了都会特意给我留一本。这个习惯一直延续到工作后很多年，现在这些书仍然放在家的书橱里，历经几次搬家也不曾舍弃，偶尔翻起，仍然津津有味。

记忆最为深刻的是 1994 年实习的时候，偶尔从带教老师那里看到了一本叫《平凡的世界》的小说，一旦读进去，读下去的欲望就止不住了。自己静静地在宿舍里读了整整一天，直到夜色阑珊，舍友回来，才发现自己一天没有吃饭。为了读过瘾，连续两周的晚上，去了单位制药车间值班室的小房子里，顶替看门的守卫大叔值夜班。捧起它打开第一页时，就被一个雨雪描写的场面吸引住了："细蒙蒙的雨丝夹着一星半点的雪花，正纷纷向大地飘洒着……"，我喜欢寓情于景的描写，给人美的享受。陶醉在这些美丽的描写中，渐渐走进了不同人物的角色中。书中哥哥孙少安性情朴实忠厚，虽然文化程度不高，但敢于走出第一步，历经磨难，终于走向成功。弟弟孙少平不甘沦落于农村，在艰苦非人的包揽活中练就了吃苦耐劳的倔强精神，最终在煤炭事业中做出了卓越的贡献。他们的性格各有差异，但有一个共同的优点，那就是出自农村的兄弟俩都有一颗温柔善良的心，虽然出身贫寒，但正是这贫寒造就了他们的成熟和坚强。"穷人的孩子早当家"，主人公同自己一样，都是贫苦出身。"不吃苦中苦，难为人上人"，只有经过苦难的磨砺，才能取得成功。

心胸豁然开朗，所有对生活的迷惑和不解，都在这里找到了答案。只有在自己平凡的生活中，勇敢挑战，努力进取，在平凡中创造出不平凡，才是丰满的人生。这一点成为支撑自己走在人生道路上的最大精神动力。

《平凡的世界》支撑着青年的时期，无畏勇敢地对生活，向着自己的目标一步步靠近。也因为这些喜欢上了文字，做上了与文字相关的工作，看到一篇篇文字发表在各色刊物上，也获得了因为文字工作带来的荣誉，巨大的喜悦和成功感油然而生。可学识的短浅、知识的匮乏，屡屡让我在写作中有捉襟见肘、江郎才尽的感觉，渴望读书充实的愿望与日俱增。

然而临近四十不惑的年龄，身体罹患病痛遭遇了沉痛的打击。残酷的治疗过后，长期的耳鸣、听力的下降，心理和身体上的伤痛一时间难以愈合。焦躁无奈中，翻起了孩子书桌上的一本叫《青铜葵花》的书。耐着性子读下去，竟然到了一发不可收拾的地步。第一次让我认识这位叫曹文轩的作家，惊叹折服于曹文轩对于情景和人物的融合刻画，更佩服曹文轩所有作品干干净净的品质，出淤泥而不染。不论是《青铜葵花》还是《草房子》，我将曹文轩的作品摆上床边案头，在一部部小说中慢慢感受属于自己的那个年代的故事，悄悄净化自己的心灵，认真思索自己的现状和人生。或许是得益于那一段时间的潜心阅读和思考，矫正了自己许多的东西，思想更为开阔豁达，遇到困难、挫折不再那么焦虑不安。

仔细回想读书的历程，明白每个人的成长，都离不开精神营养，而能够给人提供精神营养的，主要就在于读书。而读书的最大乐趣，在于能让人在不知不觉中，受到感染，得到激励或者抚慰。有时能让人喜悦兴奋，有时也会让人伤感流泪，有时让人陷入无尽深思，有时让你坚定无比。从书中真正理解善良、正义的可贵，理解宽容、厚德的难得，欣赏创新、开拓的壮美，品评和谐、清廉的珍贵……这些弘扬正气的思想情感，无须刻意寻求，只要是读到好书，就会自然走进我们的心灵深处，内化于心，外化于行。正是从那时起，自己养成了每天看几页书的习惯，让以后的日子在书籍的陪伴下坦然度过，相信与书相伴，岁月静好。

一路阅读，一路成长

钱盈

依稀记得自己小时候，玩具不多，玩伴也少，却意外地成就了自己阅读的爱好。爷爷珍藏的袖珍连环画，父亲书架上的《红楼梦》《聊斋志异》……都成为我幼年时光里最好的"伙伴"，似懂非懂间，我享受着阅读的快乐。后来考上师范，我选择了中文系，进一步领略了文字的无限美好。现在，我是一名小学语文老师，我就更应该主动成为学生阅读的点灯人。

一、兴趣激发从朗读开始

13年前，我怀揣着憧憬，踏上了教师的岗位。理想和现实的碰撞，使我无所适从，初为人师的激情很快就被忙乱冲淡了。猴似的学生可不会因为老师喜欢阅读就喜欢阅读，更不会因为几句读书谚语的鼓动，就能激发出阅读兴趣。我每天深陷在"鸡毛蒜皮"的班级事务里，不能自拔，甚至连语文教学时间都被"侵占"，于是关于阅读的那一点点理想也只能束之高阁。

一次偶然的机会，我遇见了《朗读手册》。书的卷首中有这样一段话：生活中，父母和教师总是教孩子阅读的技巧，但是很少想办法激发他们的阅读动机和兴趣。其实，还有比想要阅读更重要的阅读技巧吗？这段话如同当头棒喝，我深深反思。过程中，除了客观上的一些原因，主观上我也很被动，总是在等待：等待着学生学会安静，等待着学生明白阅读的重要性，等待着某种神圣的仪式中开始阅读。《朗读手册》里提到：阅读不需要太多准备，只要有兴趣，随时都可以发生。而激发孩子阅读兴趣最简单最好的方式，就是读书给孩子听。吉姆·崔利斯在《朗读手册》里强调了朗读的重要性，每天朗读15分钟就是美国教育的秘诀。于是，每天午休的15分钟时间被我"自作主张"地定义为朗读时间，我要尝试通过读一些有趣的故事（文章）给学生听，激发学生的阅读兴趣。第一次我选择了《不一样的卡梅拉》系列丛书中的其中一本，当我开始朗读的时候，教室里特别安静，学生们都睁大好奇的双眼，倾听着从我嘴里蹦出的每一个字眼，随着故事情节的变化，学生时而抿嘴偷笑，时而眉头紧锁，时而迫不及待想举手交流……第二天，教室里竟然出现了好几套《不一样的卡梅拉》，学生阅读着卡梅拉，谈论着卡梅拉……我竟然"轻易"就收获了理想中学生阅读的样子。后来，朗读时间由15分钟时间变成了半小时，朗读者也由我一人变成了师生朗读团队，我们朗读的作品涉及报纸杂志、绘本、小说、诗歌等等，朗读激发的阅读乐趣就像502胶水一样，将学生与书籍紧紧地黏合在一起，也将我和学生紧紧地黏合在了一起。

　　随着时间的推移，我的学生换了一茬又一茬，我为学生朗读的习惯却始终不变；随着技术的革新，朗读的形式悄然变化着，除了传统的线下朗读，我们还利用微信群进行线上交流，我与学生下载APP"荔枝FM"，利用空余时间，将自己喜欢的作品录音推送到班级微信群里，扩大了交流空间。

　　为学生朗读，成为我点燃学生阅读兴趣的最简单最实用的招数。

二、深度阅读从聊书开始

　　孟子曰："心之官则思，思则得之，不思则不得也。"阅读需要静静的思考，通过思考，就可以获得真知，就会在阅读中有所发现。如何才能让学生的阅读走向深入呢？当我开始思考这个问题时，我庆幸遇见了阅读推广人蒋军晶老师的《和孩子聊书吧》。书里用大量的案例证明：通过聊书，可以了解朋友间不同的观点，可以发现彼此间共同的兴趣，更能厘清自己的想法，提升一个人的思考力，还可以增加阅读的乐趣。于是，我开始和学生开始"聊书"了。

记得，我和学生聊的第一本书是圣·埃克絮佩里的《小王子》。在学生自由读完《小王子》的基础上，让学生谈谈自己发现了什么，产生了什么疑问。学生各抒己见，有人介绍《小王子》是畅销世界的名著；有人谈作者圣·埃克絮佩里曾是军人、飞行员、画家，"二战"期间执行一次任务时失踪；有人介绍小王子离开家远游，先后到了七个星球去旅行，最后来到地球上找到了寻求的答案……学生在交流中感受着阅读发现的美妙。发现，永远是阅读最美的姿态。

交流后，学生又有了新的问题。于是，我顺势推出了"阅读问题墙"，学生在阅读过程中产生的问题，及时的记录下来，然后张贴到班级"阅读问题墙"上，这些问题就成为下次聊书的内容。有了问题的驱使，学生又重返书本，开始新的思索，寻求答案。自从开始聊书，教室里特别安静，学生们一有时间或围观"阅读问题墙"，或拿出书本认真研究。而我则不断从《和孩子聊书吧》吸取着关于"聊书"的营养。我和学生从童话的故事聊到解开奇幻文学的叙事密码；从成长小说的现实场景聊到冒险小说生存背后的价值观；从侦探小说中预测和推论聊到动物小说里真实的大自然和幻想中的大自然，我和学生的阅读在"聊书"中一步步深入。

和学生聊书，成为我引领学生深度阅读的最常用也是最好用的招数。

三、掌握策略从思维导图开始

蒋军晶老师曾在自己的书中说："孩子不是天生会阅读的，阅读是可以教的。"这与许多人看法是相悖的，我也深深地疑惑：阅读需要教吗？阅读教什么？在深入阅读蒋军晶老师的著作后，我终于明白，教阅读教的是阅读策略，是想让学生变成聪明的读者，高效的读者，这也正是我所希望的。恰巧那时，我遇见了《思维导图阅读法》。"思维导图"，是一种将放射性思维具体化的方法，它为人类提供了有效思维的图形工具，能够开启人类大脑的无限潜能。思维导图阅读法就是把阅读过程可视化，更有利于理解、记忆以及迁移。

我把思维导图引进了学生阅读过程，让学生一边阅读，一边绘制思维导图。在阅读《汤姆·索亚历险记》时，我和学生首先从认识"汤姆·索亚"这个人物形象出发，根据读者读过整本书后给汤姆做出的两个截然不同的评价：1.我从来没有见过比这孩子更淘气的人；2.他是男孩子们的偶像，他身上体现了所有男孩子的梦想。猜一猜汤姆·索亚这个人物可能会有怎样的个性特点？然后通过阅读整本书，提炼出几个自己认为最能概括汤姆·索亚个性的词语，形成自己的人物气泡图。画完人物气泡图，再根据故事情节画一画情节阶梯，接着在复流图上写一写汤姆探险根据。

"情节梯""范恩图""意见椅""角色地图"，一张张思维导图，出现在我们的阅读过程中。思维导图成为我们阅读的最佳伴侣，"气泡图"帮助我们初步感知中心内容，再阅读后，又能重现思考；"情节梯"帮助我们整体感知故事梗概；"范恩图"帮助我们在寻找不同点和共同点的时候，对故事的主旨有一个深入的了解。对整本书的理解与认识通过思维导图再现，绘图的过程，就是我们阅读的过程，我们的阅读因为思维导图变得更精准。

思维导图阅读法，成为我指导学生精准阅读最有效、最好玩的招数。

作家格雷厄姆·格林在《失去的童年》与其他散文中写道：或许只有童年读的书，才会对人生产生深刻的影响。阅读对人是如此重要，可是"很少孩子会主动喜欢上阅读，通常都必须某个人引领他们进入书中的奇妙世界"。而我愿做这个引路人，在阅读—实践—反思—实践中，陪伴学生一路成长，一路收获。

知行合一与敬业精神

——《传习录》读书心得

丁鸣

王阳明是一个让人好奇，值得研究和探求的人。他的学问被称为心学，影响了一批又一批人。为了解他的学问，他的思想，我曾经读过大量的书籍，如《王阳明致良知教》《王阳明学行简述》，当然也少不了在心学门里可以与《论语》比肩的《传习录》。在我对心学的学习中，理解最深，也最有感悟的就是他的"知行合一"的思想。

一、知行合一之我见

知行合一是阳明心学的一个重要概念，也是很多人的理解多多少少会存在一定偏差的一个概念。知行合一，不是指不仅要"知"，更要"行"，不是指"理论要联系实际"，而是指知和行本身就是一回事，是一枚硬币的两面。所谓"知是行的主意，行是知的功夫；知是行之始，行是知之成。只说一个知，已自有行在；只说一个行，已自有知在"。也就是说，知中有行，行中有知，二者不能分离，也没有先后。与行相分离的知，不是真知，而是妄想；与知相分离的行，不是笃行，而是冥行。因此，知而不能行，就是不知。

正因为意义世界同时囊括了心与物、内在与外在，所以"知"和"行"自然呈现为一个无法分割的整体。因为"知"本身就是一种建构意义世界的行动，所以起心动念都是行，"我今说个知行合一，正要人晓得一念发动处，便即是行了"（《传习录》卷下）；而"行"本身就是一种价值观的落实和体现，所以这样的"行"也就等于是"知"的自然流溢。

当然，王阳明说起心动念就是"行"，并不意味着行就只有起心动念。如果从未通过与外界的互动体现价值观，那就意味着我们的意义世界不曾建立起来，因而这样的"知"就是"茫茫荡荡，悬空去思索的"；而如果没有赋予存在和世界以自己认同的意义，我们的行为就没有意义和目的，因而这样的"行"就是"懵懵懂懂、任意去做"的。简言之，"知"就是内在的行动，"行"就是外化的观念。二者是一而二、二而一的。所以，根本不存在没有行动的"知"，也找不到一个没有观念的"行"。所谓的"圣学只一个功夫，知行不可分作两事"。

在王阳明的思想体系中，知、行之所以不能分成两截，就是希望建立一个"全息的意义世界"，用他本人的话说就是"一节之知，即全体之知，全体之知，即一节之知"。在这个浑然一体的世界中，没有内和外的分别，没有心和物的分别，没有部分和整体的分别，当然也没有知和行的分别——一念发动处，便是知的全体，也是行的全体。

二、知行合一与格物致知的辨析

阳明心学是对程朱理学的极大发展，他的很多理念都是针对程朱理学提出来的，其中尤其体现在知行合一上。程朱理学崇尚格物致知，认为大道需在格物中获得，即要求研究事物而获得知识，切身去体验事物然后获得道理。所谓"欲诚其意者，先致其知；致知在格物。物格而后知至，知至而后意诚"。

以孝作比方，在程朱理学的格物致知下，需要切实践行"温凉定省"才能掌握和做到孝。温，是冬天用自己的身体把父母的被子温热；凉，是夏天用扇子把父母的草席扇凉；定，是夜晚让父母睡得安稳；省，是早上要向父母问安。只有践行"温凉定省"，格"温凉定省"之物，才能达到"孝"之知。

　　而阳明心学中却不是这么认为。在知行合一之下，如果真正懂得了孝，一个人如果真正是孝子，无论怎么做，自然符合孝的要求。因此，孝的本质，或者说做到孝最重要的，并不是从格外物中去致知，而是"致良知"，即致我们每个人内心中的良知。只要有孝这个"知"，所行自然便是孝。如果所行的不符合孝的要求，所谓懂得孝、知道孝的"知"，也只是挂在口头上的假知和假孝。正如《传习录·上·徐爱录》记载的："此心若无人欲，纯是天理，是个诚于孝亲的心，冬时自然思量父母的寒，便自然要求个温的道理。夏时自然思量父母的热，便自要求个清的道理。这都是那诚孝的心发出来的条件。却是须有这诚孝的心，然后有这条件发出来。譬之树木，这诚孝的心便是根，许多条件便是枝叶。须先有根，然后有枝叶。不是先寻了枝叶，然后去种根。"

　　在格物致知的思想体系下，由于社会的发展，今天的中国人已经无须也不可能按照古人的方式去行孝了。然而，孝的表现方式会过时，但孝的道理却是亘古不变的。正如《传习录》上所说的，"诚孝的心"才是根本，具体怎么做都是枝叶。根不会变，但枝叶却可以常换常新。而且，只要有根，就不怕没有枝叶。

三、知行合一与敬业精神

　　知行合一很好地批驳了表面文章、形式主义。许多人热衷于做表面功夫。他们会装出一副繁忙的样子，用整天加班的表象来装扮自己的敬业和奋斗。然而，这是不"知"之"行"，因而是无本之木，是"悬空"的敬业，因而并不是真正的敬业。真正的敬业要求我们把事业放在心里。只要能认真对待工作，用正确的态度履行我们的职责，对待客户、领导、同事，就是真正的"知"敬业。只要真正"知"敬业，无论如何工作，如何做事，自然会符合敬业之行的标准。比如浙江大巴司机吴斌驾车行驶在高速公路上，突然一个铁块飞来，当场把他砸成重伤，可他在生命的最后一刻，强忍疼痛，按照规范动作减慢车速、靠边停车，然后拉上手刹、熄火，通知乘客有秩序地下车，直至最后倒下。吴斌的行为和表现感动了无数人，也完美地诠释了敬业精神。但他是如何做到这一点的？正是因为他真正地解决了敬业的"知"的问题，所以即使是他临终前下意识的行为也自然地展现了高标准的敬业的"行"。

真正的敬业要求我们看人看事要善于"透过现象看本质"。道理虽然大家都懂，但表面文章为什么还会有那么大的市场，能如此大行其道？我想原因在于表面功夫容易被人看到，而本质层面的"知"却是只有日久才能见真心。但作为我们每个个人而言，要时时提醒自己，用"知行合一"的观点，去"透过现象看本质"。在对人、事、物下结论时，要有"战战兢兢，如履薄冰"之心，更要有"可能看错"的意识。不能自认老子天下第一，自以为"看人看事哪里还会错"。

真正的敬业精神要求我们对员工的管理更重视管"心"、管"知"。加强对员工的管理，是所有企业管理工作的应有之义。但大部分企业将出台制度和制度贯彻落实作为主要的管理手段和目标。但这仅仅"行"的范畴，"知"的范畴的管理却被大大的忽视了。根据知行合一，管理者应更注重从企业文化和意识形态入手，管"心"、管"知"，再辅之以制度的管理，才能培养真正的敬业精神。

以上是我对《传习录》粗浅的一些认识，尚未达心学的九牛之一毛。《传习录》境界高远，远超我之所及，以至于令我有深深的高山仰止之感。我将在以后的日子里，细细体会《传习录》和心学的要义，"一生俯首拜阳明"。

品读好书　一生芬芳

吴姣儿

　　都说锻炼修身，读书修心，我相信一本好书是可以影响一个人一辈子的。走进好书，文字的世界让人从中汲取营养，发人思考，引人成长，使人熠熠发光，不断提升个人的信心、情趣、修养，从而享受精神世界的美好，带着温暖的阳光度过安然的岁月，一生芬芳。

读书明理，助我成长

　　在我成长的年代，没有女儿"穷养"和"富养"之说，千篇一律"放养"；也没有现在五花八门的所谓兴趣班、提升班，就连最基本的课外读物都没有。眼看着我无所约束，野蛮生长，没有父母眼里女孩子该有的那份文静，父亲着手开始为我编"书"。他把抗美援朝的战斗经历和生活点滴编成一摞摞的手抄书供我阅读；只有在那一刻，我摒除所有的喧哗吵闹，静静地坐在时光的角落里，一个人在阅读的世界里，经历着"生与死的较量""胜利与失败的荣辱""开心与痛苦的情愫"，感同身受着战士各种各样的刻骨伤痛，在炮火连天的战场和英雄灵魂相遇……我在感动中成长前行，渐渐地明白，什么是英勇顽强、视死如归，什么是铁肩道义、铁骨侠情……中学时读魏巍的《谁是最可爱的人》，读到第一句："在朝鲜的每一天，我被一些东西感动着……"我再次深受感动，一下子泪流满面，势不可挡。父亲的"书"没有华丽的辞藻，没有精美的修辞，但书里丰富的思想情感和精神内涵，加上父母亲的言传身教，强大地滋养了我弱小的心灵，磨砺了我年少时的品质，潜移默化地融入我的骨子里。我从单纯的真善美和假丑恶里，慢慢获得明晰的认知与果决的行动能力，我想这也就是读书明理的最好解释。

读书给予我精神上"门当户对"的幸福婚姻

母亲是那个年代的工农兵大学生，喜欢文字。在父母亲的双重影响下，我特别喜欢读书，学习成绩很好，一如父母希望考上了卫校，当了一名医生。长大后我期待心中的"英雄"出现。在排除别人眼里很优秀而我认为一个个"太娘"的目标后，在母亲的重重阻碍下，经过艰苦卓绝的斗智斗勇，我终于迎来了波澜壮阔的明天，成功嫁给一位兵哥哥，复制了父母的爱情，成为我家根正苗红的第二代军嫂。妈妈誓死反对我走她两地分居的辛酸老路，她做梦也没有想到，父亲为我编的手抄书给我带来了怎样刻骨铭心的记忆。

丈夫一如英雄般正直刚强，浓厚的军人气质是我喜欢的模样。在两地分居、手机还没有普及的时候，我们鸿雁传书，互相鼓励闲暇时多读书。畅游书本，一段段尘封的历史、一处处美丽的风景、一个个深入浅出的人生哲理带我走读神州，让我的格局和视野变得更加开阔，在工作和生活中不再患得患失，淡泊宁静。读的书多了，慢慢发现，我不曾刻意关注的大千世界，自有一番千山万水；读的书多了，渐渐明白，学海无涯，唯有努力，那些庸人自扰的烦恼，就一笑而过吧；读的书多了，终于懂得，很多事情只有经历过，才能看到另一种云淡风轻、岁月静好。在物欲横流的时代，面对各种各样的诱惑，品读一本本的好书帮我度过无数个孤寂的夜晚，"书中自有颜如玉"，我终于敌过六年漫长的夫妻分居岁月，坚守着自己的精神家园，成为最好的自己。

为孩子着想，我办理了随军。此后，夫妻俩工作之余，陪伴孩子一起学习、游历，很少参加各种各样的聚会和饭局。记得当年部队后勤大院的邻居，是战勤处的一个参谋，因为贪图享受，沉溺于各种聚会、娱乐，被拉下水，成了一名间谍，先后多次出卖部队机密文件，在一次高价出卖部队军事演习的绝密文件时被国安局逮捕落网。在他被公审枪决前，部队领导指定我陪同他爱人在禁闭室见其最后一面。当时的场景至今历历在目，两人抱头痛哭，泪洒现场，我痛彻心扉地质问他："你怎么能犯背叛祖国这种致命错误！"人之将死，他真心忏悔："嫂子，当初听你俩就好了，多看看书，多陪陪孩子。如果早知道会这样，我一定好好做人。"然而一切都晚了，人生没有如果。有些错误，错了就是一辈子。后来，他妻子、女儿无家可归，被他多次宴请过的十几名军官全部受到处分，除了我们和另外一家，后勤部大院全部沦陷，此次事件震动三军，教训惨痛、深刻。

不管是在军营还是转业以后，读书一直是我们夫妻俩共同的爱好，三观基本相合，在很多问题认知和处事原则上能同频共振共情。精神上的"门当户对"，让我们不仅可以讨论柴米油盐，还可以谈论琴棋书画。自始至终两人同甘共苦，彼此理解扶持，在工作和生活中"势均力敌"，相互成就，偶尔产生分歧和挫折，也能及时化解，婚姻幸福。

读书让孩子变得更加优秀

儿子恰逢其时出生，幸福如期而至。记得有位教育专家说过："家长苦一阵子就不用苦一辈子。""推动摇篮的手就是推动地球的手。"我深深明白一个母亲在孩子心目中的分量和成长过程中的重要性；作为医生，我也很清楚3至7岁是孩子性格、习惯形成的关键期。看着儿子粉嘟嘟可爱的小脸，我心中发誓一定要好好培养孩子。父母是孩子的启蒙老师，是孩子最初的宇宙、是那个深不可测的海洋，我一边为自己看书充电，一边开始孩子的早期教育。在早教班还没有普及的那个时候，我想方设法购买到了0至6岁的早教课程，读懂读透后把早教书变成自己的知识教本，按照年段、课目、程序自己分类，完成了对孩子的早期教育，让孩子在没心没肺地睡、无忧无虑地长、不慌不忙地玩的过程中完成知识积累，养成良好的学习、生活等习惯；在陪伴孩子一起看书、倾听孩子的需要、与孩子游戏互动中，形成良好的亲子关系，培养孩子良好的脾气秉性和自我管理能力，让孩子变得更加优秀。孩子耳濡目染家人其乐融融的读书氛围，静得下心来看书，也会各种创意地玩，比同龄孩子更懂事，心智更成熟，没有青春期叛逆，从不强词夺理、无理取闹，我们可以无话不谈。一直以来，儿子积极向上，正直、善良、有担当，无论哪一个阶段，学习、生活、工作得心应手，完全自己擘画人生蓝图，不用父母操心，那些早教书和爱读书的习惯给儿子带来的影响是显而易见的，一生受益。

斗转星移，穿越重重的时光，所有的名和利都会有繁华落尽的一天，唯有那些品读过的好书逐渐积累在身体里，变成丰富的精神食粮，陪着我们走过艰难困苦，度过漫漫人生；让我们在风霜雪雨、花开花落中懂得、成长，碰到各种各样的人和事，遇到很多偶然和恰好，遇见该遇见的一切，与那个灵魂匹配的人并肩同行，走进彼此心中美好世界，一生芬芳。

四十，因阅读而不惑

王越英

窗外，雨声滴答。

捧着这本实实在在的杨伯峻的《论语注释》，思绪在潮湿的空气里一点点浸润，一丝丝过滤，一缕缕弥漫……

去年春节，我第一次接触《论语注释》，纯粹是为了完成教科研培训班的作业，纯粹是任务驱动式阅读。"君子不重，则不威""过，则勿惮改""先行其言而后从之"……每天上午读两小时，下午读两小时，文言的美，竟然句句伏有天机，害我每次想着写着都不胜低回。我仿佛是在火边烤干外衣的旅人，又可以站起来得以重新上路了。

情难自已，致电班主任："难怪高文秀说'半部论语治天下'！我以后每年都要读一次。"班主任说："我把《论语》放在枕边，每个晚上都会翻一翻。"

需要每天都翻一翻吗？我不以为然。

前年8月，我调到一所合并性质的新建学校工作。临行前，老领导跟我说："你这个急性子，一定要记住：新办学校一切从头做起，要慢慢来，千万不要过急。"40岁的我笑笑记下了嘱咐。

我满怀憧憬地来到新学校——49位老师中有38位老师来自一所完小和一所片小，60后70后的老师占了71.43%。各方面的"融合"，是我面临的第一课题。开学两个月来，老师们积极认真地工作，我努力赏识、鼓励教师，彼此之间正慢慢走近。

前年 11 月底，在对全校教师的作业批改情况进行检查中，看着五年级语数老师极不认真的改作，我内心震惊了！怎么可以这样改作业！怎么可以这样工作！真的太过分了！

周一晚上教师会议，我像在老学校工作时那样，直截了当地先表扬认真批改作业的老师，并通过课件同步展示了这些作业。然后，点名批评并指出五年级改作存在的问题。讲着讲着，气从心生，说话语气也不由得加重了："教书是个良心活，作为教师，该改的作业不改，该订正的作业不订正，怎么对得起学生，对得起我们所拿的工资呢？……"然后，我对各学科作业批改作了具体详细的要求，并明确表示："12月下旬，将再一次检查作业批改情况。"报告厅里鸦雀无声。

此事就这样暂告一个段落。然而，这仅仅是我以为。

第二天上午第一节课，五年级年段长小慧来到我办公室似左右为难，吞吞吐吐："王校，昨晚你批评我们组改作业不认真，大家说，您开学初又没规定要怎样批改作业，一来就在大会上批评，凭什么说大家不配做老师？他们需要您的道歉。"

这是我没想到的！也压根儿没想过事情会这样发展！我的脑海以最快的马力转动着，当务之急，得尽快解决，不能让事情继续发酵。

最后，经过多次沟通，事情算是平息了。可是几天来，我明显感觉到，和老师之间好不容易走近的距离在慢慢地拉远，拉远，孤独懊悔夹杂着委屈始终缠绕着我。我一个人静坐于办公室，这件事情的始始末末不断地回放于脑海，挥之不去。"不教而杀谓之虐；不戒视成谓之暴；慢令致期谓之贼"，这不是孔子说的吗？我不是读懂《论语》了吗？我是真读懂《论语》了吗？可整件事情中，我对老师们不就"虐"了"暴"了"贼"了吗？

晚上，我重新捧起《论语》。又是一个雨夜。特别喜欢雨，喜欢下雨的夜晚，静静悄悄的，心也随之彻底安静了下来。

"出辞气，斯远鄙倍矣"。那天批评时，我考虑自己的言辞和声调了吗？我"孙以出之，信以成之"了吗？

"一朝之忿，忘其身，以及其亲，非惑与？"那天批评时，我没有控制住自己的情绪，这不就是"惑"吗？

"子帅以正，孰敢不正？"那天批评时，我细想过老师们改作不认真的真正原因何在了吗？

我怎么可以忘记"欲速则不达"？

我怎么可以忘记"故旧无大故，则不弃也。无求备于一人"？

我怎么可以忘记"君子信而后劳其民；未信，则以为厉己也"？

……

读着读着，我的内心越来越澄澈：人无完人，当初我为什么要急着苛责老师们呢？为什么不事先给老师们改变的机会呢？发现问题时先缓一缓不行吗？

此后的每个晚上，《论语注释》成了我的救生浮板，我虔诚地打开，对它的美致敬。然后，诚心诚意，一点点研究每个字，每句话，每段文。我看到了东实美丽的校园，看到了东实柱子上的文字，附带重现的是那些认真批改作业的老师，那些风雨中坚守的小树，那些如灯笼的垂垂白柚，以及芳香袭人的金桂花。

此后，当非常较真的老师因一句话定要学生向她道歉，并要校长出面解决时，我可以笑笑，等过了周末大家冷静下来再作处理。

此后，一二年级的10位老师约着一起来我办公室七嘴八舌地提了一大堆意见时，我能笑着倾听完他们的心声，并表示感谢。

此后，我能用谦逊的言语、真诚的态度跟一个月迟到五次的刚入职老师谈话，不给难堪的同时让她明白该怎么做。

我因一本书而感恩，而爱上我的学校，爱上我们的整个教师团队。我因读懂这本书而自认是个幸福的人。靠着这份幸福感，我逃开所有负面情绪，我觉得是它滋养了我，书把它自己的美，凝聚成一字字，藏身于我的枕边，成了我的秘密保镖，在我和困难相争快要不支的时候，它用它的雅美芳醇救了我。

嗯，这本实实在在的杨伯峻的《论语注释》，是我任副校长以来研究最透的第一本书，以后还会有更多真正属于自己的书。也许只有将生活参与到阅读中，才能读懂；也许只有将阅读参与到生活中，才算读懂。"学以致用"，阅读的最高境界！

40岁的我喜欢能拥有一片纸、一支笔、一张桌子，一点工作之余抢救出来的时间，加上一个还热情阅读的自己。四十，因阅读而不惑！

读书，就是回家

黄芳

　　听说过很多关于读书的比喻，书是朋友，书是良师，书犹药也，读一本好书如同与一个高尚的人对话……最最打动我的是麦家老师在《朗读者》节目中说的一句话：读书，就是回家。

　　说到家，早年的流行歌曲《我想要有个家》唱出了许多人的心声：

> 我想要有个家，
> 一个不需要华丽的地方，
> 在我疲倦的时候，
> 我会想到它；
>
> 我想要有个家，
> 一个不需要多大的地方，
> 在我受惊吓的时候，
> 我才不会害怕。

　　是的，家就是爱，家就是包容，家是我们身心自由舒展的地方。但在生活中，有些人看似有家，却整天没有笑容，只想着出逃，去寻找另一个家。

　　我来自何方，我情归何处？生我养我的地方，是地理上的家。心灵上的家，才是我们一生要真正追寻的。

人生本来就是一段又一段的旅程，借住何处并不重要，重要的是追寻的方向，是寻求的过程。有时候，我们也会在途中迷失方向，迷失自我。而阅读，往往能带我们获得新生，走上回家的路。

一

那年中考，才 14 岁，什么也不懂，糊里糊涂地上了师范，虽然在别人看来是"鲤鱼跳龙门"，是一件天大的喜事，但我却独自忧伤，因为这并不是我想要的，我的理想是当个科学家啊！师范三年，失去方向的三年，糊里糊涂混日子的三年，想到从此一辈子就是孩子王，一辈子就是教书匠，心里那个悲凉无法言说。毕业初期，教书这个工作对我来说只不过谋生的职业罢了，我对它没有归属感。与同龄好友交流，发现我们都过得好迷茫，不知道活着是为了什么，不知道自己想要的是什么。

直到有一天，在网络上遇到了干国祥、魏智渊等教育专家引领的新教育网络师范团队，进行疯狂阅读，我混沌的世界突然清朗无比，童书是如此美妙，教育是如此美好，它原本就是我想要的生活。我知道我的家园就在教室里，就在课堂上，就在每一个孩子身上，我愿意为此辛勤地劳作。于是，开始大量地阅读童书，研读教育专著，精心设计课程。与每一个孩子交流，给每一个家长写信，共同书写幸福而完整的教育生活。这样的日子不再虚无，而是充满创造和惊喜。"旅客要在每个生人门口敲叩，才能敲到自己的家门，人要在外面到处漂流，最后才能走到最深的内殿。"我也终于找到了精神上的故乡，心灵里的家园，是阅读带我走上了回家的路。是的，读书，就是回家！

二

假期里，我整理孩子们的作文，准备把优秀作文结集成册，宋同学写的《我的眼泪有谁懂》引起了我的深思。我知道所有孩子都喜欢童话故事，我也知道孩子们能从故事中明白道理，汲取力量，但从来没想到这个爱哭女孩的成长，竟然与几年前我给他们读的一个童话故事有关。

这个班，我是在孩子们三年级时接手的，宋同学是班中一个特别的女生，几乎天天都哭。早上是哭着来上学的，因为早饭不合意，因为妈妈催急了；下课会突然地哭起来，因为同学不和她玩，因为作业忘带了；上课也会突然地流泪，因为举手没被老师叫到，因为考试不理想……差不多每天都得哭几回，哭得眼泪、鼻涕一大把的，谁也拿她没办法，只好不去理她，由她哭去。这样的孩子，家长、老师、同学都不喜欢，因为不能说她一句，不能碰她一下，有时谁都不知道她哭的原因。同学们都叫她"爱哭鬼"，个个对她敬而远之，谁也不愿意和她交朋友。

就是这样的一个女孩，后来哭声越来越少，成绩越来越优秀，脾气越来越好，五年级时还竞选为班长。我还以为是孩子长大了，懂事了，自然渐渐不爱哭了呢。

从她的这篇作文里，我才知道：原来是三年级时，我给孩子们读《吃书的狐狸》，这个故事治愈了她的爱哭病。她在文中写道，爱吃书的狐狸，因为偷书、抢书坐过牢，后来因为它写故事、写书一举成名，使得大家忘记了它曾经是一名偷书贼，只记得它现在是一名大作家，都爱买它写的书，而它也因此可以有吃不完的书。听了这个故事后，她想的是：我也要改变自己，努力让自己变得热心、乐观、爱笑，让大家忘记她曾经是个"爱哭鬼"。她这么想，就这么去做了，后来真的成为这样的女孩了。童话对她有着心理治疗的作用，对她来说，读书就是找回自我，成为更好的自己。从某种意义上来说，读书，就是回家啊！

三

儿子上小学的时候，我还在乡下教书，外公外婆帮忙买菜做饭、接送孩子。后来儿子上初中了，两位老人回老家去了。我就计划调到离家近点的学校，那时候调城，除了需要一些评优的条件外，还需要参加进城考试。因为平常读书比较广博，思考比较深远，这次考得还挺不错的，全市第三名，很是兴奋！比我更兴奋的是一起参加考试的另一个同事，她说特别感谢我。当时我很奇怪，感谢我什么呀？我又不能帮她考试！她告诉我，是因为我，她才爱上阅读的，之前她最不爱读书，看见书就头晕。是我首先开始在班里进行师生共读，引起了她的注意；是我把一本本好书分享给同事们，为他们打开了另一个更丰富、更精彩的世界；是我一次次带老师们进行教育专著的共读，帮助他们习得了更有效、更润泽的教学方法。几年下来，她紧读慢读，也读了不少书，在教育教学上大有长进。能参加进城考试的老师，都是比较优秀的，但要通过考试，也是有相当难度的。因为考试内容很宽泛、很灵活，得掌握教育心理学等理论知识，得积累唐诗宋词等文学常识，得熟识课程标准并熟练运用，不读点书不行啊！看来阅读有助于应试！现在一波紧似一波的教师素养大比武正在掀起中，光靠刷题肯定是不行的，还是得多读书多思考，那才是真正滋养精神的食粮！因为阅读，我调到了一所离家最近的学校，现在可以步行上下班了，阅读，让我实现了真正意义上的回家，无论是地理上的，还是心灵上的！读书，真的让我回家了！

四

　　麦家和青春期的儿子麦恩，也曾有过不可逾越的鸿沟，打架、互不理睬，交流就是争吵，这样仇人般的关系如何打通，唯有读书，只有家书。那年麦恩18岁，远赴美国留学，父亲麦家将一封家书偷偷塞进儿子的行李箱，信的末尾就是"读书就是回家""让书带你回家，让书安你的心，让书去练你的翅膀"。儿子在异国读完父亲的信后，微信上回了两个流泪的表情。一封家书让父子冰释前嫌，彻底打开了父子心结。再后来，征得儿子同意后，麦家带着这封家书走上《朗读者》

节目，字字句句击中了观众的泪点。

爱上读书的日子里，我们家的生活也有了许多变化。孩子的改变是最快的，从亲子共读开始，没几天就不需要我的朗读了，他早抢过我手中的书，自己如饥似渴地去读了，走哪儿都舍不得放下。老公是个理工男，恋爱时送他的书一直簇新着，但现在，他也经常向我讨书看，让我推荐书，还自找渠道听书、借书、读书。

爱上读书的一家人，仿佛有了共同的语言密码，一个手势，一个眼神，甚至什么都不需要，就能明白对方的意思。日子因此简单而安静，生命因此丰盈而润泽，读书、写字、工作、锻炼，踏着生命的节奏，轻轻而舞！是的，每一个不曾起舞的日子，都是对生命的辜负！我听到了，我们都听到了，那是来自经典好书的问候，那是来自心灵深处的召唤……

读书，就是回家。今天，你读书了吗？今天，你回家了吗？

痴醉书味忘身老

孙乐

人生来各有自己的爱好，我烟酒不沾，骨牌不识，就是爱好读书。清代随园老人袁枚有一首读书诗云："寒夜读书忘却眠，锦衾香烬炉无烟。美人含怒夺灯去，问郎知是几更天"，则是痛并快乐着。

其实，人生如书，只有品味出书中味道，才读懂了人生。每当我陶醉在书的海洋里时，一种奇妙的感觉就会充溢着我的心房。仿佛听到自己从心底里迸发出由衷赞叹："书味真好"。

幼小时，我就结识了书。有一年春节表姐来我家，带来一本彩色图画书，边给我看画面边讲解。在书中，我发现了一个个从未知晓的秘密：我们居住的大地是一个星球，盘古开天，后羿射日，嫦娥奔月……啊，原来世界这么神奇。读书能让我一个小小的孩童顷刻长大，举目远眺，仿佛看到我们的祖先正在钻木取火，成千上万的人们忙着修筑万里长城……直到我爱不释手地合上书。但在我的脑海中还不断地浮现出各种画面。一种甜蜜的味道涌上心头：读书真好。

为了能够学习知识，探究世界，我渴望读书识字。可我出生在一个贫寒的家庭，父亲早故，家人忙于生活的奔波。看到同龄人背着书包去上学，我是那么羡慕，便缠着母亲要求上学。母亲噙着眼泪，安抚着我："等明年家里好点会送你去上学。"可等到第二年秋，我的希望却又落空。一天，有位好友借给我两本《战上海》的电影连环画，我一看再看，由于不识字，对画面似懂非懂，强烈的求知欲，急得我两眼冒火，逼着母亲非要去上学。母亲看到我一脸的执拗，硬着头皮答应下来，但有一个条件：每天需割猪草三篮，农忙要请假务农。"哦！"我爽快地承诺下来，只要能上学，就是再多的条件也会答应。

从此，每到夜晚，堂沿（绍兴人对客厅的叫法）就成了我的书房，一张摇摆的八仙桌就是我的书桌。在一盏昏暗的煤油灯下，我认真做完作业后，拿出连环画，孜孜不倦地看个不停。突然闻到一股焦臭味，一抹额头，发现头发已被烧去一大块。

随着年级的升高，识字量的增多，阅读课外书籍成了我一大嗜好，什么《水浒》《三国演义》《林海雪原》《钢铁是怎样炼成的》……书中故事情节跌宕，扣人心弦，深深地吸引了我，连如厕都放不下，直到脚发麻为止。夜里，被窝成了我的书房，在手电筒的照明下，我的心融入了书中的人物，困倦顷刻烟消云散，直到东方拂晓，雄鸡啼鸣，心里惋惜着：真快，又一个夜晚过去了。在我沉浸曲折的故事中时，觉得烦恼一下子都化解了，感到心中无比舒畅。当合上书本的最后一页时，我开始回忆、再回忆，回味着刚刚读过的书，把一切美好的情节都塞进大脑里。

《励学篇》（宋真宗赵恒著述）倡导读书人考取功名，里面讲到只有考取功名，才能得到千钟粟、黄金屋、颜如玉和车马多如簇。这一理念用到当今，就是要找一个好的工作，就必须读书，接受教育，掌握知识技能，投身于社会，在竞争激烈的社会中才有立足之地。俗话说："书读百遍，其义自见"，"书中自有黄金屋"，我品出了读书的味道。

在围海造田的日子里，刚巧碰上浙江省农机专管员备考期，我带上一大堆业务书籍。晚上，舍棚处的路灯下便成了我的书房，石墩是我的书桌。为能找到一个固定的职业，望能获得更多的知识，我如饥似渴地啃着书本，忘记了疲劳、忘记了冷暖、忘记了饥渴、忘记了时间。功夫不负有心人，那年我在全省农机专管员统一考试中名列前茅。当接过大红证书时，我的视线渐渐模糊，眼泪禁不住地涌了出来。

南宋爱国诗人陆游，在 57 岁的淳熙九年（1182）正月写下了一首脍炙人口的《读书诗》："放翁白首归剡曲，寂寞衡门书满屋。藜羹麦饭冷不尝，要足平生五车读。校雠心苦谨涂乙，吟讽声悲杂歌哭。三苍奇字已杀青，九译旁行方著录。有时达旦不灭灯，急雪打窗闻簌簌。倘年七十尚一纪，坠典断编真可续。客来不怕笑书痴，终胜牙签新未触。"他这种勤奋刻苦、读书治学的精神，使人为之钦佩。

1989 年，我在新造的房间中辟出小半间作为书房，此后，我有了一个小天地，虽然简陋，倒也惬意。晚上，不管东南西北风，躲进小楼成一统。在这里，我自学法律，顺利地通过法律大专考试，实现了青年时未实现的夙愿。为开阔视野，又自学浙江大学《园艺》专业的全部课程。现在我虽已退休，但"到老更惭知识浅，余年应是读书时"。只要一吃过晚饭，进书房是我的必修课，一天不进，就会感觉有一件事还没做，心里就会不舒服。书房成了我的休闲之地，知识的海洋，智慧的源泉。我对读书始终有一腔痴痴的情怀："万卷古今消永日，一窗昏晓送流年。"

读书的快乐，应该是如鱼饮水，冷暖自知。宋朝有位诗人云："纸屏石枕竹方床，手倦抛书午梦长。睡起莞然成独笑，数声渔笛在沧浪。"这份夏天的闲适，这份读书的愉悦，无不令人倾慕。读书之乐，古今尽然。

每当读过一本书，或多或少都有收获。张潮在《幽梦影》中说过："少年读书如隙中窥月，中年读书如庭中望月，老年读书如台上玩月。"可见，读书靠日积月累，书味靠兴趣使然。

"读书有味身忘老"，坐拥读书度晚年。在品读书味中，使我感悟到：读书可以消除失落感、孤独感、心理平衡，使人精神焕发、生活充实。与书相伴，以书为乐，开阔眼界，宽畅胸怀，化解积郁，益寿延年，宁静洒脱，何乐而不为。

最美儿时读书味

母宗美

昨日又收到某书店读书活动的两本书,一本《茶馆》,一本《爱的教育》。我边把书往书架上放,边对孩子说:"儿子,你看,精神食粮又来咯!"孩子有点不耐烦地嘀咕:"一天就知道叫我看书看书,不知道有啥好看的?"我听了气不打一处来,如今这熊孩子,真是身在福中不知福,想当年我想看还没得看呢!想到这里,我心中不免感叹:儿时对书如饥似渴,却因家贫买不起。如今家里书架上满满都是书,却没了儿时读书的渴望。不得不说,最美还是儿时读书味啊!

在我很小的时候,父亲常常收购草药到县城贩卖。也许是因为进城的缘故,父亲的眼界变得更加宽广。他时不时在城里的旧书摊上淘一些旧书回来,一到晚上便在昏黄的煤油灯下认真阅读。读至精彩之处,他还会用一个小本本记录下来,我至今仍记得他的记录本扉页上"毛主席语录"几个鲜红的大字。

儿时耳闻目睹父亲看书,我也渐渐对阅读产生了浓厚的兴趣。我也趁父亲不在家时,偷偷看他当宝贝似的书。可惜,那些大多都是《本草纲目》《伤寒论》之类的书,很多字我都不认识。于是,我随意翻几下,就又放回去了。

直到四五年级时,我读到一本父亲淘来的《三国演义》,这是我第一次接触四大名著。虽说扉页早已泛黄损坏,而且全是繁体字,得竖着从右往左读,幸好那时课堂上也学会了一点繁体字。于是,我便连猜带蒙读了几页，没想到一下子被书中精彩的故事吸引住了。

虽然书中很多字我不认识，但我还是通过查字典读了出来。一些不知该如何查的，我就根据这个词语或是句子所要表达的意思来猜测这个字的读音。如此反复，厚厚的一本书，整整花了两个多月，总算是读完了。但是，依旧有许多字不认得，于是我又重读了第二遍。

这次，我认得的字也越来越多，才花一个多月就把它读完了。故事的内容也理解得七七八八，后来我有空闲时读几页，只为认识那些晦涩难懂的繁体字。

有一次我不小心将这本书夹在书本里，带到了学校，恰巧被同桌看到，他非要借读。没想到这一借却给我带来了意想不到的收获。

第二天，同桌也给我带来了一本课外书，他说换着看比较公平。我灵机一动，学会了和同学换书看。如此一来，我就凭着一本《三国演义》和同学们换了好多本书来看。

课外书资源多了对我来说是一件大好事，同时这也给我带来了许多的烦恼。因为每次拿到一本书，我都恨不得一口气把它读完。可是，彼时我已进入初中，课业比较繁重。于是，我多数选择晚上完成作业后看书。只是好景不长，没过多久，父亲便发现我房里的灯大晚上还亮着。在他打了几次招呼无果后，一次他直接敲开了门，当场收走了我手里的书。后来我实在受不了课外书对我的吸引，就和父亲打起来"游击战"，每晚我早早熄了灯，钻进被窝打着手电看书。

没想到最后还是被精明的父亲识破，无奈我只得改变策略，把看书时间改在上学、放学路上。于是我早上不得不比平时更早起床，放学也比别人晚到家。有一段时间，在家乡那条寂静的乡村小路上，时常会有一个女孩子边走路边看书。记得有一次，天气有点热，我走到一个叫"凉风口"的地方，那里正如它的名字一样，真的凉风习习，我们夏天放学回来的时候，每次走到那里都得坐下来歇歇。那一次也不例外，我坐下来随手掏出当天换到手的书认真看起来。

也许是凉风口的凉风实在宜人，也许是书中的故事情节太过于精彩。总之，我看着看着竟然忘了回家。

不知过了多长时间，因为眼前的光线越来越暗，我猛地抬头，这才发现彼时已暮色四合。我心想糟了，拔腿就往家里跑。

结果回到家，先是被父亲狠狠训了一顿，然后他又语重心长地对我说，喜欢看书是好事，但是要分清主次，他还说我当前的任务是认真学习。最后父亲还答应我，只要我期末成绩优异，他就会奖励我一本《西游记》。

于是，为了梦寐以求的《西游记》，我暂时告别了心爱的课外书，把心思完全放到了学习上。

那次期末我拿了全班第一，父亲果真信守承诺，给我带回来了一本《西游记》。这虽然也是一本旧书，书页也有一些发黄。但是我依然十分珍惜，这可是我人生中第一次真正拥有属于自己的书。我把它放在床头，每晚临睡前都会翻看几页。每次看时我都小心翼翼，生怕一不小心就把它弄坏了。

记得有一次，表妹来我家玩，晚上睡觉时见我拿出来看，心里十分好奇，第二天就偷偷拿着看，却不小心将扉页撕坏。为此，我俩友谊的小船说翻就翻了。记得那时，我整整大半年不理她呢。

现在回想起来，关于儿时读书的点点滴滴，我的嘴角总是忍不住微微上扬。无论是开心与不开心的，都是我人生路上最珍贵的回忆。

照亮

张洁瑶

从小就听大人说，要多读书、读好书。学校老师讲，家里大人念。这么算来，这道"多读课外书"之光竟不知不觉间照亮了许多年。

老天对我这个准90后是不错的，在阅读这件事上一直有父母的支持，所以它从来都不是奢侈品。依稀记得小时候，卧室床边就立着一口高高的书柜，书柜五层高，上头挤满了小人书。书柜的另一侧是台个头不小的录音机，但凡在家，磁带总是咔咔转个不停，一圈圈地，转出精彩的故事来。现在想想我爸妈似乎也挺懂行的，幼时就不断地给我各种输入了。可以说，书柜和录音机丰富了我整个童年。

于我而言，书便是一个伸手触得到又触不到的世界。七八岁幻想自己是穿着水晶鞋与王子共舞的仙蒂瑞拉，十来岁长成无所不能、踏着筋斗云雷厉风行的孙悟空，再到后来俨然成了饶雪漫、郭敬明笔下的那个谁谁谁……我总能在故事和小说里找到自己的影子，在现实与虚幻中来回穿梭，直到青涩散场，一切悄然落幕。

很多时候，书真的能给你慰藉。初中毕业后，走进师范，其实是我百般不情愿的。能上重点高中的自己，对未来的诸多期许，一下子由于时间、地点的改变，整个人生都将翻天覆地。生在一个普通的城市，从事一份平凡的工作，以后的以后就必定如此一生了吧。想到这里，不愿面对之时，索性一头扎进文字里，避开这纷纷扰扰。走上社会，却也因工作与书结缘，哪怕是为了看案例，查资料，读过的书确也满满当当，也曾圈点勾画，写过不少笔记。大概也就是在那几个年头里，渐渐发现了自己工作的意义，它不仅仅是谋生的工具，更是情怀所在。

再后来成家了，阅读成了零散活儿。媒体、网络……碎片式阅读大量来袭，乍一看每天阅读的文字也不少，唯独收入囊中的却寥寥无几。再加柴米油盐一操持，床头柜上的那几册早已蒙尘，正儿八经的阅读亦被抛诸脑后。或许，只是找些不想阅读的借口罢了。人人都知阅读重要，可是能做到日复一日地读，却有几人？直到做了母亲，重拾阅读成了我的信念。爱孩子的方式有千千万，但我唯走阅读这一条。从孩子出生一个月开始的黑白卡认读，到三个月开始的绘本阅读，再到如今她可以基本实现中英文阅读自由切换，每日的亲子阅读是我坚持了五个春夏秋冬，从未间断过的事儿。即便是外出旅行，从来也都是书不离身。坦白说，我是个自制力特别差的人，意志力薄弱，缺少坚持的勇气。但在亲子阅读这件事上的坚持，也不知是怎么回事儿，大抵是出于对孩子的热爱，又或许，我想给予她的就是书里的整个世界。我曾想，陪她读过的每一本书，就是和她一起走过的每一条路。我们读中国的方素珍、余丽琼，读日本的吉竹伸介、武鹿悦子，也读法国的安娜特·缇森、阿利娜·巴文，探求每个国家绘本风格的异同；读百科全书，领略宇宙的深邃，探寻海洋的奥秘；读情绪管理，探索自己，与内心对话；读二十四节气，跟仓颉学识字，在中国历史的长河中感受祖国文化的灿烂。在家里，我常常捕捉到孩子静静阅读的画面，起床后、洗澡后，捧起一本书就可以津津有味。有朋友曾开玩笑说，到底是老师的孩子，这么爱看书。其实并不是，尽管从事小学教育，却从未过早带她进入课本，或进行相关读书的说教。因为我明白，一切说教对于孩子来说，效果基本为零。她就只是个普通的小孩，但让人欣喜的是，阅读让她有了坚持的力量和执着的热情，更有了迎难而上的勇气。年前，家里来了"天猫精灵"，可听的内容便更广泛、更有趣了。看她听着看着，我仿佛看到了多年前那个小小的自己，想必她定也代入感十足，在书海和现实中进进出出，毕竟爱幻想是每个孩子的天性。我想，这应该就是轮回，就像当初我父母那么支持我阅读一般。阅读，便是我作为家长，赠予她最好的童年礼物。

带着孩子坚持走这样一段路不容易，要迈开自己的脚步更是不易。是个人内心需要也好，是为给孩子做积极榜样也罢，走上亲子阅读之路后，我重拾的也是自己的阅读之路。我读梁晓声，《此心未歇最关情》细腻的笔触下透出温情，人物刻画得有血有肉；读龙应台，《地久天长》的背后，对父母、对子女的情感剖析到位且真实；读李文儒，《说故宫》道出的是你我看得见的千百年来的故事和挥之不去的人文缩影。我曾大病一场，对于前路的不明朗，也郁郁寡欢，可当读到中村恒子，看到这个可爱的 90 岁老奶奶认真生活的样子，真心倍感生活可爱，人间值得。我也曾为自己一眼看到头的生活所迷惘，却因塔拉·韦斯特弗的经历而震撼。"你当像鸟飞往你的山"，是的，所有的安排都为你打开另一个世界，那便是生命的无限可能。我更倾心于家庭教育与亲子关系，在李雪笔下学着重塑自己与原生家庭的关系，摸索与孩子的沟通模式。读懂教育的本质，其实也是父母的自我修行。所有人生中的种种，在书中都能找到答案，人也因此时小时大。而跟随阅读走过的路，更是能伴你在夜深人静时毫不孤寂。

有人说，人生，只要能照亮某个角落就够了。而我想说，阅读，只要能照亮人的内心就够了。

读书是人生最好的投资

邵江红

　　读书的体验是什么？我举手发言：那是一种隐秘的快乐，更是人生最好的投资。

　　我和弟弟从小在外婆家长大，和两个表弟一起，整一个熊孩子四人组。疯玩淘气都是常态，然而我和三个弟弟就是有一点不一样，我是唯一一个尚能安静下来看本书的孩子。后来的很多年里，掉了门牙的老外婆津津乐道往事，总不免说到当年的情节。20 世纪 70 年代初，我开始接受文化启蒙。大人们无暇对付我的时候就塞一本小人书（连环画小书）给我，我只需要找个角落坐一把小椅子，将那本小人书一页一页地翻，是孤独还是乖巧，这不重要，重要的是我不会烦着大人干活。终于上了小学，当我能读出小人书图页下面的那几行文字的时候，便对这种图书产生了强烈的兴趣。于是和弟弟一起，将从外婆、从父母那里讨来的一分二分零花钱，积攒起来买小人书。等我小学快毕业的时候，家里的小人书竟然已经装满了一抽屉。这是我最初的藏书，尽管后来在屡次搬家时弄丢很多，但是现在我家的书房里，依旧有它的一席之地。

　　我相信人间存有机缘，便如我和书。在逐渐成长的岁月里，读书就是我生活的一部分。从开始的随遇而读，到后来的择重而读，过程都是愉快的，并且彼此温暖，不离不弃。

　　读书引领我明确某些人生观念。初中过渡到高中的那几年，读课外书非常流行，特别是武侠小说和琼瑶言情小说，在同学中间传来传去地借读。偶尔一次机会，我在邻居小姐姐那里接手了一部小说，书名是《第二次握手》。书里面有三个主人公，男主叫苏冠兰，女主一个叫丁洁琼，一个叫叶玉涵，他们都是高学历高颜值高气质，三人之间诞生了铭心刻骨而缠绵悱恻的爱情，而家国情怀是这部小说浓厚的底蕴。在外婆家昏黄的电灯下，我看得如痴如醉，觉得无论是做丁洁琼还是做叶玉涵，能够如此去爱，都很神圣。这本书让我得出一个结论：学识决定生存的方向，学识决定爱情的质量。所以，即使当年高考路途艰难、希望渺茫，我还是坚定不移地朝着大学的殿堂努力一搏。几乎同一个时段，我还看到了另一部小说，叫《高山下的花环》，读这本书的时候，我已经拥有自己独立的小房间，我把房门关紧，看得涕泪打湿手帕。当时冲动地认为，如果我是战士，我也冲锋陷阵。当我的思维从小说中走出来之后，想穿上军装的梦想不断茁壮，两年后当我踏进警门，穿上橄榄绿警服，佩戴上两叶红领章的时候，我真的有一种圆梦般的感觉。正是这两部小说，让我有了一点阅读的方向，此后我真的很少再碰武侠、言情类小说。

读书使我拥有积累。"人生不如意事常八九，能言语者无二三"，无论是欢喜还是遇挫，抑或遭遇困苦，选择一隅，静读一书，文字会梳理思想，沉静心绪，安抚伤口。当内心之门对书敞开的时候，这是最好、最隐秘、最安全的宣泄。抬起头来，再看世界，一切不过如此，一切皆是常态。时间长了，当读书成为一种习惯，我便知道，读书绝对是一门养生艺术，和书法家写字、画家作画、音乐家弹奏器乐一样，过程怡情陶冶，和俗世凡尘无关。最近我听书《曾国藩传》，这位学霸三餐可以不食，不可一日无书，总结出读书敬、静、淡、远"四字诀"，他说读书可以改变一个人的气质。我很以为然，通过读书，不仅仅身心得到愉悦，充实知识，获取经验，懂得生活，更能让人变得内心坚强，这种力量的积累，让生命充满意义。

读书点亮我文学创作的梦想。有梦就有远方，就是在读书之路上，我与很多文学作品的灵魂相遇，从而点亮了我文学创作的灯芯。可能与我的职业有点关系，我对侦破推理类小说情有独钟，当文字带着我走进小说的世界，我所经历的恐惧、遭遇的意外、难解的困惑、执着的侦查、缜密的推理等，感受都非常清晰，那种强大的吸引力，让我欲罢不能，终于我开始自己执笔，加入文学创作行列。2014 年，我走进了鲁迅文学院的教室，接受了较为系统的创作学习，我的作品也发到《东方剑》《野草》《山花》等杂志，我的小说《夜拍》被评为第六届全国侦破推理类小说优秀奖，小说《言煞》被《小说月报》转载。当然，我也写散文，笔触涉及人心的角落、平常的百姓、世俗的生活，所有我呈现在作品中的思想，都是我生命的体验和对岁月的感悟，都是我内心世界最隐秘的诉说。人间有爱，家国不可或缺，阅读和写作，是吸收、内化、提升、创作的过程，无论是在报纸上发一篇千字文，还是出版一部散文集，满满的都是成就感，都是生活所需要的声音，也是我对这个社会尽的一点责任。

我还要说，读书不是一件可以勉强的事情，但是一旦读书，人生便多了一盏照明的灯。

读书那些事

任清遥

关于读书的最初记忆

放暑假了，我会去外婆家住些日子。外婆家有个小表妹今年才三岁，平时很闹腾，让她静下来有个办法就是给她一本绘本。一拿到绘本，她就会跑到外婆身边，喃喃地说着：奶奶，讲故事，我要听故事。这时，不管外婆有多忙，只要表妹一手拿着绘本书，一手指着绘本中的"小动物"，就会马上停下手中的活，带上自己的老花镜，把表妹抱到自己身旁，一老一少一起读着绘本。外婆一口上虞普通话，实在是不怎么听得懂，可表妹仿佛听得有滋有味，不时发出"咯咯"的笑声，还会模仿外婆讲的内容。每当看到这样的情景，我的记忆中仿佛也会出现类似画面，十年以前，我也是表妹这般年纪，外婆也是这样经常给我讲绘本故事，那时仿佛外婆的上虞普通话，有着神奇的魔力，不光听得懂，而且特别好听，不厌其烦地要求外婆一遍遍地讲。从那时起，让我知道了原来乌龟跑步可以赢过兔子，大灰狼是会吃人的，青蛙被女孩一扔会变成王子的，挂在天上的月亮是被一群猴子从井里捞起来的……

这是我对书籍、对读书最初的记忆，记忆中有外婆的老花镜和富有魔力的声音。

好书，值得阅读，值得珍藏，更值得分享

年龄稍长，我渐渐识字。家中的书也渐渐多了起来，从一开始的

绘本故事到后来的拼音插图以及各种各样的少儿杂志，杨红樱、郑渊洁的童话系列，哈利·波特，西顿动物小说，再到现在看的中外名著，一摞摞、一沓沓，把我们家书房塞得满满的。老爸也是爱书之人，也雪藏了不少曾经看过的书籍，不同版本的《红楼梦》便有好几套，妈妈老是为我们不堪重负的书房犯愁。某个周日，妈妈开了个家庭会议，三人坐下来商量如何解决书房"不堪重负"这一问题，经过一番热议，最终三人一致同意，把这些书分成不同的类别，然后找到不同的归宿，绘本故事类赠予表妹，童话故事书还有儿童杂志赠予正在读小学的表弟，而那些有收藏价值的书让他们继续留在书房。好几次，妈妈拿着一本书说这本可以送给表弟，可我一把抢过书，再细细看了一遍，有点不舍，央求妈妈道：这本书我还要看的，又拿着塞到了书房藏起来。后来每次到表弟表妹家，我一边拿出一摞书递给他们，一边问上次带来的书是否都看完。做客的两天我要再翻翻这些被我"嫁"出去的书，看看她们过得好不好，有时还要叮嘱表弟表妹哪本书一定要看。

一本好书，值得一遍遍地读，每次读都有不同的体会；一本好书，也值得一辈子珍藏，更值得与更多人分享共读。

带上好书去寻找"诗和远方"

随着年龄渐长，我也喜欢读些散文类的书籍。其中余秋雨的《文化苦旅》是我读了好几遍的书，跟随作者的笔触，我也神游了大半个中国。幼时去旅行，心心念念就想着一个"玩"字，看山看水看景看人。读了《文化苦旅》，风景不仅仅只是眼里的景观，潜藏风景之下的文化背景更让我愿意花时间去感悟、去触摸。敦煌莫高窟，精美的壁画让我情不自禁为古人高超的艺术造诣感叹，但看到王道士的圆寂塔，就想起书中《道士塔》那篇文章，便隐隐刺痛了心，中国近代史，是一部血泪史，而敦煌莫高窟，更是其中一个较为鲜明的例子。近几年只要一到暑假，妈妈和我便带上《文化苦旅》，从深邃苍凉的荒荒大漠到清新婉约的江南水乡，从文化名城到乡间小镇，开启了我们的"诗和远方"。从此，阅读渐渐成为"悦读""走读"，"读万卷书，行万里路"不再是挂在书房墙上的口号标语，已经成为生活、休闲的习常。司马迁阅遍宫廷藏书，访遍名山名川，才写出"史家之绝唱、无韵之离骚"的《史记》，当然我没有司马迁这么宏大的"诗和远方"，但我愿意用双脚去跋山涉水、攀山越岭，更愿意用双眼去读诗、读史。

　　带上好书，跟随心灵的翅膀去找寻属于自己的"诗和远方"吧。

书——我的"智慧之舟"

付佳蓉

海伦·凯勒曾经说过："一本书就像一艘船，带领我们从狭隘的地方，驶向无限宽阔的海洋。"这个比喻，我觉得特别亲切，一本我喜爱的书，就是我的良师益友，就是我的"智慧之舟"。

在记忆的心扉中，我与书的故事恰似云淡日丽的晴空，也似淙淙流淌的清泉。我与书的缘分，在我很小的时候就开始了。我最早的读物，是精美的绘本；慢慢地，我阅读了很多的校园故事；再后来，我阅读了各式各样的文艺书籍；渐渐地，我开始接触一些中外名著……

我喜欢看各类书籍：《吹号手的诺言》看得我浮想联翩，《狼王梦》看得我泪落如珠，《西游记》看得我如醉如痴……

在这一本本花花绿绿的书中，我最喜欢、最有感触的要数《青铜葵花》了。这本书讲述了一个充满生机与情意的故事，关于活泼开朗的男孩青铜和文静懂事的女孩葵花。一个特别的机缘，城市女孩葵花融入了乡村男孩青铜的家庭。两个孩子成了兄妹相称的朋友，他们一起生活，一起长大，一起分享欢笑，一起承担痛苦……12岁那年，命运又将女孩葵花召回了她的城市。男孩青铜从此常常遥望芦苇荡的尽头，盼望女孩葵花能回到大麦地，再和他一起玩耍……

我怀着复杂的心情读完了《青铜葵花》，一份份真情让我回味无穷。最能激起我内心情潮的要数葵花和奶奶的祖孙情。奶奶为了给青铜和葵花添加新衣，自己却病倒在棉花地中间。懂事的葵花为了给奶奶治病，故意把考试考砸，独自一人跑到江南捡银杏叶，葵花回来了，奶奶却永远地走了……浓浓的悲痛钻进了葵花的心里，也敲击着我的心灵。读完这个片段，我暗暗对自己说：对长辈，我要像葵花那样孝顺、懂事；对生活，我要像葵花那样坚强。

《青铜葵花》这本充满爱与善，充满美好与痛苦的书，让我收获颇多。书中人物向我传递了满满的正能量，书中描写让我受益匪浅。它不仅带给我智慧和力量，还是一位无声的老师，告诉我：什么是孝，什么是爱，什么是苦，什么是乐，给予我无穷的成长动力。

我坐在"智慧之舟"里，一边品味，一边思考。书是多么神奇啊！它把我们带到浩瀚的天地，它带给我们领略人世间的真谛，它是我们的良师益友！

与书共舞乐在其中

史平平

　　我出生在一个残疾人之家，自己也是一个智障女孩，现在柯桥区育才学校就读，有人称我们是"折翅的天使"。四岁前，我话都不会说，只会叫"爸爸""妈妈"，爷爷奶奶见此心急如焚，连忙把我从外公外婆家领回来抚养至今。从四岁开始，爷爷奶奶成了我的启蒙老师，每天教我认字、数数字、读儿歌，学拼音、背唐诗、背乘法口诀等。五岁时，我在绍兴市康复中心训练了二年半，直到八岁进入绍兴县特殊学校（现为柯桥区育才学校）。老师了解到我已具备一定的识字量和算术基础，又把我推荐到相邻的州山小学作为随班就读生，经过自己的刻苦努力，顺利地读完了小学六年级的课程，并且取得了不俗的学习成绩，小学毕业考时四门功课，门门达到良好的水平，为育才学校创造了一个新的纪录。

　　我的童年和少年时代与书籍结下了不解之缘，主要原因是受到爷爷奶奶的影响，他们两个都是"老书迷"，十几年来的熏陶，我也成了一个不折不扣的"小书虫"。爱读书、读好书成了我的至爱，也从书中汲取了营养。如我读过的《成语接龙》和《笑话故事》这两本书，书中一个个故事，展现了一个个迷人的世界，教会我如何辨别是与非、美与丑、善与恶、真与假的本领。而另外一些《雨过就会天晴呀》《他来自魔法国》《圣夜蔷薇纸偶》等课外读物，它们为我打开了心结，坚定了做人的信念。这几年来，在课余时间，我已读完了几百本课外读物，并且坚持练笔、做读书笔记等。我还学着写了十余首儿歌、小诗，有的成了"班歌"，让同学们学唱如《我爱特殊学校》，有的在校文艺汇演上成了演出节目，如《春游东岸公园》《自己的事情自己做》等，给同学们带来了欢乐。学校还把我平时所写的习作打印出来，集结成册，分赠给来我校指导、参观的各级领导和老师。

书是我生活的海洋，让我可以在书海中自由搏击；书是我进步的阶梯，让我沿着科学的道路不断攀登。读了书，使人变得更聪明；读了书，使我变得更快乐；读了书，使我懂得了更多的道理。2017 年 3 月底，我曾代表育才学校参加了由柯桥区委宣传部主办的"笛扬读书会第二期·我们都是朗读者"活动，我顺利地朗读完散文诗《牵着蜗牛去散步》，获得了好评，全场响起了热烈的掌声。在随后的一些日子里，我在爷爷、奶奶的帮助下和老师的指导下，我的其中三篇习作《我跟奶奶学厨艺》《先烈爷爷，我要对您说》《中国梦·家乡情》，陆续登载在 2018 年 4 月至 2019 年 1 月的《柯桥日报》"梦想少年"栏目上。

十几年如一日，我一直以书为友，以书为师，以书为乐，与书同枕共舞。我想为"中华之崛起而读书"，让"折翅的天使"重新插上智慧的翅膀，融入社会，更好地为人民服务。

让我们一起奋发读书吧！让书香飘满整个家乡的上空！

读书读出精彩人生

骆仁德

一早打开《绍兴日报》，看到一则"读书征文启事"，我的目光再也移不开了，把我的思绪一下子带回了 20 世纪 60 年代初。

岁月追溯到 1963 年秋，我进了小学校门，上学前，上过四年私塾的父亲把自家小屋的板壁当黑板，教我认了不少字。父亲喜欢看报看书，他藏有一本名为《战斗的青春》的小说，是我看的第一本长篇小说，书中许凤、李铁、江丽、小曼、秀芬等正面形象，胡文玉的叛徒嘴脸和渡边等敌人的凶恶面目，活生生地深印在我幼小的心灵里，使我的是非观、人生观渐渐地清晰。以后，喜欢看小说一发不可收拾，当时的《破晓记》《战斗在浙东》《红岩》……都是我猎取的读物，从此以后我收获了"书迷""书痴""书犊头"的雅号。我看书用入迷一词来形容一点都不过，吃饭时看，上茅厕时看，睡觉前看，煤油灯下看，月光下看，炉灶前借着火光看，放羊时看……走到哪里都拿着一本书。看书惹出了不少麻烦，挨了不少骂，因为常常看到入神，忘了母亲交代做的事，中午父母从地里劳动回来了，我慌忙地放下了书，锅灶还是凉的。一次烧饭，我在烧火时看书，往炉膛里塞了一把柴火，看一会书，妈妈告诉我，等锅里冒出的热气直了，就不要烧火了，饭就烧好了，我嘴上答应着"嗯，知道啦"，过后忘到了九霄云外，还是继续着"塞一把柴看一会书的把戏"，把饭给烧煳了。妈妈闻到了焦煳味，追过来连忙撤火，接着一把夺过了我的书，把书扔进了炉膛里，我连忙抢出，书边上已经烧得不像样子了。

我喜欢看书的习惯，伴随了我一生，从学校到社会，从学生到老师、到军官、到警官，从上学到工作到退休，不管是出差还是旅游，连探亲访友，旅途上都带着书。一上街我就往书店里钻，有书看就不寂寞，不焦躁，不枯燥，生活充满美滋味，过得很充实。

因为喜欢读书，充满磨难和荆棘的人生之路，一次次为我打开了通道。1969年夏，我小学毕业，当时一家五口人，母亲料理家务，只有父亲一个劳动力。两年前的夏天，我家遭了火灾，房屋连生活物资都烧得一干二净，我是老大，大弟弟在我上学第二年出生。两年后，妹妹出生，而小弟弟也将来到世上，这个时候我升初中读书，就成了不可能。我辍学了，参加生产队劳动，村上的人说我"人还没有锄头柄高"。

因为喜欢看书读书，我的语文成绩特别优秀，在小学里写作文发言的水平，已使我名声大噪，听说我上不了学，中学的老师和公社的领导不断来我家做工作，动员我父母克服困难，让我上学，一次不成再来一次，开一次学动员一番。终于在我的小弟弟能脱手会走路时，父母亲松了口，使我插班上了初中。一年半后，初中毕业，升高中却是不可能。我瞒着家里参加了升学考，结果因为作文的优势，总分得了考区第一。于是领导、老师和亲友又上门轮番轰炸，动员我父母。公社书记、副书记一同上门做工作，父母就是不松口。最后，书记摸出身上的二十多元钱，三十多斤粮票，往桌上一拍，重重地砸下一句话："先让他去上学，有困难，以后再想办法克服！"经过公社领导和学校老师一学期一学期地磨，辛勤地上门做工作，我好不容易拿到了高中毕业文凭。由此，我坚定地认准了，我们整个社会任何时候都是崇尚文化知识，推崇读书学习的。

1976年底，我入伍到部队，三年后，符合提干条件。可是，提干制度改革了，部队不能直接提干，要从军队院校毕业才能提。所在部队推荐我到军区参加空军第十六航校招考。成绩一出来，文科考试我得了高分，位居第一，理科成绩也不低。可是录取时卡壳了，录取条件规定，出生年月要在 1958 年 1 月 1 日以后，而我是 1957 年 12 月 1 日出生的，时间差了一个月。军区干部部门向军委空军干部部请示，得到答复："这批学员毕业后是回到你们自己军区的，你们坚持要送，那就送吧。"这样，才被破格录取。

读书能够明事理，读书使我校正了人生的航向，明确了前进的道路，激发了拼搏的动力。1976 年 6 月，在入伍前，我加入了中国共产党。但我仍清醒地认识到，这看起来是好事，但如果因此骄傲自满，就会变为坏事。我因此始终坚持思想上不断入党，保持特别的谦虚谨慎，服从命令，听从指挥，尊重领导，团结战友，努力学习和工作。使我避免了骄傲自满而翻船。

航校毕业后回部队，半年后我被直接选调到军区空军司令部当参谋。由于进机关早，职务只升了一级，而后面选入机关的同期学员，在部队已经调了一级，上调机关时，又可升一级，领导问我想法，我回答："没有问题，这次他先调到正连，下一次我就更有机会调到正连了。"下到部队，任团副参谋长，两年后，另一位副参谋长同事作为升职对象，被选调到空军指挥学院学习。论资历、能力和上下级的认可度，我不比他差。有的老乡战友为我鸣不平，叫我给干部部门写信"告"他的问题。这时如果告他，我面前将有两种情境：一是他下我上，这不大可能，概率几乎为零；二是两人都上不了，这是有可能的，但这是双输；但我如果不告他，那就应该会出现：他先上，我后面再上，这个概率最大，是双赢，只不过是先赢后赢。印入脑海的书中英雄人物，有许多"我掩护，你们先撤"的壮举影响着我，我明智地选择了双赢。在部队，我从战士历任副班长、班长、正排职航行调度员、副连、正连职参谋、飞行管制室副主任、团副参谋长、师外事办代主任、师航行主任（正团职），曾荣立三等功一次，被军区空军评为"优秀文化教员"，被空军《飞行管制》杂志评为优秀通讯员。后来，我转业进了绍兴市公安局，又碰到多次类似"沉舟侧畔千帆过"的情境，我都一一加以正确对待处理。先后担任绍兴市公安局监察室副主任、警务督察室（支队）主任（支队长）、市局副督察长、副局级。曾荣立二等功、三等功各一次。最后，经绍兴市公安局领导和政治部的协调安排，我在退休前，享受了正处级待遇。

退休后，我在绍兴市新四军研究会担任理事。最近，被研究会推荐为绍兴市社科联宣讲团的讲师。我继续着读书人生，继续着人生的精彩。

读书 悦己

汪洪敏

人为什么要读书？读书的意义又是什么？这个问题，无数人问起，也会有无数人告诉你不同的答案。

法国夏尔·丹齐格在《为什么读书》里说，生活是做工低劣的产品，每一天都充满了重复，无聊的景致没完没了，所以我们才通过阅读向生活抗议。换句话说就是生活是无趣的，而读书会让你成为一个有趣的人，以此来对抗这个无趣的世界。

周恩来总理，少年时代在修身课上，魏校长向同学们提出一个问题："请问诸生为什么而读书？"同学们踊跃回答。有的说："为明理而读书。"有的说："为做官而读书。"也有的说："为挣钱而读书。"……而少年周恩来铿锵有力答道："为中华之崛起而读书。"表现出一位少年宏伟的志向和强烈的民族使命感、国家责任感。

台湾作家龙应台作为母亲在写给儿子《亲爱的安德烈》里说道："孩子，我要求你读书用功，不是因为我要你跟别人比成绩，而是因为，我希望你将来会拥有选择的权利，选择有意义、有时间的工作，而不是被迫谋生。当你的工作在你心中有意义，你就有成就感。当你的工作给你时间，不剥夺你的生活，你就有尊严。成就感和尊严，给你快乐。"这是一位母亲告诉儿子读书是为了让你的人生拥有更多、更好的选择权。

不同性别、不同年龄、不同国籍、不同身份的人，对读书提出了他们自己不同的见解。关于人为什么要读书的问题，终究不会有"唯一正解"。于我而言，读书是一件让人感到高兴的事情。在书的世界中，从来没有性别、年龄、贫富和贵贱的差别，你一定能从中取悦自己。

读书一路伴随着我成长。当我处在目不识丁的幼年时，睡前的童话故事是母亲替我阅读，我是在母亲的转述中知晓了森林里住着一位美丽的白雪公主和她的七个小矮人。故事最终会被母亲提炼成一条具有警示意义的话语，那就是小孩子不要乱吃陌生人给的食物。至于母亲给我讲小红帽和狼外婆的故事时，提炼出的警示名言是不要给陌生人开门。童话故事最后的最后都无从幸免地被演变成一个个安全教育故事。当我进入学龄期，开始学会用字典、拼音识字，通过阅读课外读物《十万个为什么》让充满好奇的我有了对宇宙、生物、自然、科学等多方面的初步认知。小学六年的阅读生活是丰富多彩的，感谢班主任兼语文老师在年少的我心里播下了对读书的热爱。长大后回忆起教室里的读书角，同学之间互相传阅课外读物的画面，因披上了回忆的外衣显得更加美好。每周六，读书小分队到访小组成员家里，开展为期一下午的阅读和摘抄读书笔记。年少的我们用稚嫩的笔迹抄录下了那些触及内心的优美文字，将它们永远留存在了那一本本精美的笔记本里。暑假里一群小伙伴围坐在一起吃着冰棍看着书，那样的夏天因为有了最爱的书和最好的朋友共同陪伴，记忆里的夏天好像也不再那么炎热和漫长了。

近年来央视举办的《中国诗词大会》以"赏中华诗词、寻文化基因、品生活之美"为基本宗旨，带动全民重温那些曾经学过的古诗词，分享诗词之美，感受诗词之趣。节目播出以来深受民众的喜爱，掀起了一场全民读诗的浪潮。培根说："读史使人明智，读诗使人灵秀……"中国作为泱泱诗国，从不缺少优美动人的诗词。小学三四年级，第一次收到笔友的来信，信的内容早已忘记，但信的结尾那句："海内存知己，天涯若比邻。"第一次读到它时深深震撼了我的心灵，想来这就是诗的魅力所在，让两个陌生人的心灵在这一刻因它拉近了彼此的距离。小时候我爱读这言简意深的诗，但人生阅历尚浅，书读的还不够多，对诗的理解更多的是停留在诗的表面。长大后我爱读诗，更爱读那作诗的人，越了解诗人和他的时代、他所经历的种种也就让我更好地读懂他的诗。

每个人的读书经历都不同，我并不是一个一开始就爱读书的孩子，但是读书的氛围在成长的过程中潜移默化地影响着我，父母、老师、朋友在我不同的年龄阶段给了我或多或少的指引，让我爱上了读书这件小事。我愿做个如伍尔夫所言的"普通读者"，"没有那么高的教养……读书，不是为了向别人传授知识，也不是为了纠正别人的看法，只是为了自己高兴"。就像三毛所说，读书，终究是为了取悦自己。如果有一天，读书也取悦到了你，说明你也同我一样爱上了读书这件小事。

忆我书香路　述我书香情

钟朱裔

说起阅读，说起书，总有忆不完的故事，道不完的情。

生在绍兴，长在绍兴，便注定与书有些不解之缘。

绍兴是名士之乡，历史上诗人大家举不胜举。沈园墙角厚厚的青苔，兰亭鹅池涓涓的流水，三味书屋琅琅的书声，无一不诉说着这座城与书、与读书人的渊源。在绍兴，就连河边闲聊的妇人都知道鲁迅先生与三味书屋的故事，以此告诫家中孩子读书要勤勉，弄堂口玩耍的黄髫小儿都能背上几句"红酥手，黄滕酒，满城春色宫墙柳……"。提到绍兴，人曰莫不是"水乡""酒乡"，殊不知，这也是实至名归的"书乡"。这儿有书的故事，也有读书之人的故事，而我与书的故事，与书的情，也都从这座城开始、延续……

听妈妈回忆，我的读书之路，爱书之情，大抵是幼时在外婆家那白墙黑瓦下，弄头街尾里萌芽的。不记事的时候，老家台门口，石门槛上，总坐着个女娃娃，给一张报纸，或一本旧书，翻来翻去能研究大半天时光，邻居都叫她"小秀才"，那就是小时候的我。

再长大一点点，约莫有些记事了，外婆家弄堂拐弯有家老书店，没什么生意，但是能借书看。那时候的我还看不懂什么书，也不认识什么字，就借些连环画、小人书翻翻。现在回想起，看了些什么书，书中有哪些人，我都已经没有印象了，唯一记得清晰的是，那弄堂里的习习凉风，树丫间的夏日蝉鸣，河边埠头的鸭叫，划过乌篷船的吱呀桨声，然后埋头在书中，深吸一口油墨香，抬头鼻尖带着淡淡的油墨痕，一晃眼，这便是我整个儿时与书的旧时光了。

后来，我离开老家，回到父母身边，开始念小学了。我的第一本课外书，是作家汤素兰的书，叫《笨狼的故事》。那是一只孤独、笨拙，却也傻得可爱的狼，他与好朋友聪明兔，还有其他小伙伴，一同在森林里简单快乐地生活。书中围绕着他们的一个个小故事引我入胜，我顿时爱上了这本书，也爱上了书中的世界。直到如今而立之年的我，都还无法忘却书中那个美好纯粹的世界。我人生的第一本书，就像一盏指明灯，照亮我心中某个角落，那里没有现实世界一切的不开心，不管我几岁，也无论我身处何境，使我心中都能有一方净土，一分童真，都能保持一颗赤子之心。

伴随我初中三年的是《读者》，班级里一本不知归属是谁的《读者》能传阅遍整个教室。每个人总都能记住谁看完轮到自己，自己看完又该轮给谁。有的同学趁课间十分钟，宁愿不出教室"放风"，也要多看几行；有的同学课桌板有条大缝，把书放进抽屉，在自习课透过缝偷偷看，还能幸运地不被老师发现；还有的同学，体育课请病假，在教室光明正大地看。而我喜欢等全班都看完了，最后一个轮给我，要是第二天恰逢周末休息，就再好不过了！因为最后一个看，就可以带回家慢慢看，书的每一页，每个角落，每个字，我都能细细看，看到喜欢的文章，还能回头再看，等把书都看完了，才能安心去写课后作业，就像有人要茶余饭饱才能美美睡一觉一样。

高中的我迷上了唐诗宋词文言文，颇有些"少年不识愁滋味，为赋新词强说愁"的意味。我羡慕李清照"赌书消得泼茶香"的闲情逸致；我惊叹陈继儒"闲看庭前花开花落，漫观天际云卷云舒"的宠辱不惊；我向往李白"仰天大笑出门去，我辈岂是蓬蒿人"的踌躇满志；我钦佩范仲淹"先天下之忧而忧，后天下之乐而乐"的家国情怀。我沉浸在他们的世界中，心神向往。我还震撼于"金戈铁马下，马革裹尸还"

的忠烈，向往着"大漠孤烟直，长河落日圆"的壮阔，更幻想着或能鲜衣怒马、春风得意，看尽长安繁花；或能俗世之外，田园之间，清茶淡酒，种豆采菊；又或还能"临溪而渔，酿泉为酒，山肴野蔌，觥筹交错"，而后颓然而卧，呼"醉于山水之乐也"！

时光荏苒，初心未变，再后来，上大学、毕业、工作，我最终还是难舍我的书香情，难忘我的故乡月，兜兜转转，最终忠于本心，回归初心，回到了我的"书乡"。

对我来说，读书万卷，不是为了下笔千言如有神，也不是为了腹有诗书气自华。读书是一场洗礼，在繁乱俗世中，拂去尘埃，洗尽铅华。读书是一场修行，在我迷惘彷徨时，治我之愚，愈我之伤。读书更是一场细水长流的爱情，书就像我初遇的恋人，偶然进入书的世界，便再也难以割舍，只叹一句："误入书海身处，兴尽晚回舟，欣喜，欣喜，沉醉无法自拔！"

以书为友，人生伴侣

刘岳祥

对于求学成长来说，书是最亲密的伙伴之一，对于我尤其是这样，一生与书有不解之缘，结下了深厚的友情，无论是求学生涯还是工作之时，都离不开书，从书里吸收了无穷的知识与力量。

"书是人类知识的载体，是人类智慧的结晶，读书让人启发智慧，滋养浩然之气""读书能够使人增长知识、开阔视野、陶冶情操、明白事理"，读书理应是现代人必有的生活行为。高尔基说过："书籍是人类进步的阶梯"，而我则要说——书籍是人生的伴侣，以书为友，一生不会寂寞孤独。成长的一路走来，书的陪伴让我度过一个又一个人生坎坷，走过许多艰难险阻，说书是指路明灯、良师益友实不为过；我们要爱读书、读好书、善读书。

我的童年是孤寂的，那时家里穷，除了小人书、小杂志外没有更多的陪伴，窝在爷爷的屋里看书是一大乐事。记得我接触到的第一本杂志是《少年文艺》，上海世纪出版社出版的，至今记忆犹新。我的一篇篇优秀作文、第一篇获奖文章都是当年孜孜苦读打下的坚实文学基础。

印象最深的是高考结束的那个夏天，我百无聊赖地等待大学通知书，那段时光除了奇热的天气、单调的知了声、焦急忐忑的心理，陪伴我的依然只有书籍。在县城堂哥店前的樟树绿荫里，我用超强的耐心与平静，以一个月仔细看完了《红楼梦》的壮举迎来了大学录取通知书到来的喜讯，实现了人生开挂，开始了更高的超越。从此，书籍无疑给我打开了一个崭新奇妙的人生平台，乃至我在大学学习、工作、成家立业的人生历程中，书籍都在我的生活当中起着潜移默化、醍醐灌顶的作用，亦师亦友，不离不弃。

最感谢书的还是刚成家后女儿降生的那段时间里，因为家里多了几口人，新生命的到来不仅有欢乐还有诸多的烦恼忧愁、压力负担，处理完白天工作与家事后，为了排解苦闷，晚上空隙的时间里就留给了阅读，一篇又一篇文章、一本又一本书籍陪我度过无数个漫漫长夜。后来渐渐痴迷上了写作，动手开始写散文、诗歌等文学作品，转而走上了目前业余写作的文学道路。现在回想起来要感谢那段时间，我通过阅读的启发激发了我的创作冲动，把个人的思想变成纸上的文字，再展示给读者看，文字像水一样流经被滋养的土地，催发新的感动，这是多美妙的事啊。与此同时，通过读书我除了排遣孤独，让知识照亮了我的内心，更多的是在精神气质上造就了另一自我，我变得刚强有力，不是悲观忧愁、患得患失，我想这正是读书给我带来的蜕变，这无疑是可叹可喜的！

这几年，我更加离不开书籍，每年购买阅读书籍不下数十本，边阅读边创作，累计已发表散文诗歌一百多篇、数十万字的作品，先后刊登在《黄河诗报》《浙江诗人》《绍兴诗人》《天姥山》《绍兴日报》《绍兴晚报》《上虞日报》《上虞文艺》《曹娥江》等报纸、杂志上，自己也被上虞作协、绍兴作协吸收成新会员。想到这些成绩真的离不开书籍与阅读，读书为我打开了天堂的门，接触了全新的世界！

现在每到周末，我总要驱车到百余里外的绍兴图书馆借阅书籍与听文学讲座，绍兴图书馆的"作家会客厅"是我留恋的最佳处。除了能跟诸多作家与文友交流之外，能给我带来精神启迪与享受的还有美妙深邃似海洋的书籍。

人生旅程多艰难，书籍芳香伴左右；爱书吧、读书吧，书籍会带来更丰满的人生！

从读书到写书

——谈谈报告文学带给我的内生动力

程为本

    我读书不是很多，但却读出了兴趣。读得不多，是因为我读得很慢，边读边思考成了习惯。到底读过多少书，一下子罗列不出来，但有三篇文字让我受益匪浅。这就是早期读过的理由的《扬眉剑出鞘》、徐迟的《哥德巴赫猜想》和当今徐剑的《大国长剑》，这些都是报告文学。是报告文学带我走上了文学之路，让我体会到从读书到写书的愉悦历程。下面就谈谈报告文学带给我的内生动力。

    读了上述报告文学之后，我就想写报告文学。报告文学的魅力，在于它有着鲜活的生命印记，与时代脉搏一起跳动。如果不是这样，我的长篇报告文学《黄铺模式》一书就不可能出版发行，当然也就不可能让我有着意外的收获。这种收获不仅是文学创作上的喜悦，还在于它帮助我改变了对一些事物的认知轨迹，比如对农村。而这种改变又恰恰是必要的，一个作者需要有新的思想，需要有认知新事物的能力。

    很有意思的是第一篇作品，在这本书面世二十多年后的去年又开始"发酵"了，那是写一位乡镇企业家的故事。这位企业家，曾是国家干部，后来回到家乡务农，他为所在的家乡带来了翻天覆地的变化。当时我任这个乡的乡长，读了一篇报告文学之后，就着手写了一篇《逆水浩川》，随后在相当于现在的县报上刊登了出来。这位企业家，后来当选为全国劳模，名动全省。没想到这个时候偏偏有另一个人"读懂"了这件事，一直"读"了二十多年，直到去年他退休。刚一退休他就跟我联系，说要为《逆水浩川》的主人翁写传记，还拿着我当年的文本找到了那位主人翁。联系我的目的是要我写序，并说正是当年读了那篇文章让他产生了"写"的念头，"二十多年来一直无法忘怀"。这让我心生感动，于是我答应了写序的要求，也感谢他对我的客气和抬爱。他写的传记也出版了，我通读了全书，觉得写得很好。

《逆水浩川》的发表，让当年的我有了一点点小名气，更让我获得了创作的动力。后来我以县委派驻工业工作小组组长的身份到一个县办工业蹲点。之所以蹲点，是因为当时乡镇企业的兴起，极大地冲击着县办工业的发展。但是我不太懂塑料，由于不懂，我只好沉下心去学习。一沉下去，便发现了"奇迹"。于是，我写了第二篇报告文学《塑料迸出的火花》。

这篇报告文学引起了当时县委的重视，很快就在《送阅材料》上转发了由我撰写的调研报告。

为什么这两篇文章会产生比较好的社会影响呢？我想这与报告文学的本身属性有关。

后来，由于工作关系，有很多年都没有写报告文学了，但是报告文学的情结却一直如影随形，阅读报告文学成为我的喜好。

……

前年7月下旬，我已退休在家。突然接到市委组织部的通知，让我去坐坐。我很好奇，组织部找我一个退休人员有什么事呢？我去了。余副部长送给我一本书，随即问我："黄铺村你可去过？"我说没去过，黄铺镇去过多次。余说："你先读完这本书，再去走一走看一看，这个村的发展有很多经验值得总结，已经惊动了省里，省委书记一年内两次到黄铺。"我说："天气太热了不想去。"于是余副部长说出了要我去的目的就是想让我写出一本书来，还说我读了不少书，也应该写一些书。

我没有任何思想准备，当时未置可否，思虑再三终是答应。

答应是完全应该的，在情理之中，在我的读书和写书的情结里。更是报告文学的内生动力助推着我做出了这样的选择。我想，作为一个退休人员，已经淡出了人们的视线，现在组织上却想起了我，并交付重任，这不仅是对我的信任和肯定，更是一份荣誉。随后，我欣然走进了黄铺村。

黄铺村，是皖西南的一个行政村，在现在的潜山市。十几年前，由辖属三个不同乡镇的三个村合并而成，很大，有64个村民组，相当于某些南方山区的一个乡镇的大小。这地方天生很穷，合并时三个村共带来了149万元的债务。第一次村委会选举，开不了票箱。经过十多年的打拼，现在成为全省、全国的美好乡村示范村……采访到这里，我被感动了。

感动是必要的，读书，让我有无数次的感动。如果自己都不被感动的话，如何能够写出让读者感动的作品来？我终于在两个月的时间里，完成了长篇报告文学《黄铺模式》的创作，并由安徽人民出版社出版。

在被感动的同时，我想到了另一个方面。为什么提出要将黄铺的故事写成报告文学呢？我想现在的各级领导同志，都是文化人，都阅读过大量的作品，他们在阅读中，一定也是体会出了报告文学的魅力。

其实，在我深入采访的同时，已经有大量的参观者涌向了黄铺，他们对黄铺村给予了充分的肯定，甚至有人将它与40年前的小岗村相比，说小岗村是农村改革的先行者，黄铺村是农村改革的深化者。进而说：安徽北有小岗、南有黄铺。此时安徽电视台、电台，安徽日报都不止一次地宣传黄铺的做法和经验。在这样的时候，提出要写一部长篇报告文学来，对于一个作家来说，是多么鼓舞人心的事情。是报告文学的魅力，让当今一些有远见有高度的领导同志予以青睐。

那么报告文学有什么样的魅力呢？我从阅读中体会到：这应该归结于它的属性。报告文学的属性，最根本的是两条：真实性和文学性。

尽管有许多理论文章，提出了一些新的见解和表述，但我想唯有这两条才是报告文学写作最应该遵守的"规则"。因为真实性，你的报告才站得住脚，才能让周围人信服；如果虚构，人家是不买账的，甚至要遭诟病。与其那样，你不如写小说去。正是由于真实性是第一位的，所以你要把握好写作的对象，不是什么都可以去写的，更不能一味地去抬举人家，说些好听的话，甚至是谄媚和迎合别人，或者成了表扬信，对象自己听了都感到不自在。我的三篇报告文学之所以产生比较好的影响，就是因为真实，因为选准了对象，尽管我写得不够好。企业家能够当选为全国劳模、黄铺村书记能当选为第十三届全国人大代表、那个塑料厂能够引起县委转发报告材料，都说明了他们把事业做到了辉煌，是报告文学这一独特的文体应该表达的对象。

因为文学性，读者才喜欢看，才可能产生思想共鸣。也只有文学性，才可能将真实性推向一个适当的高度，产生张力，从而收到你想要得到的效果。即使是故事会也是要讲究文学性或艺术性的，要让读者喜欢。读者喜欢，这应该成为评审文学作品的一个标准，也是作者创作的动力之一。报告文学这一独特的文学体裁，恰恰是我所喜欢的，它给了我阅读的兴趣，也给了我创作的动力和兴趣。

读书·买书·写书

李敬佑

　　第一次正儿八经地读一本文学作品，记得是上小学三年级。学校给每位学生发了一本图书，是一本外国儿童小说，书名已经忘记了，只记得内容是讲三个小伙伴的一次冒险旅行，情节曲折，引人入胜。书读完了，老师要求大家说说体会，然后写一篇作文。这，也是我第一次开始作文试水。

　　自从有了第一次的阅读愉悦，我对阅读发生了兴趣，于是就在家里寻找书籍。好在我大哥是个书迷，他购置了不少文学书籍，那时他已经参军了，这些书籍就放在家里的一个柜子里。之前我对此并不在意，如今它们成了我关注的对象，我将这些书一本本地翻开看书名，原来大哥对书籍非常爱护，每本书都用绿色的书皮包裹，要看书名必须要翻到里页才能看到。

　　那是20世纪50年代中期，苏联文学是中国青年的最爱，所以大哥收藏了不少苏联文学作品，有《钢铁是怎样炼成的》《青年近卫军》《日日夜夜》《卓娅与舒拉的故事》等等。我阅读的第一部长篇小说就是《钢铁是怎样炼成的》。小学三年级的文化程度，要读懂这部小说是有点吃力的，然而因为阅读的兴趣，还是让我似懂非懂地将这部小说读完了。不仅读，我还做了摘录笔记，这是我们的老师教的方法。他说，读书要做笔记，最简单的笔记就是摘录，将书里好的句子、词语摘录下来，经常翻阅，这样对你的写作大有好处。我还是一个较听话的孩子，就按照老师的话去做了，准备了一个小本子，开始做摘录笔记。我将保尔·柯察金的名言"人最宝贵的东西是生命，生命属于我们只有一次，一个人的生命应该这样度过：当他回首往事的时候，他不因虚度年华而悔恨，也不会碌碌无为而羞愧。这样他在临死的时候就能够说：我的整个生命和精力，都已经献给世界上最壮丽的事业——为人类的解放而斗争！"工工整整地抄下来，这段名言后来成了我最喜欢的一段座右铭。

20世纪60年代，我上了初中，学校有个规模非常大的图书馆，向学生提供借阅。那时候，中国小说非常活跃，一大批作品相继问世，大多是反映抗日救国和人民革命战争题材。图书馆一到新书，同学们争先恐后地借阅，大家都读得津津有味，难免上课也偷偷地读，被老师发现后没有少挨批评和处罚的。记得，当时的时髦小说如《敌后武工队》《野火春风斗古城》《铁道游击队》《林海雪原》《三家巷》《红旗谱》等等，几乎都读了个遍。那时候没有什么娱乐活动，连黑白电视机也没有，经济条件好的人家也只是置台收音机听听而已，所以读书成了我们增加知识、开阔眼界和文化娱乐合而为一的最大选择。

南京路上的旧上海图书馆，离我家约20分钟的步程，几乎每天晚饭后，我和两个同学董占斐、吕萃国都会去那儿读书，那时我们已经上高中了。凭一张学生证就可以借到心仪的书，而这里的书可比我们学校图书馆的书不知丰富多少。

那时便不再读通俗小说了，不知不觉中，中外文学、历史、艺术乃至哲学进入了我的阅读范围。虽然似懂非懂，但那些如雷贯耳的名字：孔子、老子、鲁迅、柏拉图、但丁、莎士比亚、托尔斯泰、泰戈尔……由陌生渐渐熟悉，心中生出无限的敬仰和钦佩。也是在这里，一年暑假，我看到几个戴着眼镜、胸佩"复旦大学"校徽的学生在借书，心里油然升起我也要考这所大学的愿望，从此发愤努力，两年后竟如愿以偿。

高中阶段除了去图书馆读书，买书也是一种乐趣。母亲每个月给我一块钱的零花钱，这一块钱几乎都用来买书。新书买不起，旧书是可以买几本的。上海福州路上有几家旧书商店，我们是那里的常客。在这里，我花三毛钱买到三册一套的《宋诗选》，花一角五分买到两册的《苏东坡文》。有一回，发现有一套巴人先生著的《文学论稿》，上下两册，但要一元多钱。这本书我早从报刊上读到过评价，心仪已久，但囊中羞涩，我买不起，只能将书拿在手里翻了再翻，不肯放下。同去的董占斐似乎发现了我的窘态，他说："你喜欢就买了，钱不够，我这里有。"原来他是当家的，他父母都在上海无线电厂上班，平时家庭开支都交给他，他的兜里总有几块钱，于是他付钱给我买下了这部书。这部书至今还在我的书架上占有一席之地，不仅是为了翻阅，更是一种怀念，一种珍惜。

参加工作后，我有了薪水，买书就成了我的一个日常支出，薪去书来，日积月累，我书架上的书越来越多，至今已经愈千册。它们是我的导师，引领我在知识的海洋里不歇地遨游；它们是我的良友，陪伴我度过一个又一个夜晚；它们是我的精神食粮，滋养着我的灵魂健康成长；它们是我的圣水，洗涤着我的心灵，激活着我的思想，明亮着我的双眸。

书读多了，自己也尝试着写书。那是上世纪末，我参与了绍兴历史上第一次书法节的筹备和报道，比较系统地了解了王羲之这位中国历史上最伟大的书法家，心里萌发了写一部长篇小说的念头。经过一段时间的准备，终于将小说《王羲之》写出来了，天津百花文艺出版社同意出版这部小说，但要我包销一部分书，这是出版界通行的规则，我同意了。可是，出版社经过征订，竟收到九千册的订单，于是来电告诉我不要我包销了，还给我发稿费，记得是九千多元，这是一个不小的数字。

21世纪初，老同事、老朋友杜文和先生邀我与其一块儿撰写原中国美院院长、著名油画家肖峰先生的传记文学。我们一次次地走进肖峰位于杭州满觉陇的家门，在绿树掩映的阳台上与肖峰及其夫人，中国美院教授、著名油画家宋韧先生促膝长谈，两位艺术家的叙述将我带进战火纷飞年代的少年战时服务团的生活，新中国成立后的浙江美院的学子求艺，列宁格勒列宾美术学院的留学，新时期更加奋发有为的艺术教育和创作生涯。传记文学由浙江美术出版社出版，肖峰先生为了感谢我，亲手给我绘了一幅国画山水，书写了两幅书法条幅。

退休后，读书是我的主要生活内容，之前想读而苦于无暇读的书，一本一本地摆在我的书桌上，边读边思考，将自己平凡的人生审视了一遍，觉得也可以写一写的，于是我花了大约十个月的时间写了一部二十万字的自传《一个复旦学子的十年回望》，这是对自己在非常十年中的经历的回顾。我非常欣赏自己的这部小作，期待着出版。

自从人类发明了文字，书就开始出现，这是人类文明的重要标志。人的生活应该由多个部分组成，但不管怎么分类，读书必须是其中的一个重要组成部分。台湾有个百岁老人，八十多岁与其孩子一块儿考上大学，近九十岁又考上研究生。他说，对我来说，读书学习是终身的，不是活到老学到老，而是活到死学到死。我赞赏这位老人，更赞赏这种精神。都是人，人家能做到的，你也能做到。努力吧，把读书引入你的生活，你的人生，你，肯定能够成为一个有别于以往不读书的过去的你。

书是我灵魂的舞者

邝振星

嘴含唐诗的百灵已经飞远

宋词鼓荡起七彩的波澜

元曲曲折的旅途在脚下延伸

我只是你一个聆听者

站在你彩色的歌声里无休止地思索

白的是屈原在沙子上遗失的鞋子

黄的是李清照满地堆积的黄花

绿的是朱自清湿漉漉的《春》

还有司汤达的《红与黑》

还有普希金蓝色的《致大海》……

我铭记着书页上永远年轻的文字

她们一次次来到我梦中，悠然起舞

    这是我写的关于书籍的一段诗歌。书，于我，是一条落日闪烁中的河流，灌溉着我思想的田野；书，于我，是一颗颗精挑细选的咖啡豆，它的醇香丝滑滋润着我干渴的喉咙；书，于我，是灵魂的舞者，给予我生命的全部精彩。回想关于读书的点点滴滴，那是甜蜜的回忆浸润心田。

    我出生在20世纪80年代，那时候家里并不宽裕，能看到的书并不多。

父亲难得买回来一本小人书，我如饥似渴地翻读着。爷爷在空余时间偶尔也给我和弟弟讲讲故事，他的脑袋里装满了各种各样的故事，印象最深的就是薛仁贵和岳飞的故事。现在回想起在自家门口，晒着暖和的阳光，我坐在石板凳上听爷爷讲故事的情景，倍感温馨。我仍旧清楚记得爷爷给我讲岳飞故事时的情景。爷爷坐在光滑的小板凳上，阳光斜斜地飘落下来，爷爷花白的胡子在轻轻地抖动着。我半蹲着，趴在爷爷的膝盖上，听爷爷说着岳母刺字，说着岳家军的冲锋陷阵。我的思想忽然变成了一匹骏马，也飞到了沙场上去了。

　　我如饥似渴地翻阅着各种难得的书，有时做梦的时候，岳飞竟策马向我飞奔而来，我被岳飞父子的事迹深深地感染了。后来知道了油条的由来，便天天嚷着吃油条。家里人觉得奇怪并问我，我说我要把秦桧这些坏蛋都吃到肚子里去。家里人听了，哈哈大笑起来。

　　后来搬家了，我也上学了，我开始有了自己的书桌。在课本中，我认识了悲惨的《卖火柴的小女孩》，我认识了《谁是最可爱的人》，我领略了气势磅礴的北国风光，我在唐风宋雨中一次又一次地迷醉。后来上了高中，更知道读书的重要性。我所在的学校是住宿制的，那时候，天还没有亮，大家早早地冒着寒冷，来到学校小卖部买两个面包作早点，吃完了就着校道上的路灯读书。那是多么令人难忘的读书岁月。在假期的时候，我最爱到旧书摊上寻宝。我的零花钱不多，省吃俭用下来的零钱只想着能多买几本书。有时在结账的时候，钱不够，我就只能忍痛割爱了。挑来选去，放下这本却又舍不得，来来回回地对比着，真想自己能开个书店，看它个昏天黑地的。

　　从初中到高中再到大学，一本一本厚实的书，就像一块一块厚实的砖，堆砌了今天的我。走进大学，每次进入图书馆，我感觉自己成了一个饥饿的人，眼前却突然间堆满了食物，让我无所适从。我在图书馆里来来回回地踱着，生怕错过一本精彩的书。

　　我一心想着拥有一个真正属于自己的书柜，终于机会来了。学校里举办了一次征文比赛，第一名的奖品是三百元的购书券。我认认真真地写了好几篇稿投了出去，过了很久，都没有收到消息。我的心一沉，难道多拥有几本书的希望破灭了？某天午睡的时候，手机铃声忽然响起，原来是征文主办方通知领奖的，是一等奖！是一等奖！我的心兴奋得都要跳到喉咙上来了。

我紧紧地揣着300元的购书券，生怕它飞了。在书店里磨蹭了两个来小时，直到书店关门的那一刻，我才依依不舍地提着选好的一大袋书走了出来。往后的一段时间里，我常常抚摸着这些来之不易的新书，心里甜滋滋的。

高中毕业，我如愿以偿考进了大学中文系。上了大学，我有更多的时间看书了。每次去图书馆，我像准备丰收的农民那般高兴。看着图书馆排列得整整齐齐的书，闻着醉人的墨香，我觉得自己是一个多么幸福的人。那时候，我疯狂地读着海子的诗歌，幻想着自己也有一所房子，面朝大海，春暖花开。晚上吃完饭，我早早地就去了学校的阅览室复习读书，里面各种各样的期刊，让我大饱眼福。大学毕业的时候，宿舍的哥们都把书给卖掉了，我把书满满地塞了一个行李箱，当拖着沉沉的行李箱踏上火车的时候，我终于体会到了什么叫"满载而归"。

工作以后，看书的闲暇少了，但是对于购书的兴趣却愈加的浓厚，逛网上书店成了我生活的一部分，渐渐地我的书柜丰满起来了。站在书柜前，我忽然觉得自己是一根轻柔的芦苇，在成长的河流里，在书的河流里，飘荡着，飘荡着……现在自己成为一名教师，有时学生问起："老师，现在读的书，以后很少会用到吧？那我们还要读书吗？"我心平气和地说："读书就如吃饭，虽然我们看不出吃一顿饭有何效果，我们吸收了其中的营养，而这些慢慢地就会成为我们的筋肉，成为我们的骨骼，它让我们足够强大去面对一切的坎坷与曲折，成为我们灵魂的舞者！"

我的阅读情愫

陈泽民

清朝姚文田曾说过"天下第一件好事，还是读书"。2014 年我有个简短的演讲，主题是"'世界读书日'与全民阅读"。脚步走到哪里，书籍和思考就应该跟到哪里，这样，纵然有一天世界格局变幻，内心不潦倒、不彷徨。我特别希望全社会能营造全民阅读的氛围，重新拾起阅读、特别是纸质图书阅读的激情。而我的阅读情愫与几家图书馆、几家书店是分不开的，可以说他们记录着我的求知旅程，承载着我的韶华记忆。生命里爱上了阅读真是一件美好的事情。

其实，我与阅读的情缘还蛮"坎坷"的。高三那会儿课业紧，有一次去校图书馆借了本《美国历史》，刚到教室门口就被班主任抓了个正着，班主任很和蔼，没没收也没批评，只是提醒我说，时间不多了学习可要抓紧啊。最刺心的责备便是那温柔如风的关怀，之后我再也没有踏进校图书馆了。

校图书馆没得逛了，我就想市图书馆会是什么样的呢？土生土长的我，这么大了还没去过市图书馆好像也说不过去，于是就向同学问了去市图书馆的路，去了两次都没有找到，可能我真的是"书呆子"吧。有一次坐公交早下七八站路去找还是一无所获，每天两点一线让我与社会有些脱节，难道我与图书馆真的"无缘"吗？幸运的是，工作后我单位离图书馆新馆非常近，有时吃完中饭就踱步去图书馆看点东西或借点书，一上午工作的疲倦瞬间烟消云散了。有时晚上也会去新馆坐坐，给自己"充电"或者放空自己。从以前的寻不见到如今的常常见，我想，这也算弥补当时的遗憾了吧。

虽然校图书馆是去不成了，心灵总要找个慰藉吧。刚好周末放学都会路过新华书店，久而久之我就逛了进去。新华书店是我人生中遇到的第一个书店，"雄鸡一唱天下白，天下书店尽新华"，读书时我天真地以为新华书店是全天下唯一一家书店，想想还蛮好笑。这家 1937 年诞生于革命圣地延安清凉山的老店陪伴我走过了学生时代：小学为学字到店里买了《新华字典》，中学喜欢买小说和音乐 CD，大学入了党买了本红皮烫金《党章》。我对她有一种挥之不去的情结，是一种自然而然的需求与吸引，这不仅是学习需求，是阅读需求，还是生活品质与精神追求的需求，更是岁月宁静、灵魂憩息的向往。

有时在想，我们读书时真正喜欢看的书应该不是"应试"课本，而是那些课外读本。生活中也很少有人整天捧着教材工具书在看，我们真正喜欢阅读的往往是那些"课外之书"。阅读不仅为了丰富知识、拓展视野，还有身心的愉悦与慰藉。而这两者，新华书店都能给予我，于此处，从此刻，我便爱上了阅读。高中那会儿，新华书店不仅有书籍绘本，还有 CD 磁带、数码文具，为单调枯燥的课业之余增添了一丝欢愉与解放。最怀念周末放学，总不着急回家，下了公交就拐进新华书店，捧上一本书狠狠啃读一番。到了暑假则能在书店里泡上一天，蹭着凉爽的冷气，畅游在知识的海洋。那时候钱不多买不了几本书，但能饱读一下已经十分满足。

"养心莫若寡欲，至乐无如读书"。仿佛间，我生长在一个《平凡的世界》，听过《365 夜故事》，度过漫长的《一千零一夜》，脑海中时常浮现出《十万个为什么》，渐渐有了《少年维特之烦恼》，敬仰《红岩》懂得《钢铁是怎样炼成的》，身在《围城》体会《百年孤独》，如今开始《追忆似水年华》。品读着《鲁迅全集》，针砭时弊中激荡着我的爱国爱家乡情怀；翻阅着余秋雨的《文化苦旅》，换个角度看待中华文化思考良多。当然，还有金庸、莫言、冰心、张爱玲、王安忆等大家作品。一晃学生时代过去了，好多事情都发生了变化，莫言获得了诺贝尔文学奖，余秋雨著书和对盗版的抨击也少了，转型当了青歌赛评委以及到世界各地演讲。哦，如果要说还有不变的，那便是莫言老师还是"买不起"北京的房。

也许在新华书店、图书馆汲取知识营养的那段岁月，悄悄地在我心里埋下了文学的种子，"熟读唐诗三百首，不会作诗也会吟"，我开始喜欢写一些文章和诗词，附庸风雅一番。语文老师推荐我去参加作文比赛，侥幸拿了个一等奖。如果仅凭课本上的"八股套路"，那只能是闭门造车；如果没有新华书店给予我的知识储备，也写不出锦绣文章。很感谢在新华书店阅读的那段时光，时间是很好的积淀，珍惜你身边发生的每件事、每处景、每个人，终有一天会幻化成有用的"素材"。

虽然现在网络购书很方便，但有一些属性是网络书店所赋予不了的。现在很多人喜欢用 iPad、Kindle、手机阅读，主要携带方便，可我用这些电子产品看书，不久眼睛就会发酸疲累，阅读便索然无味了。关键它挑不起我的阅读激情，让忙碌的心安静不下来。翻开崭新雪白的书页，闻着悠悠印刷的墨香，这才是书籍阅读该有的样子。在新华书店，我喜欢看小朋友捧着书坐在地上快乐的样子，我喜欢看少女亭亭玉立翻着书秀发飘动优美的样子，喜欢看长者扶着眼镜专注研读安静的样子，这一切的一切，都让我满心欢喜，对无穷知识的渴望，对读书氛围的沉醉。

阅读真是一种不知不觉的习惯，可能新华书店那种阅读氛围更浓吧。现在的新华书店开始兜售生活美学，文化体验消费也更加多元更具趣味，她对我而言已不是一种学习需求，更是一种生活方式。书荒的时候或者周末有闲暇，总喜欢去新华书店购置几本书。有时喜欢品着咖啡，翻看着感兴趣的书，任时光云卷云舒，慵懒地度过一个下午。

新华书店已走过 82 年的风雨历程，而市图书馆已逾百年风雨华章。那里有我驻足的身影和专注的神情，我爱这片蕴藏乾坤的天地，希望陪着它一起走下去，一起继续阅读。

夜阑有梦书当枕

周文涛

一盏明灯，一张木桌，一本泛黄的纸书，六个人围坐在一起谈论着自己眼中的"傲慢与偏见"。这便是《奥斯汀书会》朴实而又简洁的开幕，一切都洋溢在文字中，静悄悄地改变里面鲜活明朗的主人公们，和睁大眼睛在外面的我。这部年代有些久远的电影一直在脑海中来回地放映，让我深深意识到，阅读是一份不可估计的力量。

我的书柜不小，横横竖竖，方方正正。勃朗特三姐妹在右上方，鲁迅先生硬铮的傲骨伫立在一角；王尔德微弱却温暖的烛火静静点燃，沈从文先生在幽静茶峒筑起那失修的白墙；罗曼·罗兰和我详述那条宽阔静湍的大河，路遥垂睑向我铺展了一个"平凡的世界"。里面的每一块每一格都是一方天地，属于文字，属于书籍，他们在灼灼闪耀，带给我的宝贵财富不可计数，也是我的不可或缺。

说到阅读，很难不提起董卿。"文化底蕴深厚""优雅而娴静"大概是她给绝大多数观众留下的深刻印象。而藏在背后的答案也很简单，阅读造就了她的高度和气质。她说，读书能让人享受一种灵魂深处的愉悦，而阅读所给她带来的，也一一验证了"一分耕耘一分收获"的道理。阅读的力量，藏匿在字里行间，强大而有效。毫不夸张地说，它是一味灵魂的药剂。

这是一段真实的叙述，也是一个故事，更是一个渐进的经历。小时候因为缺乏阅读量，也没有读书的习惯，语言组织能力欠缺，思维模式刻板，始终被禁锢在狭隘的井底，让我觉得自己处于浮躁和空白。不仅仅是看着同龄学生有深度的文章而感到的辛酸，也更有为自身空洞而感到的自卑。老师布置下作文，提起笔就思绪堵塞；同学、长辈聊天时一谈起书籍就尴尬无言，也一无所知。同桌的女生早早看完了《繁星·春水》，我却连《天蓝色彼岸》的书角也未曾翻过。在一片高高举起的手中，我把头埋得很低，很低，生怕被老师捕捉到我游离的眼光和不安的情绪。

七年级暑假，班主任老师送了我一套书，厚得让我厌烦。老师规定每天要看一个小时，在书页上装了眼睛。我被强摁在桌前，翻阅只有白纸和黑字的世界。但没想到的是，那真真切切改变了我和我的生活。从开始的心浮气躁到被纸韵墨香安抚下来的沉稳心境，从最初被蝉鸣扰得躁动到投入忘我。我突然间把整颗心放了字里行间，贪婪地汲取。脚步到不了的地方，都可以通过它到达，像是眼前有了一片海，满目都是深邃的蓝，与天相连。

近两个月的伏案阅读，眼里看见的枝叶都是诗情画意。语文成绩的提高是能看见的成效，但自我的充实，却体现在我和文字相伴的一点一滴当中。对待问题开始有了自己的想法，能适当表达，也能委婉反驳。我这个"吕蒙"能洋洋洒洒地在纸上肆意泼墨，脑中的思路也如心中大路一样宽广。我甚至拿起了话筒，一针一线缝补我零碎的语言能力。因为阅读，我也没想过我会站在那万花筒般的舞台上。我喜欢讲这个故事，这个我伴着书的故事。因为是书帮我渲染，帮我铺展开了那一片如同红叶般的船帆，在汪洋中慢慢前行。

无论是简带给我自尊自强的温柔而坚毅，还是小王子周围那一阵沙漠里热辣的狂风，战争中斯嘉丽一步一步成长的坚强，此幸福彼幸福的"我们仨"都让我潸然感动。当阅读时间逐渐变成我的"黄金时代"，书籍像一个耐心慈祥的老者，阐述着飞跃在纸上的动人故事。回溯历史，展望未来，我都通过方块字整齐的排序一一找寻，一一领会。余华沉重却直白质朴的文字让我生生残忍地看着历史"活着"，司汤达构成的"红与黑"使我沉浸其中，茨威格寥寥几笔的来信让我看见了"爱你的意义"，莫泊桑的"项链"让我享受片刻的浮华盛世。我在其中遨游，跳跃于字里行间，借助阅览的书籍攀登无畏阶梯，承受"生命中不能承受之轻"。

我开始能走进文字，也希望能一直行走在路上。我相信"腹有诗书气自华"，像是《国王的演讲》中那样，感谢阅读这位莱纳尔罗格，带给了我现有的自信，治愈了我乔治六世般的"口吃"。古今中外，徜徉笔墨浓郁香味的世界陶冶了我，让我懂得最美的气质是书香，让我渐渐学会理智独立地用另外一层眼光看待问题。

谈吐的优雅，举止的得体，思维的高度，都是阅读能给予你的力量。《死亡诗社》里说："阅读，诗歌，美丽，浪漫，这才是我们生活的全部意义。"我相信阅读是梦，是关于文学，关于人生，关于一场穿越时空的旅行。

书在我手上，世界也在我手上。

在快乐中阅读

王明忠

　　这里是东北大地洮儿河畔，20世纪60年代这一带生活水平还很低，特别是广袤的农村，不仅物质匮乏，文化生活几乎是一片空白，不要说读书、藏书，大多数村民都目不识丁，很多人连自己姓名都不会写，就是在这种背景下我家由外地迁来小李村落户。

　　小李村地处偏远山区，1970年用上电之前，米面加工靠碾子磨、照明用煤油灯，在村里除学生课本之外，连带铅字的纸张都很难看到，村民最大的乐趣就是看露天电影，可公社（乡）放映队月余才能巡演一次，期盼放映队来村的心情比过年还强烈。

　　1965年我小学六年级毕业，因家境贫寒和路途太远，虽考入公社所在地中学却未能就读，15岁便当了面朝黄土背朝天的农民。尽管读书很少，却偏偏喜欢书籍，令人悲哀的是好梦难圆，当时阅读书籍简直是一种奢侈之举。

　　常言说山重水复疑无路，柳暗花明又一村。何成一家三口由外地迁来，由此枯燥的生活发生了短暂的改变。何成和我同龄，在公社所在地读初中，小李村距中学三十多里路，何成住宿半个月回家一次，每次都会在学校图书馆借书带回，于是竭尽全力讨好何成，力争看到他借来的所有书籍。说心里话时至今日也感谢何成，是他在枯燥的岁月里给了我精神食粮……

　　尽管我未成年，却干着劳动力的活，虽被繁重的农活弄得疲惫不堪，只要拿到何成借来的书籍，就利用一切自己可支配的时间进行阅读，吃饭时看、午休时看，出工也带着书在田间地头休息时看。白天还好说，晚间看书须点煤油灯，火苗儿如花生米粒大小，不仅冒黑烟且摇曳不定，鼻孔一会儿就被灯烟子熏黑，尽管如此，我依旧在昏暗的灯光下阅读不止，因何成回家仅住两宿就返校，书籍必须带回，用争分夺秒形容彼时阅读一点儿也不过分。

看何成带来的第一部书是《平原枪声》，尽管过去半个多世纪，彼时看书的激动依然记忆犹新，故事情节也不曾忘记，包括阅读过程亦历历在目，时下还记得本书开头第一句话：老槐树上吊着一个人。

诸多借书中《红岩》给我留下的印象最深。许云峰在和国民党特务英勇顽强的斗争中，充分显示了共产党人视死如归的英雄气概，就义时拖着锈蚀的铁镣昂首走向地窖铁门，站在高高的石阶上朗声命令特务："前面带路！"还有江姐，在敌人惨无人道的酷刑下依然对党的秘密守口如瓶，行将就义时依旧举止从容，充分体现了一个共产主义战士的人生价值。这些共产党人的光辉形象深深地印在我的脑海中。

再有叶挺将军，小学课文曾学过他的《囚歌》，但那时年龄小不能充分理解诗意，通过读《红岩》才深谙将军所处环境的恶劣和渴望自由的心情，尽管读《红岩》的岁月已过去半个多世纪，《囚歌》却铭刻心底依旧不曾忘记：

> 为人进出的门紧锁着
> 为狗爬出的洞敞开着
> 一个声音高叫着
> 爬出来吧，给你自由
> ……

阅读《钢铁是怎样炼成的》，被主人公的英雄事迹深深触动乃至感到震撼，从保尔身上看到一个人存在的价值，也学到很多做人的道理，人生路上遭遇挫折或走入低谷时便想起保尔，也时常找出《钢铁是怎样炼成的》重温，每次阅读都会有新的启发和收获。

何成初中期间一直给我借书看，考入高中以后家也迁往县城，由此也掐断了我的看书渠道。

不曾生长在那个年代、或者说未在那种环境中生活过，绝对想象不出我彼时生活状态何等枯燥，多想有书籍缓解疲劳的身体和打发无聊时光啊！然而，即便寻遍全村也只能找到几本残缺不全的小人书，想找一部完整无缺的书籍简直比登天还难。

在这种枯燥环境生活了十几年后，直到20世纪80年代初，随着改革不断深入我才离开山沟到公社所在地工作，由此有了接触书籍的机会，而此时我已近而立之年。

公社所在地虽比村里"繁华"，却无处购买可供阅读的书籍，邮局也只可订阅报纸，欲看喜欢的书籍需到县城乃至更大的城市购买，而此时书店仅经营工具书和现代题材的小说，其他类型的书籍亦很难购买。

1981年本地某电台始播评书《岳飞传》，每晚新闻联播后播半小时，听着不过瘾趁出差买回一部，除工作外利用所有可支配的时间看书，惹得妻子拿起书查看，继而怨声载道……

随着改革深入，港台作家的书籍被引进到大陆，特别是金庸、梁羽生等人的武侠小说，不仅盛行且传播极快，当时生活水平还很低，公社所在地仅少数家庭有电视机，而且是黑白的，电视台则不失时机地播武侠小说改编的连续剧，有电视机的家庭每晚都挤满男女老少。

或许受武侠电视剧熏染，一时间很多人被弄得"走火入魔"，看武侠小说仿佛成为一种时尚，喜欢看书的人都纷纷步入"武林"，图书行业也抓住商机，各种武侠小说在柜台上摆得琳琅满目……

那段时间曾看过多部金庸、梁羽生等人的小说，印象最深的是金庸的《倚天屠龙记》，记得某采购员带着这部书住入厂宿舍，我趁其办事之机看了一部分，采购员走时欲买下此书被拒绝，而这部书当时在本地既无处买，也借不到，独臂大侠杨过和郭氏姐妹的恩怨在心里一直是个谜。

时光倒流到 1987 年，某日和领导去哈尔滨出差，返程前和他散步路过出租书屋时，立刻想起那部未看完的《倚天屠龙记》，于是不再陪领导散步，走进书屋，要买此书时被告知只租不卖，无奈只好租下书籍返回招待所。

由于返程车票已预订，欲看完此书只好挑灯夜战。领导知道我喜欢看书，入夜后散步回来径自睡去，第二天起床时见我还阅读不止，以为是某种禁书令我如此着迷，拿书在手认真翻看后连连摇头不解，厚厚的《倚天屠龙记》一夜之间从头至尾看了一遍。

真正接触到更多书籍则是 2008 年之后，因此时家里添置了电脑，尽管童年读书不多，却因喜欢阅读学到很多知识，加之对电脑感兴趣，熟悉一段时间后便可查资料及阅读。

还记得初学电脑时，自己就如一只青蛙突然跳出井口，又如误入大观园的刘姥姥，无论打开哪个网页都感到新鲜、觉得神奇，特别是获知网络里可以阅读书籍时，仿佛长期困于无际的沙漠一下子找到水源，不分时间、不顾疲劳地坐在电脑前，登录看书网、起点中文网等平台乐此不疲地阅读，陈忠实的《白鹿原》、李可的《杜拉拉升职记》，包括莫言获诺贝尔文学奖的《蛙》等小说，都是这期间通过网络平台进行阅读的。

学会上网时已年届花甲，或许受某些人写作经历所触动，一年后竟产生学习写作的想法且很快付诸行动，把自己多年来记载于学生本、报纸边缘和版缝及烟盒背面的感慨、感悟乃至即时即景写的随笔进行整理，当作写作素材统统存入电脑备用……

但这阶段阅读依然占主导地位，一段时间后才逐渐转入边阅读边写作的状态，此时年事已高不再为生活奔波，有大把的时间可以用在阅读与写作上。

常言说爱好是最好的老师，或许因自己喜欢阅读以及对文字的酷爱，加之网络里学到的知识，竟出乎意料地对写作产生了极为浓厚的兴趣。更想不到的是，写作不仅令我心情愉悦，也充实了枯燥的晚年生活，后来竟一发不可收拾，有时候甚至废寝忘食，灵感激发时敲键盘至午夜是常有的事儿。

俗语说付出就会有收获，在近乎痴迷的状态下写过几年之后，陆续有文章发表于各地报刊，这是自己写作之初不曾想到、也根本不敢想的事情。总结写作过程认为，文章可在报刊发表完全借助于阅读，多年的阅读令自己学到很多知识，如果不是坚持不懈地阅读，仅凭童年所学那点儿知识，随着半个多世纪的时光流逝可能早就遗忘干净，还何谈学电脑、写文章啊。

回顾多年的阅读经历，用一个成语概括极为贴切——受益匪浅。是的，是阅读令我学到广泛的知识，拥有知识以后，写作才会有动力，也正是学习了写作，才使生活变得丰富多彩，尽管时下已年近古稀，每天依然沉浸在阅读的乐趣里、陶醉在愉悦的写作中……

在书中，我们老了

——记我的读书光阴

张幼琴

第一次听到《读库》，是在网上看柴静《看见》的新书发布会视频，老六坐在台上，一如《神探亨特张》里那般群众化、不显眼。终于在放寒假前从老胡手里借了《读库1102》，可是一整个寒假，"闭关"在老家（不能上网），翻完了最新几期的教育杂志，慢慢地啃了半本王国维的《人间词话》，直到最后一天收拾行李时，才看到了它，静静地躺在儿子的国际象棋棋盘下，青砖似的，简朴、厚重。于是，一上午时光便静静地埋在《读库》中了。

雾中烟轻，不见来时伴。

我的心微微一颤，那淡淡的夹着回忆的惆怅从这句题记开始笼罩着全文。这是作者漫长的青春记忆，有关阅读，有关她整个的青春时代。在分享着她近乎奢侈的阅读史的同时，我的心里却充满了道不清说不明的酸楚。仿佛有人悄悄地道出了我珍藏心底的秘密，可是又觉得说得那么好，那字字珠玑正是我想说却觉得自己嘴笨口拙说不清的呢。

一

"我以为自己读书是因为喜爱，单纯的喜爱，原来竟是一场无心的功利：为着寄托、为着逃避、为着洗刷，如果说以上理由尚能称得上无辜，那么为着显得高傲又如何？为着特立独行与众不同又如何？

为着掩饰自卑而假装风雅又如何。"

为了"好大喜功"地提高自己的文学修养，我也曾像熊茐般假装风雅过好几回。记得六年级，很多同学都还迷恋着各式各样的童话时，我已对他们嗤之以鼻，专门找阅览室里最受冷遇的外国小说，那些厚厚的《巴黎圣母院》《雾都孤儿》都曾被我借来"装饰"我的课桌，可是开篇冗长又繁琐的地名、人名和艰深晦涩的描写让我败下阵来；初中时借的第一本古文《楚辞》使我极其有限的古文底子暴露无余；最近的一次是前年暑假里看《语感论》，虽然耐着性子，好不容易翻了两章，可是最后还是逃不了束之高阁的命运。

所以看到熊茐的这段文字，仿佛就看到那个小女孩躲在时光的角落里红着脸，担心被别人打回原形，显出那个浅薄的自己来。可是熊茐又说：其实，说这话时，我感到矫饰和虚伪，我对自己的水平了如指掌，我知道，我正在通往牛×的道路上一路狂奔。

呵呵，是啊，附庸风雅也好，假装清高也罢，那又怎样？那时的我，就如《书架》中的冯骥才一般在博知的老者面前自觉轻浅，不敢开口，因为感到自己内心的空茫荒芜，所以千方百计地想用书装满那个小小的自己。

二

"还没有开始生活的人，常常会怕许多东西，怕整个还没真正开始的生活故事，怕本来可以是完美的故事变得惨淡无光，那时是心情最不平衡动荡的日子，是生活得最不随意的日子，虽然脸上没有不安的皱褶，也没有任何痛苦的痕迹，只是在目光里有种小动物的惊异。"

言情小说在我的记忆里也如熊茐般不敢轻易触碰。那时的我是个苦读的好学生，对这些老师眼中的毒蛇猛兽当然是绝不敢触碰的。可是当室友们捧着一本本从书摊里借来的书甘之如饴、津津乐道时，"我强烈感到自己的不安、绝望和清洁，看到内心莫名强烈又不知所措的生命的惆怅……"于是我把自己放在第一本从夜市淘回来的《红楼梦》里。那薄薄的纸张、密密麻麻的排版，明显是最次的盗版，虽然搞不清那庞大的人物关系，但却是最纯粹地一次"素读"，后来的几次读，总或多或少带了些其他的因素在里面了。至今它还留在妈妈家的书架上，积满岁月的尘埃。

后来三毛的《倾城》，一个春花般的女子，一双深井般的眼睛，依稀能听到她在回西柏林的车上叫着：不想活了，不想活了，那样荡气回肠的故事，是无论怎么努力都避不开的呀！眼睁睁地看着自己的目光不由自主地被吸引，仿佛就是万劫不复了一般。可是那种胆战心惊地避之不及，那种无可名状的美好期待，都交织在一起。"书，书是我唯一的倾听者……只有它，蛊惑我青春的好奇，安抚我欲望的潮汐。只有它，缄口不言，永远不会出卖我。"

我们那些曾经无处安放的青春啊，都在轻轻翻动的书页间过去了！

三

年华是这样的东西：稍纵即逝，无能为力。追忆不是重现，是再造，是幻想，是弥补，是掩盖。

这是一场关于书的回忆，回忆是一件伤筋动骨的事情，尽管熊荮试图用看似轻松愉快的口吻向我们述说，可是听着她说说笑笑间，还是让我莫名伤感。就像她自己所说："我喋喋不休的读书生涯，实际上轻松惬意的时候不多，我莽撞而笨拙地爱着，丝毫不管薄薄的书页能否负载这一份沉重的托付。"不过回过头来，我又庆幸，我们还有书这张网，可以打捞起我们成长经历中的爱和痛。

记得前年开同学会，餐后一起逛母校校园，看着 10 年后沧海桑田般的校园，那阅览室里暗红色褪了漆的长椅和长桌，笨重高大的书柜和踩下去吱吱作响的木地板成了我最深刻的记忆，因为在那儿，有我的《红与黑》《安娜·卡列尼娜》《苔丝》《飘》，有我的三毛、张爱玲、席慕蓉和张晓风；因为在那儿，有我最清亮的时光，海螺山的葱绿树影，凝碧池前的浮萍点点，都成了我书中的清静时光；在那儿，我重读《巴黎圣母院》，那个躲在角落里的小女孩终于可以抬起头来了。

看完熊莳《在书中，我老了》，我更深信，离"书读完了"还差得远呢！反倒是旧债未了新债又添了。不过，人到中年，那个关于看什么样的书的甄别原则也放宽了，"我对自己平凡的人生和平庸的心灵已安之若素"，"读书还原为生活方式的一种"。优米网 CEO 王利芬有一句话我很喜欢："读书，特别读那些非实用性的书……这些看起来都不是最最紧急的活动，但是它们打造了生活品质。"

不经意间，熊莳《在书中，我老了》也让我回首了我的 30 年光阴，原来，在书中，在回忆中，我们都已老去。

老六在《读库》的微博上说，"这年头，还愿花钱买书、花时间看书的人像大熊猫一样珍贵"。愿我们在俗世的日子里，继续保持大熊猫般高贵的心灵。

治愈心灵创伤的，是书

杨晶

每一个丑小鸭心里，都有个成为白天鹅的梦，我一直坚信。

每到年底前的晚上，我如往常在街上漫步，家家户户忙碌着炊金馔玉、祭祖烧纸，闻着年夜饭的香气，心底有种隐隐的触痛，我的回不去的童年。

我没见过母亲，见过，也全然不知。父亲的相册里，珍藏着几张戴着眼镜侧脸微笑的慈爱照片，说是我的母亲，还有几张在大学校园的毕业合影。伴随童年的，是父亲在医院和住家之间辗转奔波的瑟冷，是周周有宴宾到门前鞍马稀的冷落，那天在病床前的放声大哭，是对父亲的最后记忆。37 年了，这一幕何曾远去。我自此成了孤儿，被人嫌弃的丑小鸭。

那年，我进了春晖中学的初中部，成为全县仅有的 100 余名之一。这里能接触到大师的气息，叶圣陶题名的白马湖图书馆，长松主人长眠处，民国大师们居住过的平屋，依然能感觉到大师离我们不远。影帝陈道明在这儿拍摄电视连续剧《围城》，书法家钱钟岳老师教我们几位学习书法，纪念夏丏尊百年华诞暨逝世 40 周年在这里云集盛举。沉淀百年的文化气息，诗情画意的校园美景，我尽情畅游在知识的海洋，成为最美好的回忆。只有假日让我犯愁，我去不了哪儿，幸好学校仍能供应食宿。一天，校园里空荡荡的，谢晋导演来访母校，想跟留校的学生们座谈，平静的校园沸腾了，我们纷纷聚集到仰山楼二楼的小会议室，渊博爽朗的谢导，鼓励我们提问，他侃侃而谈，分享了他当时在春晖求学的回忆，并深情地说：春晖是历史悠久、底蕴深厚的名校，春晖学子的眼光不光是国内的北大、清华，更要放眼纽约、伦敦等国外名校。坐在底下的陈昉莉，当年的省理科状元，多年后在一次回家乡的采访时提起，正是谢导的这次谈话，激励她成为全美百大专攻生物学的名律师。

长长的假期终于来了，我不得不离开校园，带着三好学生的奖状，去哪儿的麻烦油然而生。乡下的奶奶，已是风中残烛，自顾不暇。外婆家，自母亲投湖自尽时，我尚在襁褓之中，已是心如枯槁，多年来已音讯全无。长辈们一边怨天尤人叹息，一边推搡表示无能为力。过去每年要去的姑父家，已经抱怨再去要被我吃穷了。堂姐那儿，赶上夏收双抢时节，可以帮一点忙，能换取待几天。我试着给姨父写了封信，委婉用文字表达自己的情况。姨父的回复很快来了，假日欢迎去他家，终于有了一个能暂躲的地方。姨父一家热情有加，说起我的出生往事，母亲作为臭老九受到的冲击，父亲的严厉，这一切初融了我冰封的内心，并问我是否愿意做他们的儿子。英明神武的父亲，一直占据这个唯一的无可替代的位置，抱歉了，我轻轻地拒绝了。即使能感受到姨父的异样，我还是坚定了内心的选择。寄人篱下的生活中，我无法讨取人们的欢心，只有把头深深埋进书堆里。我的第一套书是我从乡下奶奶家回到聚少离多的父亲身边生活的见面礼，是几十本连环画。那年我9岁，小人书生动形象，知识丰富。如经典成语的来历，励志的科学家故事，常常翻来覆去地看，如有魔力般吸引着我，引导了我走上爱书的道路。

父亲走了，我的天空也坍塌了，书成了我的最好伙伴。高尔基的《童年》《在人间》《我的大学》，让我体会了别人也有艰难困苦的童年，主人公历经坎坷最终成长为一代巨擘的故事，给我强大的精神力量。《说岳全传》《杨家将》将精忠报国、战死疆场的民族英雄形象深深地烙印在幼小心田，《水浒传》《三侠五义》塑造了行侠仗义、除暴安良的正直品性，《钢铁是怎样炼成的》《生命的支柱——张海迪之歌》告诉我只要努力奋斗，没有克服不了的困难的信念。既无三徙教，不闻过庭语。在人生成长阶段，正是经典文学潜移默化地熔铸我的正确价值观，即使是人生至暗的时刻，看到诸多人性的另一面，都没有放弃对未来的美好向往。

我的叛逆期如期而至，一天被叫到班主任的办公室，他脸有愠色地问：为什么这样做？原来我把班主任写的一则通知中的好几个错别字给圈了出来，全班同学抿着嘴巴笑了，我耿直地以为在帮老师呢。在老师咄咄逼人的目光下，我一声不吭，以沉默为对抗，毫无一丝悔意，班主任无奈之下，告到校长那儿，说我这样的学生没法教，叫家长来。我委曲含着泪水，不就是几个错别字，老师不可改正吗？我哪儿找家长？没有家长的自卑深深让我低下了头，无脸见人。我也迷失了自己。

无法平静的内心，多么渴望能有至亲关注我，鼓励我，给我力量。然而没有，我只有从书中寻找渡过难关的力量。20世纪80年代，西方的哲学逐渐传译过来，尼采的梦的解析，叔本华的人生的智慧，萨特的存在主义，我似乎能从中看到自己的影子，但又无法摆脱身处的环境，焦虑加重了失望，我失眠了，高三整年，我几乎没睡好一晚，越睡不好越焦虑，越焦虑越学不进，憧憬的大学梦破碎了，击败我的，不是别人，而是自己。

我的高考离分数线差得不多，十几分而已，原来期望进入重点大学的我怎么甘心就此认栽，强烈要求来年再战。但有谁愿意支持呢，都劝说我打消念头。我不得不走上社会，成为一名粮站职工，梦想的翅膀就此折翼。

对于逐梦的人来说，过这种平淡的生活是怀着深深的罪恶感。梦想和现实的落差，能力和欲想的冲突，无法排遣的抑郁，无处安放的焦虑，使我一次次不断地向书本寻找答案。《菜根谭》的警世名言让我顺逆从容，拜恩的沟通分析让我洞察生活脚本形成的奥秘。椅子疗法让我识觉自己的内在片断。我笑着面对童年梦魇，没有那些所谓的痛苦，又怎么会丰富自己的感情世界？

30年后，我参加了社会工作师的资格考试，学习到儿童社会工作这一章时才恍然大悟，孩童失去母爱，是毁灭性的创伤，一个人的儿童生活经历，决定了进入成年期的状态，对成年生活有着重要的影响。而我用一生的时间，通过学习，才治愈了童年的创伤。是书把我从心理的深渊拯救出来。如今，我可以平静地站在坟前，说一声，爸，妈，如果有来生，请让我爱你们一次！

有书相伴　一路馨香

吴春妮

　　我出生在 20 世纪 60 年代，据说在我出生不久，我们家里的许多线装书籍及字画等文物就被抄家者当作"四旧"抄走了，那些没被抄走的书也被胆小的母亲用破布包着塞到了我们看不见的角落里。我也许是遗传了父亲爱看书的习性，从小就非常喜欢看书。虽然那时候我能看的只有"小人书"（就是如今被许多人视为有收藏价值的连环画），而且书的内容多是样板戏，比如《红灯记》《沙家浜》《智取威虎山》等，但这一点不影响我对书的热爱。我在上小学前，对基本的常用字差不多都已经认识了，所以除了家里的那几本小人书外，我偶尔还会去外面的租书摊看书，只要有书看，我总是百看不厌，而且我还能绘声绘色把书中的故事讲给家里的外婆和妹妹听。

　　我上了小学后，课业并不重，课余时间也没有那么多的培训班可以上，所以喜欢看书的我就有了大把的时间可以阅读。我记得那时候父亲给我和姐姐订了一本《儿童时代》的杂志，可薄薄的一本杂志我一下子就看完了，我就到处找书看。有一次父亲从他朋友处借来一本《敌后武工队》来看，父亲怕弄坏朋友的书，还特意包了书皮。而我则趁父亲上班之际，先睹为快了。父亲看书有个习惯，他看到哪里就会用张书签夹在里面，而我居然把他的书签夹到了我看过的页面上，这下很快就被父亲察觉了。父亲把我叫到他身边，问我这么厚的书看得懂吗？我点点头，父亲就让我说说故事中的几个代表人物，我回答得头头是道。父亲听了很高兴，随后他躬身从积满灰尘的床底下拖出来一大包书，我见了差点乐得跳起来。这时父亲语重心长地对我说："既然你喜欢看书，以后就要把自己当成一个读书人来约束自己的言行。书中有英雄也有奸佞，你得分析辨别，争取做个行为端正的读书人。"我连连点头答应，家里有这么多的书可以看了，我心里别提有多高兴了。以后只要一有空，我就如饥似渴捧着书看，常常忘了做事。好在母亲和姐妹都知道我爱看书，对我这个书痴总是网开一面。因为我常看到精彩处放不下书而误了吃饭。等到初中毕业时，我差不多把家里所有的书全看完了。我记得《西游记》和《封神演义》是我最先读的，因为这些神话阅读起来最轻松，《水浒传》《三国演义》完全是因为这些故事都听父亲给我们讲过的，所以读起来有种原来如此的熟悉感。而四大名著中的《红楼梦》是最难搞清楚的，我小学时候还看不太懂，直到初中毕业时才把里面的人物关系搞清楚了。而我其实更喜欢看《红岩》《青春之歌》《上海的早晨》《日出》《雷雨》《家》《春》《秋》《张恨水文集》《张爱玲文集》《围城》《呼兰河传》等当代的小说，对朱自清、沈从文、冰心、徐志摩、丰子恺等先生的散文也特别喜欢，像《桃花扇》《孽海花》《三言二拍》《儒林外史》《绿牡丹》《西厢记》等等旧书，在我没新书看时也都翻了个遍。因为当我看书已养成了习惯后，在没有书看的时候，哪怕手头是本枯燥的医药书或是一本菜谱，我也照样看得津津有味。

父亲常说"秀才不出门，便知天下事。"父亲因为爱看书，在我眼里简直是无所不知，无所不能的超人。小时候遇到许多人在谈天说地、论古道今时，我总喜欢偷偷听大人们的高谈阔论，我虽然没有发言权，但对父亲的见解总是打心眼里佩服。父亲非常聪明，每次我遇到不懂的事，只要去问父亲，准能得到满意的答复。而父亲也总是鼓励我要"读万卷书，行万里路"，所以我也更加渴望用书里的知识武装自己。父亲说过，官做得再大，总有退下来的一天；钱赚得再多，总有没法用的时候。而知识是印在脑子里的东西，贼都偷不走的。也许读书至上的理念已经在父亲脑中根深蒂固，而我也最敬重那些有知识的高人。

我从小的理想，希望长大后天天能与书为伴。当有一天我得知自己终于被新华书店录用时，我毫不犹豫放下了教鞭，为实现了自己的理想而欢呼雀跃。从此我就如鱼儿得水一般畅游在知识的海洋中。在新华书店工作的 30 多年间，我每天闻着书香，手中摸过无数的中外名著及当今最优秀的著作。我对书店墙上挂着的那句高尔基名言"书是人类进步的阶梯"的重要性感到由衷的认可。因为我越来越明白，想让一些人脱离愚昧和低级趣味，最好的办法就是要引导他们多看书。作为图书发行员，我的责任是给读者介绍好书，同时把好书推介给更多的读者。在书店里，我结识了许多爱书的朋友，是共同的爱好，让我们的友谊长存。

我喜欢看书，就如父亲当年曾告诫过我的那样，我一直以自己是读书人来约束自己。路遇不平，我虽没有拔刀相助的体力，也不会当场骂街的功夫，但我会以读书人讲理的方式去以理服人；遭遇不公，我不会低头去乞求人家的恩赐，我想凭自己的本事吃饭，最是心安理得；遇到烦恼时，我懂得这世上不如意事本来就十有八九，也就不会一遇到困难就去撞南墙了；而要是遇上春风得意马蹄疾的时候，我也会保持清醒的头脑，不忘记山外有山，三人行必有我师的古训。也许是读书多了，让我收获了一种"宠辱不惊，闲看庭前花开花落，去留无意，漫随天外云卷云舒"的心境。有人说读书人都有臭架子，我想这或许是读书人与生俱来的一种清高吧，是不为五斗米折腰的骨气，读书人有一点自己的个性，也没什么不好吧。

随着岁月的沉淀，我越来越感觉到读书对人的几多好处。比如和我差不多时间退休的一个朋友，自从退休后，她整个人就变得非常失落，和上班时雷厉风行的领导模样判若两人。因为以前在人前人后忙惯的人，忽然就空下来了，成了孤家寡人，的确落差很大。不适应也是正常的反应。我说你可以看书啊，她说她不喜欢看书，一拿起书就想睡。没事干的她觉得特无聊，每天吃了睡，睡醒吃，整天昏昏然，没多久就生了病。在我眼里退休后怎么会没事干？我的退休生活远比上班时候更丰富，因为我总感觉有很多事情等着我去干。比如满墙的书我还有许多没有看过，我想练书法也得花时间，早上的晨练不能偷懒，年纪大了需要保护好老胳膊老腿，小时候打乒乓球的爱好也不能丢。以前错过的好电影要补看，好听的音乐也不能错过。还有世界那么大，我们得去看看……但就算再忙，好书却从来不曾离开过我的左右。因为我觉得读书实在是件非常美妙的事情。就说我们出去旅游吧，到了凤凰古城，虽然我们是第一次去，凤凰古城对我们来说完全是一个陌生的地方，但因为我喜欢看沈从文的书，知道他是凤凰古城的人，所以这个陌生的地方因为沈从文而马上就变得亲切起来，使我游兴大增。

"粗缯大布裹生涯，腹有诗书气自华"，我常想，有好书可读，就算粗茶淡饭、布衣素食又有何妨？就如培根曾概括读书的好处时所说的，读史使人明智，读诗使人聪慧，演算使人精密，哲理使人深刻，道德使人高尚，逻辑修辞使人善辩。读书的好处真的远远不止这些。以前我的老师曾这样说过："看一本好书，相当于和智者谈了一次话"，我非常庆幸自己这一路走来，都有智者相伴，才让我的生活每天都过得非常充实。

第四辑　书人书事书缘

每当手抚书页，

那些书人书事不断在脑海里纷涌，

便觉此生满足，

书缘如许，

吾复何求。

读诗词：从辞章到义理与信仰

易文杰

宋代李淑《邯郸书目》语云："诗书味之太羹，史为折俎，子为醯醢，是为书三味。"从小到大，还是更钟情于诗词的"太羹"之美。而这"太羹"之美，于我而言，是从辞章之美，到义理情操之美，再到革命信仰的崇高美。阅读的历程，就是不断品味的过程。越读越有味，越读越能读出诗词的余味悠长，如一杯上好的浙江龙井茶。

辞章之美

一开始读诗词，最能体会的是诗词的汉语辞章之美。譬如"声依永，律和声"的音韵之美。在父母的引导下，我从小时候开始背诵诗词，一开始虽然不太能完全领会诗词的含义，但就是觉得诗词朗朗上口，整齐的声律有着和谐的美感。"春眠不觉晓，处处闻啼鸟，夜来风雨声，花落知多少"，一首五言绝句，平仄合度，四句中有三句押韵，对一个孩子来说，这种音乐性有着特殊的魔力。到了大学，学习了"四声八病"等知识后，我的体会更深了。"大珠小珠落玉盘"，阴平、阳平、上声、去声，声律的微妙变化沉淀着复杂细致的感情，更沉淀着中华文明的文化底蕴。每个字词，在吟诵时，都有它独特的质感与重量。譬如吟诵一首韦庄的《菩萨蛮·人人尽说江南好》，"春水碧于天，画船听雨眠"，韵脚流淌着辗转缠绵的情致与婉约清扬的声韵之美，流转着千里江南；再譬如吟诵一首苏辛的豪放词，更是有慷慨激昂、大风飞扬的气概。每个韵脚，就像一壶沉醉了古今的酒。

再譬如诗词"语不惊人死不休"的字词之美。小时候听父母讲诗词，多次强调读诗要留心"诗眼"，即诗词中最关键的一个字，于是我对此很留心。后来听语文老师讲起了王安石"春风又绿江南岸"的"绿"字是如何修改出来的故事，就体会更深了。于是，我读诗词，总是留心诗词中的"炼字"，譬如"前村深雪里，昨夜一枝开"的"一"字，尽显"早梅"之"早"，"早梅"之傲寒姿态。

我也能体会"不着一字，尽得风流"的意境之美。我喜爱"大漠孤烟直，长河落日圆"的雄浑之美；我喜爱"江流宛转绕芳甸，月照花林皆似霰"的绮丽之美；我更爱陶渊明、孟浩然的冲淡之美，"野旷天低树，江清月近人"，真是诗中的逸品。

诗词的辞章之美，如花。

义理情操之美

现在，随着年龄的增长，我读诗词时，更欣赏的是诗词的义理之美，情操之美，思想之美。这种义理、思想与辞章相融合，又是"自有高格"的境界之美，正如台湾知名爱国作家陈映真说："文学的根本性质，我觉得，是人与生活的改造、建设这样一种功能，我非常希望我的作品给予失望的人以希望，给遭到羞辱的人捡回尊严，使被压抑者得到解放。"如是而已。

从前，我爱唐诗的真挚情感；如今，我也爱宋诗的深刻思想。钱锺书先生的《宋诗选注》，我读起来手不释卷。许多诗评家喜欢尊唐而抑宋，我以为不必。宋诗的"理趣"，也自有一番风流。海纳百川、兼收并蓄，方能充分吸收祖国的文化遗产。朱熹的诗句，"半亩方塘一鉴开，天光云影共徘徊。问渠哪得清如许，为有源头活水来。"便道出了读书足以长才的深刻哲理；"横看成岭侧成峰，远近高低各不同。不识庐山真面目，只缘身在此山中"也道出了"旁观者清，当局者迷"

的人生道理。熟读宋诗，可以提升人生的境界。

除了欣赏宋诗的"理趣"之外，我也常被古典诗词中的道德情操所打动，特别是古代诗人深挚的爱国情怀。"亦余心之所向兮，虽九死其犹未悔"，屈子为了楚国的和平、富强，不怕艰险，不怕困难，纵九死也无悔，这种忠贞情怀令我深深感动；"欲为圣明除弊事，肯将衰朽惜残年！"韩文正公为了文化的风清气正，晚年之际也敢于上书，这种爱国的勇气也令我感佩。最令我感动的莫过于文天祥的《正气歌》了，"是气所磅礴，凛烈万古存。当其贯日月，生死安足论"。这种中华知识分子的正气、浩气，刚正不阿的节操，充沛的家国情怀，是我在古典诗词里读到的最令我感动的东西之一。

诗词的义理情操之美，如树。

革命信仰的崇高之美

而我最佩服的，还是毛泽东主席的诗词中所体现出来的境界。我从小就喜欢毛泽东主席的诗词，高三之际，当学习压力很是沉重时，我在自己的笔记本上手抄了他的《沁园春·长沙》好多次，以此激励自己。他的诗词给了我成长中奋发的力量，新中国成立七十周年之际，我重读了他的 89 首诗词，从中受益匪浅。

重读他的诗词，我读到了新中国成立以来别开生面的面貌。

譬如极尽崇高之美的高山：试看湖南韶山，"喜看稻菽千重浪，遍地英雄下夕烟"；试看江西庐山，"一山飞峙大江边，跃上葱茏四百旋"；试看湖南九嶷山，"我欲因之梦寥廓，芙蓉国里尽朝晖"；试看新中国成立后"千里来寻故地，旧貌变新颜"的井冈山，"到处莺歌燕舞，更有潺潺流水，高路入云端"尽是新中国成立后，主席登高望远所见的，全新的壮阔气象。譬如极尽雄浑之美的大江大河。试看长江，"万里长江横渡，极目楚天舒"；试看"萧瑟秋风今又是，换了人间"的北戴河，"大雨落幽燕，白浪滔天"……都有着司空图所言的"荒荒油云，寥寥长风"的雄浑之美，真需关西大汉执铁板来唱。这些山水，不仅仅是革命诗人对祖国河山的诗意描绘，更是新中国成立以来翻天覆地变化的象征，更是一个革命者的精神境界。

重读他的诗词，我读到了革命年代的峥嵘岁月与真诚信仰。

"红军不怕远征难，万水千山只等闲。"万里长征，太多的艰难困苦，但红军却看得很平常，为何呢？因为红军有着真诚的革命理想，高贵的精神信仰，如北京大学中文系高远东教授所说，共产主义的革命道德，是"有确信"的尚同，基于"确信"的同志爱（兼爱），是赴汤蹈火、不怕牺牲、为人民服务的救世精神。"六盘山上高峰，红旗漫卷西风。今日长缨在手，何时缚住苍龙？"正因此，即使吃过了再多苦头，革命诗人仍然有着"将革命进行到底"的高度乐观精神，有着必胜的信念，必将中流击水、力主沉浮。"为有牺牲多壮志，敢教日月换新天。"正是这样的精神，才在血与火中铸造了一个全新的中国。

诗词的革命信仰崇高美，如巍峨高山。

结语

诗词载大美，经典永流传。习近平总书记指出："诗词从小就嵌在学生们的脑子里，会成为终生的民族文化基因。"诗词，我一路走来一路读，越读越有味。我读到了诗词的汉语辞章之美，更读到了诗词的思想境界之美。我读到了古典诗人的爱国情操，读到了祖国翻天覆地的变化，读到了革命诗人的真诚信仰，我从中受益良多。至少，我坚定了自己的爱国情操，坚定了自己的理想追求，那就是要做一名有理想信念、有道德情操、有扎实学识、有仁爱之心的好老师，要把这份诗词文化传承下去，要把这份中华民族的优秀传统文化谱系传下去，"指穷于为薪，火传也，不知其尽也。"

读书与超越

龚敏迪

我爱上读书，始于十四岁那年读鲁迅。鲁迅说："惟黑暗与虚无乃是实有。"在孤独与贫困中徘徊的少年，看不到任何希望，困扰我的是，如何才能超越这个实有。我发现了最容易的事，那就是超越了教科书，那个年代没人关心是否去上学读书，教科书对我来说也没有任何意义，于是躲在家里读完了 1958 年版的《鲁迅全集》，反正当时其他书也找不到，没想到这一读就读了五十年有余。

除了《鲁迅全集》，还有《史记》《庄子》这几部书，除了这几部枕边不可或缺的书以外，就像有益健康的杂粮一样，只要是觉得有趣又能到手的书，我就什么都读。通过读书自学，我超越了白话文、中文，又进入文言文古籍和日文书的世界；职业也从一个"小青工"，变更成了教师，然后是机关科员，最后成为一名日语翻译。只是因为读书，我有了选择职业的自由，而选择用什么职业糊口，也都是为了便于多读点书，实现我读读、走走、写写的梦想而已，我觉得这也是超越多样性的一种。

清朝乾嘉盛世的高压之下，文化人遁入了考据一途。名士汪中是其中的佼佼者，读书人经过他品评就会赢得名声，哪怕是被评为"不通"。有读过一点书的人得到的评语是："汝不在不通之列。"此人大喜过望，可是汪中还有半句话："汝再读三十年书，可以望不通矣。"知道一点书本知识是远远不够的，而由"不通"到"通"，更需要在广泛积累的基础上不断升华的过程，书越读越有味之妙，就是因为不断感受到有所进步，而这个进程总是今是而昨非，没有止境的。

比如鲁迅《且介亭杂文二集·"京派"和"海派"》中有句话："我也可以自白一句：我宁可向泼剌的妓女立正，却不愿意和死样活气的文人打棚。""打棚"在《上海话大词典》中被写成"打朋"，解释是："开玩笑……又作'打棚'。"这就容易让人陷入"黑暗与虚无"的迷茫。又见报纸上有文章写成了"打髭"，因为周去非的《岭外代答·蛮俗·打髭》说有少数民族："男若女迭酌水为寿。客之多饮寿酒也，实多饮水耳。名曰打髭，南人谓瓮为髭。"可是又有人不同意了，因为《达摩语录二十·依古典悟者力弱》："无爱著心，亦不懊恼，数被人骂辱打谤，亦不懊恼。若如此解者，道心渐渐壮，积年不已，自然于一切违顺都无心。"如果说是"打谤"，则戒律谓："打谤犯重比丘，皆结堕罪。"那不是可以闹着玩的。到长沙、南昌等地走走，发现"打谤别人来抬高自己"之类的话也是常用语，"打谤"不是"打棚"的意思。《清稗类钞》还有另一种说法："打棒，对于他人为无意识之谈话，或无意识之游戏动作，谓之打棒。打棒与搭赸头虽相似，然有时因搭赸头而得结果，打棒而有结果者甚鲜，此其相异之点也。"佛门有棒喝，解释成娱彼娱己中，有意无意地言此而喻彼，或者游戏动作，似乎可以说是戏谑版的棒喝，但也令人怀疑。

《沪谚外编》的解释"打棚"是："调弄人以自取乐之谓。"其中有篇《白娘娘报恩》说："许仙还愿去烧香，大香大烛到金山寺，遇着法海禅师来打棚。法海对许仙说，看你面上妖气大不祥。"以前去寺庙的进香路上往往每隔一定距离设有茶棚，供香客、僧人歇脚解乏，聊些闲话。最后演变成江湖隐语，《中国江湖隐语辞典》载："打茶棚"，是和妓女聊天的意思。和妓女聊天无非是挑逗、煽情，进入方言就成了开玩笑的意思。就像演戏一样，《何典》第二回："也等不得完戏，忙把戏子道发起身，一面拆棚。"演戏之前临时搭戏棚就是"打棚"，戏演完了就要拆棚。方言中诸如此类来自江湖隐语的还有很多，字面上难以解释的方言，多有来自江湖隐语的。

当然，读书的目的不只是为了做点考据，弄明白有些事情为什么会这样，大致就达到了"通"的境界了。比如我们熟悉的《登鹳雀楼》诗，首句已经设定了"白日依山尽"的时间节点，此时"欲穷千里目，更上一层楼"，天色越来越暗，只恐怕未必能看得远。那么作者究竟是什么意思？

广州大学的曾大兴教授在《百家讲坛》讲中华名楼时，就引用沈括的《梦溪笔谈》说鹳雀楼："前瞻中条，下瞰大河。唐人留诗者甚多，唯李益、王文涣、畅当三篇能状其景。"作者不是大家熟悉的王之涣，而是名不见经传的王文涣！这就很值得怀疑了。唐人芮挺章所编选《国秀集》却说此为朱斌的《登楼》诗，登什么楼都不知道。《全唐文》中李翰的《河中鹳鹊楼集序》说："八月天高，获登兹楼……前辈畅诸，题诗上层，名播前后，山川景象，备于一言。"同时代的唐人居然没人提到王之涣，也没有提到王文涣，而且畅当也变成了其弟畅诸。

《全唐诗》等书在这首诗下注了一句说："一作朱斌诗。"朱斌就是朱佐日，名斌，字佐日，取的是"学成文武艺，货与帝王家"之意，所以字佐日。比沈括小几岁的范成大是朱斌的同乡，他在《吴郡志》中引用唐人张著的《翰林盛事》话说武则天："尝吟诗曰：'白日依山尽，黄河入海流。欲穷千里目，更上一层楼。问是谁作？李峤对曰：御史朱佐日诗也。武后即赐绯百匹，转侍御史。"李峤先是依附张易之兄弟及武三思，继而又追随韦氏一党，其人品多受诟病，可是他也是"文章宿老"，王之涣的名声在外，他也很难故意把王诗说成朱诗的，也没有那个必要。而吴朱斌，两登制科，三为御史，他有写此诗之才。但如果冒领诗名，又得赐绯又升官，难道不怕欺君之罪？种种迹象表明，作者是朱斌的说法更可信。问题在于这是一首朱斌取媚武则天的政治诗，武则天读懂了，所以又给他赏赐，又升了他的官。宋人又要强调政权的正统性，所以沈括弄出一个王文涣来，然后以讹传讹就成了王之涣的诗了。

一边是黄河东去，一边是红日西坠，两股不同方向的力量形成强烈的张力。从白日当空观察到夕阳下山，仍然不可能完全看清社会人生，然而哪怕是夜幕降临，王之涣也罢，朱斌也罢，登高望远的精神追求没有止境，读书也一样。

遇见你，遇见美好

赵飞霞

　　年华屈指，过眼成风，时间永远过得比我们想象得要快。人生如逆旅，我亦是行人，光阴的风掠过岁月的指尖，唯读和写不曾辜负，于我，这是走出大山的渴望、佐证自己的希望、丰富人生的期望。

　　读书是一种修炼。记忆是一支清远的笛，总在不经意间回响。那还是一个天特别蓝云特别白的年华，踌躇满志的我潇洒地婉拒母校的挽留，"世界那么大，我想去看看"，我走进了一个山乡机关。农村确实是个广阔的天地，只是山区特定的生存发展环境，似乎除农业税征收、计划生育等常规工作外，没有太多可以创新的举措，每天有大把大把的时间徒然面对苍茫宇宙和渺小人生的悲悯情怀，显而易见的是现实的骨感成全不了理想的丰满，何况还有"树欲静而风不止"的无奈。

　　"别让时光空嗟叹，走出大山"——心间执念已然深种。从此，拒绝家长里短的无聊和随波逐流的无趣，几乎每个工作日的晚上独守一隅读写四五个小时，数年蛰伏，生生把一个理科生打造成文科生。处女作《初到山乡》在狂喜中刊发后，一切便水到渠成、一发不可收。天道酬勤，知识的积累和阅历的积淀让我在数次公开招考中过关斩将，从山区考到强镇再到县级机关、市级部门……蓦然回首，其实一切不过举手之劳，无非是不辍一日如初、默守一枝宁静，无非是少一点浅饮小酌、多一点披霜踏露，真正的逆袭，终究要靠自己！这段清心寡欲的岁月亦成为记忆中深刻的片段和青涩岁月中意义非凡的修炼。

　　读书是一种驰骋。秦时明月汉时关，早已沧海桑田、物换星移，唯书历久弥新。亲近它，过去和未来、已知和未知就有超越时空的邂逅，可以感受李白攀登天姥峰的潇洒、杜甫登临泰山一览众山小的壮志、王阳明龙场悟道致良知的执着、鲁迅俯首甘为孺子牛的铿锵……可以体会孔子的"逝者如斯夫，不舍昼夜"、泰戈尔的"鸟儿已飞过，天空没有痕迹"、海伦·凯勒的"只要朝着阳光，便不会看到阴影"……思想可以在改朝换代的风云变幻中穿越数千年的历史风尘，驰骋于"我思故我在"的朔风疆场，这是何等的洒脱和幸福。

　　生命是一株思想的藤萝，而人的思想有无限的可能。我在写《时光深处》诗话绍兴历史名人时，对每一位名人的生平轶事作了最大可能的解读，有好几回沉浸其中无法自拔，如同一个入戏太深的演员走不出角色的世界。比如嵇康、王阳明、徐渭他们的故事传说似生命吟诵者的高歌，壮怀激烈者的讴歌，又似金戈铁马入冰河的悲歌、三千青丝缟缟的挽歌，与时光彼此深情供养。古今的碰撞，是千年的巧遇，是温情的缘分，是时光的敬意。与其说是我在诗话他们，不如说是他们在救赎和照耀我。悠悠我思，于自由驰骋中妙趣横生。

　　读书是一种治愈。巴罗曾说："一个爱读书的人，他必定不至于缺少一个忠实的朋友，一个良好的老师，一个可爱的伴侣，一个温情的安慰者。"在我看来，书更像来自"治愈系"的星星。2020年这个庚子年，注定要成为几代人深刻的集体记忆，病毒的预言在黑暗中将计就计，人们仿佛跌倒在一截枯朽的断枝上，有些虚脱。而微不足道的我亦因为别人的失误而遭受数处骨折、韧带重建。或许遭遇一些风雨，在春天里是常有的事。陷入无边无际痛楚中的我吃力地翻阅着《你远比想象中强大》《苦难辉煌》《伟大的转折》等书籍，恍惚间若有所思：当我们为错过花期而流泪，也将为错过果期而哭泣。相比生死，自己的这点苦痛算得了什么，就当是不确定因素中的一次"历劫"吧。我决定为难下自己：写点东西。

　　医院无电脑无网络，眼睛盯着手机久些会很酸涩，腿坐的时间长些会更肿痛，状况委实不太"友好"，而我居然打了鸡血似的，三个月里用手机围绕疫情、时事等重大事件、重点工作、重要举措写了58篇文字。当花开花落、季节变换，病毒一度肆虐的阴影终被驱散，我以《遇见》为名把它们汇编成册，赠送养伤期间所有关心关照我的师友们，聊致"遇见您，遇见美好"的感恩和祝福。回眸这段日子，痛并幸运着，由衷感觉这是骨中迸发的力，更是心中滋长的爱，温情是最好的注解。其实美好和机会是无处不在的，是书籍治愈内心，激励我不断写作，让惨淡的日子生出芳华，令悲伤的情绪开出花朵。

　　读书是一种艺术。陶渊明有言："好读书，不求甚解，每有会意，便欣然忘食。"读书是一种心智锻炼，甚至可以说一个人的阅读史就是他的心灵发育史。枯燥烦闷时，能使人心情愉悦；迷茫惆怅时，能慰藉内心清前路；心情愉悦时，能发现更多美好。看怎么样的书，也能影响价值取向、思维力。《射雕英雄传》是我看的第一部小说，深有感触的是我的性格受到主人公黄蓉的影响。诚所谓"读书百遍，其义自现"，读书令人生路途唱出了春花秋月、落英缤纷，在书籍里我们看到了无休无止的时间流淌，便不敢好高骛远、不敢口出狂言、不敢目空一切，更多的是学会了谦逊地思考、艺术地生活。做一个美好的人，我相信是绝大多数人内心期望中的"白月光"。为了这份美好，人们使出了浑身解数：整容、化妆、减肥……其实，腹有诗书气自华，知识是最好的敷粉和装点，就如《卡萨布兰卡》的经典台词："你的气质里藏着你读过的书、走过的路和爱过的人。"长久的读书可以使人养成恭敬的习惯和洗耳倾听的姿态，而恭敬和倾听是让人倍添好感的绝佳方式。但凡人都渴望被重视，当你把他人的优点加上自己的阐述，恰如其分地道出这份重视时，魅力就降临在你双眸，红唇无须涂抹便光艳夺目。所以，多读书相当于给自己披一件优雅的外衣、为行走江湖多备了一份技艺。

好读书，是有质地的习惯；读好书，是有品质的定力；书读好，是有水准的能量。这世上再没有比好书更有价值的东西，亦没有比好书更便宜的东西了，只是遗憾的是"阅读贫困"仍是一个回避不了的尴尬，大众习惯网络阅读、浅阅读，倡导思辨性阅读、深阅读，还在路上。不消说远古时代，就连上个世纪，也不是每个人想看书就能看书、想念书就能念书的，而如今公共图书馆设施前所未有地健全，知识的大门前所未有地开放，我们却对这些珍贵的机会和福利视而不见，这不是暴殄天物，是什么？

"于书无所不读，凡物皆有可观"。就如雨果所言："各种蠢事在每天阅读好书的影响下，仿佛烤在火上一样，渐渐地融化。"犹太人让孩子们亲吻涂有蜂蜜的书本，是为了让他们记住：书本是甜的，要让甜蜜充满人生就要读书。亲近书籍，能够培养有趣的灵魂，而有趣的灵魂可以在笑过、乐过、哀过、伤过后，依然热爱生活、向往美好。假如你因阅读而变得高尚、聪明、善良、文雅，那么读书就不再是一种负担，而是一种乐趣、一种高雅的行为。

一路心雨一路文。每一条走过来的路径总有其不得不这样跋涉的理由，每一条要走上去的前路，也有它不得不那样选择的方向。与其看着时光渐行渐远却无可奈何，倒不如向着未来且歌且行。请将自己投资给阅读吧，让阅读充实你的生活，相信书籍的力量，会把你化成一个最想要的模样。于我，无论是多年前，还是很久以后的梦里，遇见书籍即遇见美好。吾以吾笔写吾心，一层深刻一层暖，此生与卿终无悔，足让自己浅浅高贵。

闭门即是深山，读书随处净土。此处风景独好，你若盛开，清风自来，美好不知归。

泪水流淌成的作品

吴华

　　长篇报告文学《新时代的青春之歌——黄文秀》是一部有着20多万字的作品，书中着力塑造英雄人物，真实地突出有血有肉的细节，从而完美展现了黄文秀不辱使命，淬炼成钢，身殉为民，书写壮烈的礼赞，刻画出一个以奋斗姿态冲在脱贫攻坚最前线的英雄。黄文秀是荡漾着青春烈焰的一团火，更是使人心灵颤动的一种民族精神。

　　我不是评论家，不敢对文学作品妄加评论，但我曾有幸与作者林超俊多次前往黄文秀学习工作过的地方，多次参与采访黄文秀的先进事迹。正因为如此，这部作品牵动着我的心，成功的喜悦往往伴随着艰辛的汗水，个中的甘苦唯有参与者才能体会。一种思绪一直萦绕在脑海中无法散去，回想起当初陪着超俊，一次次采访黄文秀事迹时那些难忘的情景，至今仍一波一波地闪现在我的脑海。

　　说实话，采访是艰难的，作为陪同采访者，我和超俊一起顶烈日冒酷暑、翻山越岭、进村入户，在田间地头与村民，包括黄文秀帮扶过的贫困户和她的扶贫战友、黄文秀的至亲等，一次次的促膝长谈，大家纷纷聊起黄文秀的非凡与平凡，道出黄文秀扶贫中的许多感人故事和生动细节，许多接受采访的村民说着说着便泣不成声，让我们更多地感知到人们对黄文秀的赞颂乃至感恩的真挚情感。

　　应该说，前期采访中，总有一种东西如惊涛拍岸般撞击着我们的灵魂。如那天在黄文秀家，黄文秀母亲拿出黄文秀给她买的银手镯给我们看，对着上面刻着"女儿爱你"的 4 个字，我们都拿起手机照相，大家只顾说着照着，没想到黄文秀的母亲却已是泪眼滂沱地望着银手镯，突然放声哭起来"秀，我的秀呢？你在哪啊？"在场的人闻言竟也一同哽咽流泪。

也许是被黄文秀用人生最璀璨的火焰，为脱贫攻坚战奉献自己的青春和生命的事迹所打动，被黄文秀在这片土地的坚守和奉献精神所感动，我和超俊多次进入文秀的房间，触摸黄文秀的那些遗物，超俊总会久久抚摸，闭上眼睛，静静地任由着大脑停滞，任由眼泪肆意地流。我们都不去打扰他，我知道他有一种化解不开的凝重萦绕心头，一种难诉笔端的感动。那天下午，我们一起含泪采访贫困户韦乃情，韦乃情泣不成声地说起黄文秀 12 次跑他家帮他脱贫的事，再一次让我们心潮澎湃。原来，那个在很短的时间帮助全村 417 人脱贫，将贫困发生率从 22.88% 降到 2.71% 的女孩，她用感人的事迹谱写了一曲荡气回肠的青春旋律。

回到村公所，在黄文秀那间房子里，超俊自言自语地说："惊回首，物依旧，人已不在，不禁悲从中来。"说完后情难自已，泪流满脸。他说没办法控制住自己，黄文秀的件件遗物都仿佛向人们哭泣着、诉说着她在百坭村的日日夜夜。

后来超俊让我们离开，他说他要独自在黄文秀的房间待几个小时，他说："可惜文秀是个女的，否则今晚我要盖上她的被子睡在她的床上，穿越时空去听听她的内心独白，去与她心灵感应隔空对话。"超俊说这话时我读懂了他，我知道他当年写《苦楝树开花的季节》时，为了写好英模人物黄任光，曾前往刚去世不久的黄任光的家，用了一个晚上穿着死者生前的衣服，睡在死者生前睡过的床，打开窗户对着不足二百米英雄的坟墓默默对话，最终《苦楝树开花的季节》拿了中宣部"五个一工程"奖、飞天奖、金鹰奖等。看来这次他又要进入情景剧了。

陌路迢迢，我不知道那天晚上，他与黄文秀是以怎样一种生与死的超时空对话,黄文秀是否用灵魂的共鸣去深切感受一个来自家乡的大哥,一个有强烈社会责任感的壮族作家的满腔热忱。我只知道那天晚上超俊没吃饭,眼眶早已哭得红肿。也许是黄文秀个人的事迹,给了他写作的灵感和动力,他将自己一个人锁在黄文秀的房间里,后来他对我说:"书中他与黄文秀隔空对话的三个梦,就是在文秀的床上坐了几个小时构思出来的。"我知道,那是他有感于对黄文秀这位扶贫英雄,用一腔深情流淌成的心印泪痕。

写北师大这一段,不过万字左右,超俊却整整花了半个月时间精心打磨。其间他采访了上百人,记下了大量的文字素材。黄文秀对理想的热爱和坚信,用芳华用誓言来点缀青春,在理想信念的引领下昂扬向前的青春力量,深深地感动着他。采访郝教授时我在场,他们是视频通话的,他不敢面对教授,怕影响教授情绪。他本就是个重情重义的性情中人,教授那边刚语音哽咽,他这边早已是泪如泉涌。

那天我和超俊坐动车去百色,上车后我发现他脸色苍白,我知道他包里放着血压计的,赶紧叫他量一下,结果一测190。"走吧,没事。"他吃了药后才把血压降下来。这需要何等的毅力,何等的精神境界?我真切地感觉到了他的用心至极、用情至深。

采访中有两个事使他感慨万端。一个是黄文秀原先并不会喝酒,当初为了让那个拒她入门的贫困户,愿意与自己坐在一起打开心扉聊天,与自己坐在一个饭桌上吃饭,与自己摆两只碗碰酒。黄文秀买来酒从一点点的试呷着开始学,最后竟生逼着自己一大口一大口地吞下三大碗玉米酒,最终能与贫困户以心换心,赢得真心。从儒雅的女博士到学会喝三大碗酒的女汉子,只要稍微有些经历和经验的人,都会有一种逼近鼻息叩击胸脯的真实冲击。

另一个是黄文秀褪去美丽的裙子,褪去柔弱,坚毅地选择了冲在前,干在先。后来超俊告诉黄文秀的姐姐黄爱娟说:"在百坭你妹妹收起柔弱,留给人的是太多的开朗、热情和阳光。但其实你妹妹的胆子没那么大，她是怕黑的，晚上那个房间四周寂静，静得连蚂蚁的声音都听到的。为此，她的枕头底下悄悄放着一把刀的。"黄爱娟听后大哭："妹呀，妹，真难为你了！"超俊在一旁也陪着流眼泪。

经过这两件事，超俊反复思考着到底该怎么写黄文秀，他觉得书中的框架、人物形象、人物关系等必须用实情实景，让人物和故事，特别是细节，都有很强的真实性。

要写出生动的、形象性的细节完全靠无数次地去挖掘。他逼自己一把，挺过了那种在修改创作时不断肯定又否定的苦熬。于是，他笔下的文秀有着常人一样的生活，一样的血肉之躯，一样的喜怒哀乐，她没有华丽动人的话语，没有惊天动地的壮举，她只是在平凡的工作生活中，用自己的实际行动，为党旗增光添彩。让人感受到一种青春的昂扬，一种使命在肩的执着信念，一种矢志不渝的感人力量。

我知道，超俊的每一篇报道都是用泪水浸泡过的，难怪他在作品完成后，实在控制不住自己，大哭了一场。超俊常常向我披露其内心的矛盾：既怕错失自己梦想的痛苦，又怕不被身边人支持。有时他极度自责，感觉已经透支的身体完全被掏空，经常整夜难眠，最艰难的时候，深夜痛苦流泪实在写不下去时，半夜三更就在办公室给我打电话，听鼻音都能悟出他在哭。我曾与他说，你不能这样，只顾写书连续三天都待在办公室，对家里不管不顾。

那天在他家我对他爱人说："嫂子这回好了，终于出书了，"谁知平日说话风趣的嫂子不无诙谐地说："我以为他疯了，连自己的命都不管不顾，书是出了，只怕我也准备去开追悼会了。"

为时代立传，为英雄讴歌，这是超俊的创作源头。是啊，弘扬英雄需要超俊这样的认真严谨、饱蘸情感的作家。他不畏艰辛，历练磨难，用汗水与泪水为黄文秀书写壮丽，为黄文秀讴歌喝彩。

如今，当我拿起超俊这本书，抬头仰望，黄文秀的英雄浩气还在天穹中回荡。眼前又想起与超俊一起采访的那些难忘镜头，我觉得那是一次终生难忘的采访，更是一次震撼心灵的洗礼。无论何时想起，心中总有一股温暖的力量，耳边总听到一曲永远高亢奏响的时代强音，扣动着我的心扉，激励着我们永远向前，向前。

生而为人，当勤勉读书

陶剑刚

小的时候，读书是什么，是不会考虑的。好像人自出生，长到读书的年龄，就得上学去了，是自然而然的事。但后来，特别是当成年之后，会或多或少地考虑自己的未来，自然而然就想到了"读书"这个问题。

常听过来人说，读书很重要，且自古早有定论。王安石这位北宋思想家和文学家就这样说过："贫者因书而富，富者因书而贵，贵者因书而守成。"许多思想名家、文学大家也都说过读书的重要性。那么，其本质又是什么呢？雅斯贝尔斯在《什么是教育》中写有这样一句话："教育的本质意味着，一棵树动摇一棵树，一朵云推动一朵云，一个灵魂唤醒一个灵魂。"这句话，对于解释读书的本质，同样适用。

读书不是全力以赴地、节衣缩食地、不顾一切地、不讲成本地培养一个只会啃书本的机器或书呆子，也不是在温室里用力培养娇气的花朵。倘如此，则于国于家无望。读书最主要的是，一种希望被唤醒了，一种前景被照亮了，一种热力被传递到了，从而实现了 $1+1>2$ 的现实效果，这也是读书的价值所在。

一

我很年轻的时候，在工厂上班，这是一家国有大中型企业，它有一个图书室。图书室设在一个工厂大剧场的顶楼，来这里看书或借阅的工人很少，少到几乎可以忽略不计，有的来了，也不过是看看就走。

这个图书室就成了我的阅读天地，也几乎是我一个人的图书室。我后来开玩笑说，这便是工厂上班的好处。

书读到一定程度，总觉得自己有了"灵魂"，而我这个依靠写作为生的"灵魂"，就是靠书中这么多的"灵魂"唤醒的。所以，我感谢书中的"灵魂"，感谢读书。

读书是分层次的，且有广义和狭义之分。广义上的读书，就是学习，这是贯穿于人一生的事情；狭义上的读书，是指到学校上学，这是人的青少年时代的主要任务。这是读书的第一层次，是最基本的层次，读书就是上学。今日读书，就是为日后择业铺平道路，这是无可非议的。上一个好的小学、中学，考一个好的大学，毕业之后找一份好的工作，这是读书人所走的路，身边许多读书人都是这样在努力着。

我国现行的高考制度，决定青少年将来如要获得一个心仪的职业，那就必须从小要好好上学，勤奋读书。对于普通人来说，能改变自己命运的"利器"便是读书。这是现有条件下，最好的一条道路，因为它公平、公正、有效，能实实在在改变一个孩子的命运。

在人才市场招聘会上，许多毕业生将就职大厅挤得满满的情景，相信大多数人都看到过。在这里，"王牌"就是你的学校与你的学历。来这里招聘的工作人员，就看你的学校与学历。毋庸讳言，在这个就职第一关，双一流名牌大学的学生当然比其他普通学校的学生相对要幸运一些，顺畅一些。这也难怪，招聘单位想要在这极短时间内，辨别和判断那么多前来应聘的毕业生的潜在能力，也只能靠这个最有效最简单的方法了。

考一个好大学，找一份好工作，为自己的未来打下一个良好基础，这个前提便是好好读书。你能说读书不重要么？

二

读了书择了业，才能服务家庭，报效国家。这便是读书的第二个层次。

纵观古今中外，凡大有作为的人，都是爱读书有知识的读书人。我小时候看电影纪录片《新闻简报》，看到毛主席的办公室简直就是书的海洋。老人家宁可饭一日不吃，觉一日不睡，而"书不可以一日不读"。即便是出外视察，也常将书带上，他是把一切可以利用的时间都用在读书上了。周总理年轻时，就立下宏愿，要"为中华之崛起而读书"。鲁迅先生将"别人喝咖啡的工夫"都用在了读书写作上。改革开放之初，中华大地上的许多有志青年纷纷参加振兴中华读书活动。

这些是不难理解的。国家的兴旺发达需要人才，而人才从哪儿来？只能从读书中来。书是人类进步的阶梯，不读书便没有文化没有知识，不倡导读书的民族是没有前途的。

在生活中，往往可以发现一个值得深思的现象，读书人做事情与不读书的人做事情，那是不一样的。举出这些例子应该不难。

有学者指出，我们读每一本书，其实这些书中都有一套"思维模式"。你读的书越多，你就会理解越多不同的思维模式，越有助于打开"思维转换"的开关。这方面对于读书少或没有真正读过书的人来说，就会无所适从了。所以，林语堂说："那个没有养成读书习惯的人，以时间和空间而言，是受着他眼前的世界所禁锢的。"

祖国的发展，人民的幸福，民族的未来都需要太多太多有思想有知识有文化的读书人。所谓成年人的世界没有"容易"二字，三百六十行，行行出状元，这"状元"就是那些爱读书肯钻研的文化人。只有拥有丰富知识的人，才能谈得上报效国家。

不读书，没有知识，没有文化，你拿什么建设家庭，报效祖国呢？

三

读书能提升自我气质，所谓"腹有诗书气自华"便是这个道理。这是读书的第三个层次，也是指广义上的读书。"不读书的人只过了一生，而读书的人过着 5000 种生活。"我非常喜欢这句话。读书给了一个平凡的人有不平凡的体验。

读书给你一个多彩的世界，让你的心灵也变得丰富多彩。读书为你悄悄打开了一扇窗户，让知识的阳光照进你的头脑，让你变得聪慧。"天堂，就是图书馆的模样。"读到博尔赫斯的这句话，相信许多读书人都会会心一笑。

读书有美丽的功能，这种美丽是由内而外，气质上的美。严歌苓说："我的理解便是读书使她们产生了一种情调，这情调是独立于她们物质形象之外而存在的美丽。"读书是精神上的营养，对人是起到潜移默化的作用，在长期的读书中，"使人从世俗的渴望（金钱、物质、外在的美丽等等）中解脱出来，之后便产生了一种美丽的存在。"

当一个人静静读书时，其实他在与古今中外一些聪明睿智的人在对话。他们之间可以心灵对话，体验人生，了解文化，掌握知识。这就是读书的好，也是让自己的气质提升的一个极简办法。

久而久之，读书能让你的气质与众不同；让你的精神气宇轩昂；让你的想象力如雄鹰在蓝天翱翔；让你的子孙后代也能传承你读书的基因与家风。

大概二十多年前，我突然患了眼病，挺严重的，看东西变得歪斜、模糊。听医生讲，没有特效药，怕治不好，最后可能会瞎掉。当时我有天塌下来的感觉。想到自己还有那么多中外名著来不及品读，那可是中外优秀的文化遗产呢！我这一生没读这些书，岂不可惜了？当时，我相当沮丧。

所幸的是，后来我的视力并没有再坏下去。我也有意识地读了一些书，享受到了读书的快乐。随着时间的慢慢推移，特别是有了人生的历练之后，我越来越觉得，读书是一件非常重要的事情。我想，每本读过的书，不一定会在一生中的某个时候派上用场，有些读书的记忆，犹如过眼云烟，但其实它们仍是潜在地影响我们的，在气质、谈吐、胸襟、眼界和格局上。冯骥才说："书的世界，大于我们现实的世界。"

读书会让人受用一生的，对个人、对国家也都有益。生而为人，从来没有遇见过这样便宜的事情了。

故我们应当勤勉读书。

书香蕴藉　余心自盈

陈春华

　　不得不承认我是个有些贪心的人，既渴望高楼广厦平地起，又向往阡陌炊烟升袅袅，于是乎肉体自愿被困囿于钢筋水泥筑塑的几何体中，灵魂却不安地飞升，游离在城市的喧闹之外，探寻物质仓廪之上的精神慰藉——诗词、小说、散文……愿于浩瀚书海中得一片葳蕤的阴凉，将庸碌的心暂放休憩。

　　在这个以"速食"著称、什么都可以日抛的时代，静下来慢读诗词于很多人而言大抵是光怪陆离中的另一种虚幻抑或是箱藏的陈年记忆了吧。作为一个曾经豪情壮志说要把《牛津中阶》啃下，现在只余啪啪打脸的肉痛"真香"的人，我是没有资格以五十步笑百步的。但平平无奇的我之所以能在所谓读诗品词上稍有坚持，并非有超人的自制力，也非外界强音的驱动，而是基于内心的一种真实的经年的喜欢。初初邂逅喜欢她"大用外腓，真体内充"，读之感其"阅音修篁，美曰载归"，愈读愈感"薄言情悟，悠悠天钧"，最后得其真要"来往千载，是之谓乎"。因为喜欢，所以执着，所以能坚持、不放弃。看着那些百转柔情、万语千言全都凝结成小小的方块字，带着古老的墨香，怀揣感人的温度，经过岁月的嬗替，直击肺腑，你是否也和我一样心海生涛，久久难平？譬如爱情，有人爱得死生相随——"日暮东风怨啼鸟，落花犹似坠楼人"，有人恨得悔不当初——"人生若只如初见，何事秋风悲画扇"，有人非君不可——"曾经沧海难为水，除却巫山不是云"，有人新欢另结——"合欢桃核终堪恨，里许元来别有人"，有人生而无果——"还君明珠双泪垂，恨不相逢未嫁时"，有人死亦结爱——"生当复来归，死当长相思"；譬如友情，有人慷慨激昂——"四海皆兄弟，谁为行路人"，有人离思别绪——"劝君更尽一杯酒，西出阳关无故人"，有人久别重逢——"浮云一别后，流水十年间"，有人阴阳相隔——"君埋泉下泥销骨，我寄人间雪满头"；譬如爱国，有人满心哀痛——"世间无限丹青手，一片伤心画不成"，有人以身赴死"苟利国家生死以，岂因祸福避趋之"；譬如入仕，有人登科及第——"昔日龌龊不足夸，今朝放荡思无涯"，有人怀才不遇——"欲买桂花同载酒，终不似，少年游"……各色情感，林林总总，虽非书中人，应有共情曲，哪怕只一首，足以慰彷徨。

　　相较于对古诗词的喜爱，我对于所谓名著（以小说居多），似乎并无多大执念——印象中第一本阅读的巨著《钢铁是怎样炼成的》现在兀自躺在记忆的箩筐里落灰蒙尘。而后《我与地坛》《简·爱》《飘》《骆驼祥子》《霍乱时期的爱情》《童年》《呼啸山庄》《活着》《一个陌生女人的来信》《一个人的朝圣》《小王子》《岛上书店》《巴黎圣母院》……陆陆续续成为我的橱中客，并被赋予"那些年我曾看过"的前缀，听上去似乎略显心酸，但更心酸的是有的书封多褶皱，却想不起上次翻阅为何时。然万事均有例外，有一位并不多产的美籍阿富汗作家，他的每一本著作我都认真、反复拜读过，他就是卡勒德·胡赛尼。相较于《追风筝的人》中阿米尔从自私陷害到忏悔已过，重新走上再次成为好人的路和那句经典传唱的"为你，千千万万遍"，更令我为之动容的是《灿烂千阳》中那两个同被压迫、同受折磨的苦命女人——玛丽雅姆和莱拉，一个从出生便是"哈拉米"，一个原本活得"无忧无虑"，奈何命运翻手为云覆手为雨，将二人与内心肮脏不堪的拉希德紧紧捆绑，在漫长岁月的煎熬中，她们化敌为友，由恨生惜，最后变成了相濡以沫，彼此信赖，甚至愿为对方豁出命去的家人。空中风铃作响，思绪裹着沉痛的焦痂，跟随那些文字的迁徙，一路跋涉，带我来到战火纷飞、积贫积弱的阿富汗喀布尔，目光所及一片流离失所、饿殍遍野的苍凉之景。如果可以，我想告诉玛丽雅姆不要翘首企盼那个每周只一次的所谓天伦，那是廉价的爱，等同于可怜和施舍，要照顾好妈妈，不要让她在周而复始的绝望中独自舔伤；如果可以，我想告诉莱拉，无论日后命运如何艰难，都要牢牢抓住塔里克的手，因为爱可以救赎荒芜，只要两个人在一起，手拉手、心连心，走再远的路都不是流浪；如果可以，我想对善良的人们提前剧透这个并不十分圆满的故事结尾——是苦难冲淡了罪恶，是岁月抚平了伤痛，是良善遇见了温情，是泪光召唤了曙光。

如果说古诗是喜爱，名著是随缘，那散文必是可遇而不可求的灵魂伴侣。对于曾有人谬言散文就是鸡汤，学生时代读过冰心、余秋雨、余光中，也受过不少"心灵抚慰"的人想说，非也——鸡汤大多骨碎狗血，散文多半淳朴厚重。只是彼时课业加身，多少带着些功利，躁动的心没法细细享受作品的纯粹。工作后忙碌之余，读散文又成了海绵挤水般的拼凑，少了自觉，需要鞭笞和一挤再挤。但由于口味刁钻，我总是很难找到特别心仪的作品，连同友人推荐的几本备受好评的白落梅文集，也仅能用以降躁，无他尔。直至在喜马拉雅上听到一句"旅人应该往生命的群山走去，探测路的险巇，丈量峰壁上青苔的长度，并继续以剩余的力气叩问山的真面目"——简媜《空灵》。才知危楼见云霓，已多藏狭隘。斐然成章已是不易，字字珠玑、矫矫不群更是真真可贵。遂接连买下先生五本实体书——《我为你洒下月光》《下午茶》《私房书》《密密语》以及去年刚问世的《我与生命悄悄对谈》，然后收拾好为数不多的"行囊"，准备赴一场相识未晚、以字为马的目光之旅。读简媜的散文，总会令人不禁喟叹"高山仰止，景行行止"——起初是清丽脱俗、不拘一格的走笔，让人有"犹之惠风，荏苒在衣"般的舒适感；愈读愈感其经年积淀、书香蕴藉、大气风流，与"一般码农"之作有云泥之别，绝难仿效；最后是读者在先生躬身灌溉的自由、哲学、禅意的土壤里不断被滋养，不断被修缮。我将先生的书推荐给众多好友，并友情提示手边常备一本新华字典，以备不时之需——可能会遇到不少由于个人孤陋寡闻、才疏学浅、识字不多而造就的"生僻字"。近来无事，随手翻看自己的陈年微博，发现彼时兴来所写的很多都与先生有关，其中一句看似卖弄实为真感——"细腻的笔触带着洞若观火的澄澈和灵魂的可适度，让文字汇成的河流填满胸膺里的千沟万壑及瞳孔的罅隙，暖如仲春又明绝桃红"；一句既是告白亦为誓诺——"如若非要去台湾，您是我必经的理由"。

有人说"热爱可抵岁月漫长"，我相信，并奉为圭臬。相较于"书中自有黄金屋，书中自有千钟粟"的"利诱"，一见钟情的喜欢加之初心不改的坚持能支撑我们在读书这条寂静且孤清的路上走更久。"所谓得志，在于成就人生乐趣，而不在于高官厚禄。"读书亦然。读书未必能令人功成名就，坚持着也绝非人人都腹有诗书气自华，但它一定不会让你朝着更坏的方向发展。神存富贵，始轻黄金，岁月如逝川，人生何其短，总有你想去却终不能到达的故梦和远方，但书能帮你到达——魂穿时空之浩瀚与先贤对话，让你不徒留"今人不识古时月，今月曾经照古人"的遗叹；跨越万水之森森恍若身临其境，让你足不出户，亦能登高远眺，感"明月出天山，苍茫云海间"的巍峨壮阔；飞过书之彼岸与现实挥手，让你体尝百味人生，在"世界微尘里，吾宁爱与憎"中释然与成长。所以，去读书吧！

书信里的情趣、知识与襟怀

——读《爱书来：扬之水存谷林信札》

周洋

读大学时曾在旧书店淘得谷林先生著作《情趣·知识·襟怀》，每篇文章都细细品读，深感情味悠长，遂在几位爱书的同窗好友中传阅，那情景至今难忘。近日读到上海译文出版社新近出版的《爱书来：扬之水存谷林信札》，大呼过瘾，书中所收谷林与扬之水往来书信共计194封，可谓篇篇精彩，读后心生感慨，书信中让余体会最深的，还是情趣、知识与襟怀。

翻《现代汉语词典》，"情趣"一词可解作"性情志趣"，亦可理解为"情调趣味"。谷林先生出身藏书世家，曾潜心十余载点校《郑孝胥日记》，而扬之水有十年时间供职于《读书》杂志社，后以古名物考证独步书林，两人都是地道的爱书家、读书人，有着共同的志趣，表现为对书籍的宝爱，对文字的虔敬，对艺术的追求，不一而足。具体到这数百通鱼雁往还中，首先，每封信的称谓就颇可玩味，因扬之水本名赵丽雅，又有笔名宋远，谷林先生写信时的称谓，就有"水公""远公""宋远兄"，亦庄亦谐，令人莞尔，更从"丽雅同志""丽雅道兄"到"丽雅大妹""丽雅如弟"，亲切随和之状一如面谈。对此，谷林先生还有一番说道，他在1995年12月21日的信中写明："以前称兄，是抄鲁迅的，见《两地书》；这回道弟，是抄范用的，见上一期的《随笔》。语不云乎：千古文章一大偷——至于是哪个所云，记性糟，就怕有人寻根究底，这样一问，只能转着眼珠子发愣了。"老顽童般的"可爱"由此可见一斑。此外，与书有关的种种情趣在通信中也是俯拾皆是，譬如，谷林先生在信中抱怨书友李君总是向他借阅心爱之书，信中曰："现在不想再为李老寄书了。说实话，他以前曾要我寄董桥两书，寄还时倒角卷页，颇损书品。陈原三册书均有作者签题，我保存得很好，寄去后时怀惴惴。这回想复信说老实话，他看这些书无非闲览，此甲彼乙，殊无强求远致之必要。"好一个"时怀惴惴"，妙就妙在"此甲彼乙"，寥寥数语活画出一个爱书人碍于情面不得不出借藏书，同时又担心书品受损的两难心境。我想起余秋雨在《藏书忧》里写到怕人借书的一大担忧，就是"怕归还时书籍被弄熟弄脏"，又想起民国时期藏书家叶德辉不惜在书橱上贴一字条，上书八字："书与老婆，概不外借"。读书人爱书如命，就是这般有情有趣。

说到知识，谷林先生腹笥丰盈，收信人扬之水亦是饱学之士，他们在通信中，或谈古论今，或月旦人物，旁征博引，各陈己见，知识含量自然是极宏富的，有心的读者当能从中获益良多。在我，所聚焦之处莫过于两位爱书家关于读书治学有何高见。就这么一路读下去，果真时有所获，这当然缘于扬之水虚心求教，而谷林翁愿将金针度人之故。从"术"的层面上看，谷林在信中"分享"了很多行之有效的读书门径，比如，扬之水曾感叹读了很多书却记不住，谷林指点道："记不住，其中原因之一是看书太多、太快、太杂。如此，须做卡片存档，卡片可从简，标明主题出处即可，不必大段摘录，以省时力，亦便翻检，须引用时，即可循此找原书查阅也。"在"道"的层面上，谷林先生的见解同样不乏真知灼见，他在 1990 年 11 月 14 日的信中，提及 20 世纪 30 年代鲁迅和施蛰存之间那场关于《庄子》与《文选》的著名论争，他对施蛰存初生牛犊不怕虎的勇气和智慧激赏有加，"我认为应该提倡那种清醒的独立思考的精神，这是非常可贵的；而我则不免习惯地不自觉地信从权威，至少这就扼杀了发展前进的契机。"恳切的言辞中闪烁着自我反省的思想光芒，真是令人感佩。

谷林先生出生于五四运动的发生之年，喜读新文化运动以来文坛诸子的文章，他的襟怀与气度，分明就是那一辈文化老人的风范。在阅读这些信札时，我经常会为他们待人接物时的高洁风范叫好。通过书信呈现出来的人伦关系，是原汁原味的交往互动，是未作修饰的真情流露，那种心底无私天地宽的坦荡胸怀，那种人生交契无老少的论心相知，那种心轻万事如鸿毛的洒脱率真，都在这些书信中以非常生活化的方式呈现出来。比如，同为爱书人，自然都会关注新近出版的好书，扬之水因从事文化工作的便利，时常受谷林翁所托代为购书，于是就会碰到支付书款的问题。锱铢必较，显得生分；装聋作哑，又有贪占便宜的嫌疑，日久难免心生芥蒂。但在谷林和扬之水之间，丝毫没有这种小肚鸡肠的算计，谈及这方面话题时，轻松幽默而又不失君子之风，且看谷林先生在1992年6月8日的信中写道："阁下不受书款，令我深感不安，但又未便打太极拳推拿无休，只得权且收受。'唱个肥诺'道谢了。"谷林先生宅心仁厚，待人以诚，没有丝毫的虚情假意，诙谐的话语又增进了彼此间的友情。同年12月4日的信中，谷林先生有言："书价附缴，即乞照纳勿拒。语有云：亲兄弟，明算账。所谓理该如此也。倘仍似以前退下，则也只好将原书璧回矣！"这一次谷林先生定要照价支付书款，言辞之间显现出一种温和的坚持，既表明了自己的态度，又分明传递出不希望增添对方负担的善意，古君子之风，纤毫毕现矣。

通读这百余封信札，很少有为"事"而作的急就章，有的只是淡墨痕，闲铺陈，谈书论文，娓娓道来，自有一种纯真的情愫在其中。诚如扬之水所言，这一束书简"是为去古已远的现代社会保存了一份触手可温的亲切的古意"。

书缘如许
——与韦力先生的两次会面

周音莹

　　阅读《琼琚集》，始于 2017 年 4 月 12 日。这本标价 158 元的"海豚版"，制作考究，手触封面，目及纸张，才能感受质感的温度。阅读目录，第一念头是直接翻到提及"《越览》周音莹"的那页。之前有书友告知是在 187 页。哈哈 187、188、189，多好的数字。韦力先生在文中不吝赞誉地说《越览》被称为民刊中的奢侈品种。当初设计时，作为创刊者的我的确想把一份民间读书刊物的品相与内涵融为一体。而事实证明，真正"奢侈"的是那些听起来比《越览》下了几倍资金却稍逊品质的刊物。韦力先生的记录唤起很多未曾倾诉的记忆，于我丝缕珍贵，借此机会一吐为快。

　　2015 年 6 月，我从嘉兴的范笑我老师处问来韦力先生的地址，冒失地写了一封信寄出一批书欲得签名。久等未得回音，又不敢贸然打电话询问。等苏州王稼句与范笑我两位老师来诸暨时提及，稼句老师立即帮我拨了电话，这才知道是寄错地址还写错号码了，一时惭愧懊恼得无地自容。不过，因为这个电话，让韦力先生记住了诸暨。第二天他与朋友去永康经过诸暨，韦力先生一见路牌上的地名，马上发短信告知，让我着实被他的率真坦诚感动。更感动的是，韦力先生一回京就特意驾车跑很远的路去找邮件，又发信息告知没找到。看着他的短信，我忍不住自责地掉眼泪：想不到给本已忙碌的老师带去那么大麻烦，也为那些不知去向的爱书们心疼不已……

7月暑假，我去北京访师友，顺带了一函《经野规略》古籍再造本，试着联系韦力先生，如能见面可顺作见面礼，如不能就近寄出，暗自汗颜很有找个牵强理由之嫌。韦力先生当即表示愿意见一面，约在望京西的"麼麼咖啡"。这是喜出望外的回复，因为没随身携带韦力先生的书，我当晚便步行到涵芬楼买了一册《古书之媒》。第二日一早赶去大名鼎鼎的潘家园，掐着时间又坐地铁到望京西，跟着高德地图的指点穿过望承公园找到"麼麼咖啡"。

那是个风格挺别致的咖啡店，窗外是公园，音乐让我稍觉放松，脑袋里不断冒出些没有条理的话题——即将见到的藏书界大咖有一份令人揣测和神往的神秘感，关于他的话题，如何切入才是最佳最自然的呢？忐忑半小时后，见一位高个子中年男士走上二楼，无疑的，是韦力先生。他的个高，超过我的预想。我们交换了礼物：《经野规略》《芷兰斋书跋三集》签名钤印函套本。韦力先生说这种函套做得不多，我愈发觉得荣幸得像做梦。

他在《古书之媒》上签名后，话题由《古书之美》聊起，我拿出读后感表示对此书的敬意，问为何想到与安妮宝贝合作。韦力先生坦言自己原本因为心怀高古之境而守着一份居高临下的清高，在经历伤腿事件后，思想发生了转变，觉得有必要对少为人知的古籍知识进行推广。与安妮宝贝合作，是因为她的文字拥有众多粉丝，能较快地增大推广空间。（暗自猜测，安妮宝贝不久改名庆山，深悟佛道，恐怕与此机缘有一些联系吧。）

韦力先生的坦率、言辞得体、流畅，驱走了我原本不善言语的尴尬，使得一个多小时很快过去了。他说手头有工作需要继续去忙，于是告辞，陪到咖啡店门口，目送他驾车离开，我内心充满喜悦又激动万分，与第一次见到扬之水老师一样。于文化，他们有天生之使命感，在我看来，他们的人格魅力已有了超乎寻常的神奇加持。有时会偷着乐甚至觉得神奇：有师友如此，我何以有此造化！

韦力先生在文中提到两件表示歉疚的事情，在我，是殊荣，事有遗憾乃随机缘，惟可不失期待心诚意候佳音。

2016 年 1 月初，范笑我老师说韦力先生将到浙江图书馆，可以试着邀请他到诸暨。我赶紧发短信，并将此信息告知诸暨图书馆郑永馆长。知道韦力先生轻易不肯来走走，便告知俞樾藏书和陈氏畸园，终于有些说动了。1 月 20 日晚，笑我老师打电话来说韦力先生在萧山，准备第二天到诸暨，大喜之余又担心欲雪的恶劣天气会不会让他受累。果然，韦力先生最终还是因为天气放弃了诸暨行，望着漫天飞舞的雪花，我当时倒是为先生能立即回京而感安心。韦力先生郑重在《琼琚集》中表达愧疚，待人之诚之谦，实见君子古风。其实，韦力先生之后持续每年寄赠特制的贺年卡，给我带来的满足感，远远抵消之前的小憾。

2017 年 10 月，韦力先生应邀来到诸暨，参加第十五届全国民间读书年会，成为本届读书年会的亮点人物，来自全国各地的书友们也格外期待和兴奋。韦力先生对读书年会一向关注，但只参加过在北京举办的第三届，这次答应参加在诸暨举办的第十五届，他说是为了弥补之前被雪天阻止的诸暨行，这第二次见面于我更觉得与有荣焉。

会议期间，韦力先生在诸暨图书馆为书友们做了一次古籍专题讲座，书友们皆赞受益匪浅。绍兴图书馆的王以俭馆长得知年会讯息后，特意要求参会，并在会后把韦力先生邀请至绍图，也算是借此机缘达成了一个心愿……韦力先生在之后的记录里，把参加第十五届读书年会的前因与后缘事无巨细地叙述了一遍。此篇题为《第十五届全国民间读书年会之旅》，编入 2018 年 8 月由浙江古籍出版社出版的《暨阳书缘——第十五届全国民间读书年会文集》。

每当手抚书页，相关的书人书事在脑海里纷涌，便觉得此生的一份满足：书缘如许，吾复何求。

四时读书乐

屠慧婴

阅读于我是一件快乐的事情，一是从小受父亲教诲，说我不够聪慧，要勤于读书，在此过程中和智者对话，用别人的经验长自己的智慧，既能医愚，又能让自己保持魅力，一直深以为然，而且受益颇多。尝到甜头，自然乐于读书。二则是因为闲，偶像东坡先生曾说过，凡焚香、试茶、洗砚、候月、听雨、浇花……右皆一人独享之乐。而于我，读书也是一乐，是一种能化动为静，于无声处慰藉自己、滋养自己的快乐。三是觉得，现代社会节奏快，压力大，读书是一个放松心灵，让自己的内心保持澄澈安定的好方法。一如《金刚经》开篇就问的那样，"云何应往，云何降伏其心？"在时光的河流中，我们怎么思索生命的来和去，我们怎么迎接、怎么告别，书籍都会给我们以答案。我们何时拥抱、何时松手，书籍也会让我们可以选择得更从容更明白。此等好处摆着，所谓开卷有益，那何乐而不为呢？

阅读是平等的，不管你是平头百姓还是达官贵人，它都在那儿等你。人间各种隐晦、各种皎洁都可以在书里领略你想要的风景。阅读也可帮助你找到维度相同的人，让同样渴求知识、敬畏生命的朋友，通过书籍相识相知。书是媒介，也是依托，以书交友，以书论道，交流思想，在分享好书的同时，找到可以彼此心灵契合的朋友，这是一件最快乐不过的事情。在世界的每一个角落，当你打开书卷，空气里弥漫着书香，立即会有一种安静而又细致的幸福在慢慢酝酿，缓缓流趟。那么，你准备好了吗？和我一起，走近四季，去拥抱书籍，享受快乐吧。

江南的春来得分外的早，还没有好好下一场雪，杨柳就吐了新芽。春天，给人带来一丝丝温暖的情意。一直梦想着，穿一袭仙风道骨的长袍，在山林水泽之间，在风吹柳岸的唐诗宋词里游走一回，感受庭院绿意、小桥流水……在这样的节气带上一本《诗经》去郊游应该是最为妥帖的。带上一方野餐垫，在春风里打开那一卷被孔夫子称为"可以兴，可以观，可以群，可以怨，迩之事父，远之事君，多识于鸟兽草木之名"的古老诗卷。那里的人们与荒野相融，怡然自乐。那首"关关雎鸠，在河之洲"，活泼清丽的语言，即景即情，自鸣天籁，给人以无限美的遐想。那是现代人心中期许的思无邪的世界。桃之夭夭，春光无限，手执《诗经》，定是春日里最美的风景。

夏日里闷热，人不爱动，会更闲，最是阅读的好光景。清人张潮曾在《幽梦影》中这样描述"闲"："人莫乐于闲，非无所事事之谓也。闲则能读书，闲则能游名胜，闲则能交益友，闲则能饮酒，闲则能著书。天下之乐，孰大于是！"看书，搭上一杯茶。看看林海音的《城南旧事》，其笔触像水墨淡雅，似不着痕迹，但情感的喷涌，值得懂的人细细思量。对人，对物，好恶从不直白表述，对话、举止、神情，点到为止，又刚刚好。这一点像汪曾祺先生——看透不说透，看似平铺直叙，却蕴含细腻撩人、令人欲罢不能、颇值玩味品咂的意境。"人生就像是一块拼图，认识一个人越久越深，这幅图就越完整。但它始终无法看到全部，因为每一个人都是一个谜，没必要一定看透，却总也看不完。"迷，看不透，又耐看，斯是大家之魅力。你可以咽下某段章节，又放纵一些词句，让它们在求全责备中溺亡并遗憾。你如果捧起一本自己喜欢的书，在炎炎夏日，你一定会喜欢这一时刻，它们让你在此时此刻，生命除了外表的喧闹与不安之外，在内里还有一种安静和慎重的成长，它不会因为时日的推移而消失，会一直把这种淡淡的愉悦留在你的岁月里。

七月咽下的阳光，十月从一张叶子洇开来……青涩啊，含蓄啊，迟暮啊，爱啊，或者不爱，也许你永远不想说，那就去阅读吧，那里有太多你想表达的情感，和欲语还休的思绪。秋日多雨多风，让人无限惆怅。忧思满怀时，读纳兰的诗，秋雨落檐花时，读恨水的文。人生多事之秋，迂回曲折时更可以看金庸先生的譬如《书剑恩仇录》《笑傲江湖》。他在里面提到20个字的人生境界：慧极必伤，情深不寿，强极则辱；谦谦君子，温润如玉。书籍里的剑气豪情，快意江湖，让我们明白，处世也好，用情也好，都要尊重事物内在的发展规律，凡事留有余地，留几分理智。不做强横的、徒劳的蛮干，用温和的态度对待一切，懂何可为何不可为，四两拨千斤，谈笑间，樯橹灰飞烟灭。这就是书籍传递给我们的智慧和韬略，相信无论你是冰雪聪明还是大智若愚，总能悟到其中的要义，然后了然一笑泯恩仇。

冬天来了，人更闲了，坐在故纸堆里看书。窗外的西北风吹啊，期待下雪的那个心情呀，曾经读过的那些关于雪的章句便会跳脱而出。会忆起白居易的《问刘十九》："绿蚁新醅酒，红泥小火炉。晚来天欲雪，能饮一杯无？"会想起《红楼梦》里的妙玉，那个取梅花雪水入花瓮作茶的高洁女子。会取出张岱的《湖心亭记》重读一番，想象着大雪纷扬落下的轻盈，地上清醨的白，天地一片澄清的美好。想着张岱冬夜去湖心亭看雪，展现在他面前是何等的幽静深远、洁白空阔，人的孤独寂寞在这天山云水前都变成欲说还休。唯有遗世独立、卓然不群的他才有如此幻化无方，意出尘外的文字留给我们惊叹。然后如舟子般喃喃读道：莫说相公痴，更有痴似相公者。当然还可以阅读《世说新语》，那个王子猷居山阴，夜大雪，忽忆戴安道，即夜乘小舟就之，经宿方至，造门不前而返的故事。乘兴而行，兴尽而返，何必见戴的魏晋风度，随心所欲，亦点到为止。东晋士族知识分子任性放达的精神风貌现今的人们也许只能在书籍里体会其恣意之乐。

晋代名士阮孚是个喜欢玩木屐的有趣之人。有人去看望他，他正在给木屐烫蜡，一面吹蜡，一面感叹说：人生一世，真不知能穿得几双木屐啊！"一生当着几两屐"，后人写入诗句，"岁华正似阮孚屐"，"山川几两屐，日月两浮萍"，都值得玩味。盖人生无常，适有美物所赏，可暂抛尘世的烦恼，便是生活艺术的高级境界。读书带给我们的快乐应该也是如此吧，我们每个人的活动轨迹都是固化的，阅读却可以拓展视野，拓宽我们人生的宽度和长度，带我们穿越时空，进入未知的领域。书籍带给我们的财富是不可量化的，但我们在书本上花的时间，都会在日后加倍返还，不管是给我们精神上的安定还是心灵上的抚慰，抑或是那种无以描述的快乐和感动。读书的好处显露在日常的生活和文字中，更能体现在人的气质和谈吐上，还有面临事情的胸襟和担当。它会以排山倒海之势带领我们到别人无法企及的完美之境，甚至更高远的未来。此为读书之乐，写来与大家分享。一起阅读吧，趁岁月不老，悦读悦乐的美好，不看书的人永远体会不到。

塑造经典自己

——评姚兴科《守望故乡》

钱海

    出一本集子是所有业余舞文弄墨者最大的夙愿，一辈子的夙愿。每一篇文章出炉都凝聚着写手无限的思索和痛苦的取舍。种一皮坡收一土锅，付出太多，收获甚少，这是每一位写手共同的命运，尽管如此，对于写作，姚兴科乐此不疲，在写作这块低产土地上他不懈耕耘20余载，光凭这点足以让人肃然起敬、感同身受。

    近水楼台先得月。在姚兴科的《守望故乡》未面世前能先睹其修订稿，我倍感荣幸，平日里和一伙文友说长道短、海谈神侃，很是自在，现在要写篇评序，感受颇多，又觉无从下笔，笔塞语也塞，心里瑟瑟发怵。写评序是不是自我感觉良好，太班门弄斧了？但人家托付硬着头皮也要写，只好冒着对兴科的大不敬了？！

    兴科的《守望故乡》我逐篇阅读，逐字咀嚼，集子的内容基本刻录于我的大脑。此刻为评序方找到了一点发言权。为文如为人，读完兴科的文章后，我果断地认为兴科是一个率真、豪爽、自尊、自爱、自强、自立、平易之人，一个对事业，对生活，对情爱，对社会高度负责的人。兴科在拥有个人处女作《走过季节》后，另一本散文诗、散文合集《守望故乡》又将面世，从中可看到他强烈的创作激情和对写作的勤奋与执着。出一本书不知者认为可捞一大笔油水，只有出过书的人才知道出书其实是一件得不偿失的事，这档子事只有这些"吃饱撑着"的傻瓜笨蛋才肯干，可有谁又能感受到集子问世后作者的欢悦呢？创作是痛苦的，要欢悦必须有痛苦作铺垫，兴科就是在承受无数痛苦后才获得最后无限的快乐。他所要的也许就是先痛而后快的"痛快"吧！

兴科对家乡，对写作的爱已经融为一体，并把所有的爱都放在笔端，托付于笔端，这种爱就像姑娘小伙的初恋，只有文字才能表达清楚，无须信誓旦旦的誓言。兴科不甘于每天的日出而作，日落而息，忙里偷闲地搞创作，为的是塑造一个经典的自己。

兴科的《守望故乡》由第一辑"守望故乡"、第二辑"季节的思绪"、第三辑"况味人生"、第四辑"物语风情"和第五辑"情感旅途"五部分组成。如浏览式或跳跃式的阅读，你会觉得其内容太直白——有点轻描淡写，就像看一幅寥寥几笔随心所欲涂抹的水墨画，阅读稍微认真一点，你会觉得兴科的文章平淡之中意味隽永，没有半句胡话玄话套话，就像一道美食无须添加任何调料，"此中有真意"，此时你会觉得读兴科的文章像欣赏一幅色彩斑斓、水色交融和谐的写意画。兴科的文章简练但不失生动，整本集子如能耐心品味，所有与兴科有关的人和事物即刻会全景映现于眼前，此时对兴科的文章先前所有自认为的瑕疵都会不攻自破，整个集子给人的感觉像一幅一笔一画精心勾勒的工笔重彩画，对兴科的文章感觉"绝""妙"。

纵观整本集子，作者写到家乡的木格窗、土掌房、山寨、箐瀑，还有双柏人民引以为自豪的代表双柏厚重文化底蕴的《查姆》史诗，除此之外，作者写到四季，写到大嫂，写到人生，这些人和事在常人眼里都是一些馊锅巴冷饭般平淡无奇的东西，可通过兴科的精雕细凿和取舍打磨再放进情爱的佐料后，每一篇文章都成为一道色香味形俱全的农家美味。集子中收集的有散文诗，有散文，两种相近而不同，相类似又可交融的文体合订成集，感觉鱼和熊掌同时皆得，阅读起来时尝时鲜，不知疲倦。无论是散文诗还是散文，每一篇章中都流淌着兴科对双柏，对家乡故土浓浓的深情，作为读者我为兴科的浓情所感动。

这是一种浓得可以抽出丝来的情，一种浓得奔涌为文字的情，是一种对故乡对亲人对父老乡亲发自内心的情感轰鸣。谁言寸草心，报得三春晖。从兴科的文章中，我们了解到包括双柏人民，双柏群山环抱下的各民族都是善良、热情、勤劳、勇敢、好客的民族，对故乡兴科有着一颗感恩之心，他把歌颂家乡当作自己感恩方式。不识双柏真面目，只缘身为双柏人，读完兴科的文章，双柏成为我们魂牵梦萦的天堂。

从兴科的小传中获悉兴科和我一样是吃苞谷饭喝山箐水长大的。兴科在部队呆过，在公安战线工作过，同时也是一个典型的土里刨食的"庄稼汉"，丰富的阅历为兴科的写作开凿了泉眼，也塑造了兴科平易近人的个性。如在集子《走向安龙堡（外一章）》中写道：抛开化学方程式和圆锥体积的公式，抛开可口可乐，走，到安龙堡彝族同胞的篝火中去跳一曲锅庄舞，唱一曲阿噻调。同时兴科能恰到好处地引经据典，使文章更富有传奇色彩，如在《安龙堡随想》一文中引用了传说中与人相关的《查姆》，这对传播《查姆》文化也自然地起到了宣传作用。在部分文章中兴科巧妙地夹杂地方土语，文章具有了淡淡的泥土气息，富有了乡土特色，也为兴科的乡土作家头衔定了位，带给读者返璞归真，回归自然之感。如集子《彝山恋歌》中"也因此使我迷恋着日夜不曾离开的山沟沟"中的"山沟沟"；《猎人之死》中"而阿哥山猫子一样的婆娘"中的"婆娘"；《家乡的风景》中"山旮旯里的每个寨子就变成一棵棵繁花似锦的树了"中的"山旮旯"等，文章掺进这些方言土语后，就好像为自己的文章贴上了"防伪"的标签，同时也完成了地方文化与大众文化的相互融合与渗透。在文章胸臆的抒发上，兴科更是棋高一着，语言文字形象生动，令人记忆犹新，活跃了读者的每一根神经，对深化文章主题也起到很大效果。如《情浓故乡》一文中写道："飘过幽幽清香的季节，桃梨果树盛满了浓浓的乡情，醉倒寨子口，炽热得流火的日子，那诱人的果尝一口，满嘴一丝甘甜，使人有丢舍不下的甜蜜。"《大山里的路》一文中这样写道：

"大山里的路一直伸向前方，它的生命青春活力坚定而又自信。"《箐瀑》中这样写道："箐瀑——山里的灵魂，白天黑夜一直醒着。"《猎人之死》中这样写道："日子一天天消瘦下去，瘦得像小猴子。就这样等待和期盼，眼睛里都长出了根。"又如在《怀古》一文中这样写道："男人是弓犁，一生犁不息。"尤其是《关于大嫂》一文中这样写道："嫁给山寨几十年了，也许是山风熏黑的吧。像大叔的草烟一样，增加了些强硬的调料——冲冲的。大嫂的脾气又是属于'稻草火'，见火就着，'烧就了'，吵后，嘴上的唾沫星子还没抹掉，马上和你言归于好，在她看来，敢和她吵嘴的人都有胆量，有胆量的人才叫'马缨树上结出来的'，'才是钻天杨'"仅几句话兴科把一个泼辣农村妇女刻画得淋漓尽致。集子中诸如枚举的妙语实在太多，带给我的除了一连串的感叹外，还是感叹。

横看成岭侧成峰，远近高低各不同。没有任何奉承成分，从多方面看，兴科的文章带给人不一样的美好感受。我翘首以待，渴盼兴科的《守望故乡》早日飞到忠实的读者手里，在我看来这么好的作品早该走进千家万户，太晚也许都是一种遗憾。好山出好水，深山沟里还有土生土长，纯天然，纯乡土的作家姚兴科。但愿每一位读者朋友都能从姚兴科集子中获得心灵的洗礼。

缘起《儿童文学》

丁红英

　　夏日的午后，阳光停驻窗前，书房外的蝉鸣时有时无，泡一杯清茶，到书架前翻找一本心仪的书静静阅读，于我是最美好的时光。书房共有两个书架，一个是我和先生的，一个是女儿的。我的书架上几本泛黄的《儿童文学》和女儿书架上整排整排簇新的《儿童文学》遥相呼应，似乎在讲述着时空中的故事。

　　那年，我在村里小学读满了三年级，步行五里山路去乡里的小学读四年级。刚从村小来的孩子在乡里小学也是个土孩子的存在：代课老师教的乡味普通话朗读课文引得全班同学捧腹大笑，在弹着风琴的音乐课上第一次知道数字123可以唱成哆来咪，体育课从在竹林爬竹子，挖泥洞变成了做广播操，打乒乓球……许多的变化带给我满心的欣喜。然而最让我开心的还是有了语文，数学书以外的好看的书。我如饥似渴，同学间互相借阅的一本本连环画几乎占据了我的所有课外闲暇时光。

　　到乡小学习的一个学期下来，我的成绩进步居然很大，期末时考了个让父母很是脸上有光的分数。到了年底，村里大水库放水捉鱼，父亲在分到的鱼里面挑了个最大最肥的，一定要我送去感谢班主任周老师。于是姐弟二人抬着鱼儿，又是步行五里路，把鱼送到了周老师的家里。那是我第一次走进周老师家里，之前只是在同学的指点中知道那个围着围墙、关着朱漆大门的院落是我们慈祥的周老师的家。走进周老师的家，我诧异于老师家里的整洁，农村的孩子似乎从来不知道原来家里可以收拾得如此不染尘杂，就连院里种的绿植的叶片都似乎干净得能泛光。周老师请我们姐弟坐到了一个房间里，给我们泡了加了好多金橘饼的米海茶，当弟弟欢喜地喝米海茶时，我的目光却紧紧地被房内的大书架，大书桌吸引。那么多的书，在书架上一排排列着，在书桌上一本本叠着。原来老师的家里是有许多许多书的，那时的我这样想。那天临走时，周老师除了客气地给了我们姐弟好多好吃的糖果糕点，另外还赠送了我五本《儿童文学》。回家的路上，弟弟雀跃于那些难得一吃的糖果糕点，我却对揣在怀里的那几本《儿童文学》不住地泛痒。

老师送我的书在我的眼里比什么都稀罕，那书中的故事如磁石般深深地吸引着我。书上的每一个故事我都读了许多遍，每一首小诗我都能背下来。在那个课间喜欢讲故事的学生时代，我讲的来自《儿童文学》的故事是同学们没听过的，看着同学们眼中的点点亮光，我心里别提有多得意了。在那个懵懂的年纪里，《儿童文学》中的纪实文学作品，在我小小的身躯里注入了一种神奇的力量，让自己心中的梦想也变得多彩起来，舞动起来。

后来，上了初中，我们传阅的书越来越多，可《儿童文学》依然是我的枕边书。尽管翻了一次又一次，看了一遍又一遍，那些文字带给我的温暖却历久弥新，就如无论树长多高多大，我依然想给它松个土，浇个水。

到了师范，学校图书馆满足了每一个孩子那颗爱阅读的心，那张小小的阅览证带着我在书海中畅游。后来工作，结婚，生娃，有闲的时候我还是喜欢看书，只觉得静享文字的时候，自己是最自在逍遥的，自己又进入了一个新的世界。只是很久没再翻《儿童文学》，它像一个童年的梦一般留在了老家的书桌上。当女儿可以上小学时，老家搬迁，爸妈让我看看家里有什么是我要带走的。看了半天，我却只带走了这五本书页已经泛黄、破旧的《儿童文学》和我的集邮册。我小心翼翼地把它们放在了书房的书架上，每次看见这几本《儿童文学》，颇有老朋友相见的亲切感，总能忆起泛着午后阳光般温暖的学生时代，还有赠我于书，赠我于梦的周老师！

转眼，女儿上了小学三年级，对于我平时无比珍视的这几本旧书有了更大的新奇。在征得我的同意后，女儿借阅了母亲小时候读的书。不得不说，她果然是妈生的娃，这一读，竟也是爱不释手。里面的文字仿佛有神奇的魔力，这几本曾伴我入眠的《儿童文学》又一次成了我女儿的枕边书，让人觉着有一种说不上的神奇。也是那一年，学校订书时，女儿发现了书单中的《儿童文学》，如获至宝。从此，我家书架上的《儿童文学》越来越多，满了书架，满了一个又一个书箱，女儿却不愿拿一本赠人。

每当拿到《儿童文学》新书时，我们母女就会一人一本，靠在书房的椅背上，静静阅读，尽情享受。或许，这就是文学的魅力，这就是阅读的魅力，它可以在一代又一代人的心中埋下一颗文学的种子，然后静静成长，开花，结果。

阅见教育，思觅师道

章佳萍

受教是一种美德，书如此，生活亦如是。

疫情之下，万物如宝珠蒙尘，然满架图书仍熠熠生辉。

回顾这段生命银行中多出来的纯粹时光，悦读者总能以遨游书海的无限乐趣抵抗日常的枯燥无聊，在与故人的晨昏忧乐每相亲中淡忘恐惧。

身为师范生，尽管同样深陷在对灾难化世界的沉痛感伤中，但不会以无能的抱怨来发泄情绪，而会在对人类命运的同情关注中，坚定选择以书籍治愈自己。用前所未有的心境来观察社会，审视自身，增进对教育的理解。

过去半年，我尝试以主题阅读的方式熟读精思了很多与教育有关的名著小说，体悟其中的家庭教育艺术，并随时与现实的生活进行联系。

比如我重读了大名鼎鼎、开卷有益的经典名著——美国女作家哈珀·李的代表作《杀死一只知更鸟》。这本书讲述美国经济大萧条时，白人群体保持着自我高贵的优越感，对黑人带有强烈的种族歧视与偏见。这种身份认知上的荒诞，在书中黑人汤姆强奸案的法庭审判中达到顶峰。最终所谓事实就在荒谬至极的身份标签中被颠倒黑白，真理被谎言与偏见掩盖，一只善良的"知更鸟"绝望地死去，令人悲愤不已。但可喜的是，作者亦将改变白人观念的希望在汤姆的辩护律师芬奇家种下。

无论是杰姆还是斯库特，在律师父亲阿迪克斯·芬奇的教育下，都成长为谦恭和善、民主平等、明辨是非的好人。他们学会尊重，不去伤害任何一个善良者，也不以肤色看人。因此他们在法庭上对结果不公感到的难过沮丧，与陪审员间形成更鲜明的对比。在一个视偏见为圭臬的错误时代，是父亲言传身教的力量，让他们成为正直的清醒者。教育可使人"出淤泥而不染"，不亦慎重乎？

荒谬的时代不只存在于美国，在欧洲历史上也曾有过。

第二次世界大战的德国，对犹太人的种族迫害，对共产分子的冷酷镇压……这些现实生活的荒诞真实呈现在了马库斯·苏萨克的小说《偷书贼》中。

主人公莉泽尔的童年是流亡的，是寄人篱下的，是被死亡阴影笼罩的。

但养父汉斯爸爸的耐心教导，挚友马克斯·范登堡创作的赠书，镇长夫人提供的大书房，让莉泽尔学会了阅读，热爱上文字。她从如饥似渴的阅读中增进理解，识破希特勒宣讲的虚伪与荒唐，汲取对抗不幸命运的力量，从而让灵魂在涵养中脱离恐惧，获得平静。这不由让我想起那个在方舱医院病床上风淡云轻地看学术书籍的"清流哥"，那些忙着中考、考研的患者。在人生之旅中永不放弃希望，在日常生活中永不放弃受教，这两种异曲同工的美德，无疑是教育的核心旨归。

荒谬的社会不止存在于历史，在当下依旧时有隐现。

互联网时代，流量与金钱逐渐使某部分人的社会价值观零落成泥碾作尘。有时看到一些牛鬼蛇神般的自媒体报道、新闻热搜，我会不由自主地感到这个社会也许确实有一部分在腐朽，某个角落也许确实在上演荒诞的闹剧。

对英雄的过于苛刻，对丑角的过于偏爱，从报道热度看简直将惩恶扬善完全对调。仿佛一个人要承受社会的美誉必须得毫无瑕疵宛若圣哲，最好无私奉献又清贫。而那些丑角、社会败类似乎只要有了流量，就仿佛镀了层金衣，哪怕臭名昭著也有人热捧去"欣赏"。比如说"打工是不可能的"某男子，曾因偷电瓶四进宫，出狱时竟然被多家公司争相想签约，成为一个"香饽饽"。

在这般偶尔荒诞的社会面前，怎样让教育守住青年一代的良知？

如何让教育领域的 5+2=0 难题得到有效解决？

这是个艰巨的社会问题，但是必须思考。

于是我只能再次去受教，在阅读中寻求答案。然后，我在海桑的那首名为《有时候，好人不得好报》诗中得到"解药"：

> 有时候，好人不得好报
>
> 甚至步履维艰，恶运频来
>
> 但仍然要做好人
>
> 有时候，恶人不受惩罚
>
> 甚至一生富贵，良心也自得
>
> 但仍然不去做恶人吧

我想这首诗，将教会师者以最近的声音去言说，千万遍真挚地言说。

> 但仍然要做好人！

阅读让我为心灵找到了镇静剂，收获了未来可以传达给我学生的信念。

必须相信，教育行为里可以蕴含着巨大的能量，塑造着心灵，促进自我认知，让我们有机会去相信自己心目中世界的本真模样。就像塔拉·韦斯弗特的畅销书《你当像鸟飞往你的山》（英文名 Educated）般，教育改变了人生，它让塔拉认识到信仰的对错，让其在探索中能够正视发生在自己家庭中的一些荒诞不经的行为，并奋力挣扎去做一只无法被笼子拘束的，羽毛散发着自由光辉的鸟儿。

　　书中那几位曾热心帮助过塔拉，不遗余力地坚持为她创造学术之路的教授，尤其让我感动。思及自己人生中那些曾谆谆教诲、娓娓道来的恩师，更觉教育那份绵延一生的影响力，就对未来的课堂又多了一份敬畏与责任。我要先一遍遍教育自己，在专业方面沉下心来，扎深根基，上下求索，提高教学能力。终有一天，我就能给予学生智慧的武器，为他们的人生保驾护航。

　　一个优秀的语文老师，将肩负有重要的使命，她的所作所为，也都会影响孩子的一生。她必须自身心灵澄澈，洞悉是非，她要学为人师，行为世范，把正人君子的美德传授给学生。她要善用阅读领悟教育，用教育抵抗荒诞，会从丑陋的真相中，建筑起不为世俗影响的道德高地。我希望不久之将来，她就是我。

　　在教育的路上，以书为师，乘风破浪，心之所向，素履之往。

书籍打开了心灵的窗户

龚玉和

20 世纪 70 年代，我是一名下乡知青，在建德金村插队，借住在一个廖姓农户家中。廖家很会料理生活，将吃不完的蔬菜制成腌菜，留着冬季或平时调剂口味。

夫妇只有一个嫁出去的女儿，平时难得回家。

有一次，我到杭州过年，回来后，廖大哥说："春节时，亲家公来拜年，住在你的房间。"

我听了，并不在意。当时我在村校当民办教师。

那年（1975 年），领导传下话来，要对全区教师来一次整顿，民办老师可以利用周末到建德师范学校（下称"建师"）接受函授教育，合格者拿"中师"文凭，国家承认学历。

民办老师听了，个个喜出望外，既有学历，又能到梅城逛逛，天下果真有此等美事！

廖家听说我要到建师培训，临行前，拿了一包咸菜托我捎给亲家，说了一句："亲家在建师教书，独来独住，没人照顾，在食堂吃饭，一家人分处几地开销，日子不容易！"

金村是一个边远山村，到梅城很费劲，需走十几里山路到下涯埠坐车，才能进城。

梅城，虽说只是一个镇区，却是一个文脉幽深之地，旧称严州府，有过著名书院，直至 20 世纪 80 年代初，仍有冶金学校、建德师范、严州中学等。

我在金村学校教的是文科类课目，建师培训课程是《汉语修辞》。

"文革"时，古典文学、现代文学与外国文学全部受到批判，列为"封资修"大毒草，成为禁忌。唯独《修辞学》较宽泛，实用性强，牵涉"四旧"内容不多。

主讲老师是何玉聪，也就是房东的亲家公。当年何老师六十开外，一身褪色的蓝布制服，一个瘦弱朴素的长者。上课没有书本，用的是自编讲义。

课后，我去拜访何老师，已经有了师生之谊。他的谈吐依然如在教室里上课那样，平缓谦恭，完全没有自居长辈的架势。

踏进他的宿舍，一个窄长的房间，前面是门，后面有个窗户，卧室、洗漱、吃饭，全在一起。一眼望去，除了床铺、几张课桌拼起来放置行李之外，几乎没有别的家具。

何老师解释道，妻子在 1963 年时就被动员回乡，多年以来独自生活。住的这个房间是分配的，虽窄小，在城里有个地方能够挡风御寒，还是个单间，能"安张床"就谢天谢地了，不敢再有奢求。他又说："我有两个小孩，一个儿子，一个女儿。儿子在衢州当潜水员，媳妇也就是廖家的女儿。"谈到儿媳，何老师笑了，说道，儿媳在建师读书时，就在自己班里，天资聪慧，俊俏能干，一个全校注目的女生。

他从"五七干校"回来后，被安排在学校图书室做事。

"文革"时，除了马恩列斯毛著作以外，馆藏书籍全部是毒草，早已封存。所谓阅览室，只能摆放毛选、党报党刊，师生允许进去阅读。何老师被安排在图书室当管理员兼勤杂工。

其实，闲着没事，只是例行打扫卫生，没人把他放在心上。

他知道我父亲是摘帽右派，非但没有疏远，反而说话没顾忌了。

何老师与我一见如故，几次接触下来，就成了忘年交。何老师告诉我，那年春节走亲家，住在我的那个小房间，见到屋里几本书，其中有《中国通史》《我的大学》之类，特别是在台板下压着一张"高尔基在伏尔加河上"图画让他印象至深。

下乡时，我有过梦想：虽没有机会上大学，如果能如高尔基那样，年轻时在伏尔加河上漂流，将来，也写出一本类似《我的童年》《在人间》《我的大学》这样的自传体小说，也算不枉此生了。

我和何老师虽是初次见面，彼此并不感到陌生，似乎廖家已向何老师介绍过我的为人处事，让他有了印象。机缘巧合，令我与何老师有了师生之谊。我说想看看学校的藏书，与何老师一拍即合。他说："傍晚阅览室没人，进去挑好了，选好后，放在桌上，我替你拿出来。"

虽说建德师范复校不久，却是一座名校，旧称省立第九师范学校，全县中小学教师大多出自于这所学校。20世纪70年代，学校停止招生，教职员全部下放"五七干校"接受"再教育"。虽说到了1973年才恢复，招进了一批工农兵学员，但是老校舍延续下来的存书量仍相当可观。

自此以后，凡有周末到建师培训，他都让我溜进藏书室看书。我每次去梅城总要偷偷捧回一大包书。看完了，隔三岔五又去换一批回来。现在想来，我看的书大多是20世纪五六十年代的翻译小说与文史类书籍。当时有过许多优秀翻译家，馆藏的巴尔扎克、莫泊桑、托尔斯泰、萧伯纳著作，我几乎全部读了。

20世纪三四十年代的一些名著，以及吕思勉、陈蝶仙、张恨水这些人写的书，也大致看个遍。印象至深的莫过于丘吉尔的《二战回忆录》，我就是在那个时期看的，给我带来心灵的震撼。而且，我还如饥似渴地读了不少文艺理论书，尽管当时只是一知半解。

白天在学校教书，晚上孤独寂寞，独自关在小房间里读书，心里有一种莫名的愉悦。在那个偏僻山村，建师的书籍为我打开了心灵的窗户，感受到文明与良知，伴随着我度过了一个又一个不眠之夜，培养了我后来热衷于写作的兴趣爱好。

可以说，何老师将建师图书室的书偷偷外借，在当时是一种大逆不道的行为，如果让人发觉，被人检举，会造成严重后果。但是，他却这样做了。

其实，我并没有给过何老师什么回报，我将此事写信告诉了双亲。

父母也感谢万分，妈妈多次写信给何老师，表达了感激之情。

我不知道母亲在信中写了些什么，但从何老师后来的言谈中，我感受到，母亲信中流露的情绪是诚恳的。这样的状况一直延续到"文革"结束恢复高考，我离开金村为止。

改革开放以前，人与人之间的沟通，很难用语言表述。何老师与我的父母一样，经历过一场又一场"折腾"。何老师可说为人师表，一直是我人生旅途的标杆，影响着我的言行，作为干部，认真履行本职工作；作为教师，站在讲台上辛勤育人；作为自由撰稿人，努力为报刊写稿。

大学毕业后，我在中国银行省分行国际部做事，后来又在浙大亚欧旅游规划设计研究院，编写了银行国际业务理论书籍，撰写了许多论文，有多种著述行世，写了自传体小说《钱塘人家》。我在想，自己所成就每一件事，所取得的成绩，应当归功于何老师当年敢冒天下之大不韪，让我读了那么多的书。

漫游书海，浅问墨香

赵理君

　　春意勃勃，骄阳火火，秋意盈盈，冬雪皑皑，上演着四季的轮回。一日之晨，一年之春，品一杯香茗，在书香中畅游，静静地潜入书海。每当一缕缕晨光缓缓地倾泻于门框边，映射在书房的茶几上，我频繁地嗅到花香四溢的芬芳，飘来阵阵书海无涯的墨香，静听清风拂掠大地的尘埃。掩息桂花疏落，倾听圣者情怀。手捧一本本喜爱的书，走入它的世界，寻觅人生的那一份奥妙，开启新的一番天地。

　　潜入王羲之兰亭之梦，享"天朗气清，惠风和畅，仰观宇宙之大，俯察品类之盛，所以游目骋怀，足以极视听之娱"。我们的一生会领略各种瞬息万变的风景，走在路上，不经意间拾起的两片银杏叶，细细观察，你会察觉它们的纹路大不相同，不禁让人感叹大自然的奇妙之处。抬头仰望天空，一天放映着不同的色彩，踏遍千山万水，走遍海角天涯，每一处都会印下你的足迹，再回首便发现曾经的那些身影是那么刻骨铭心。来一次说走就走的旅行，我们不问去向，不想归期。这一次，只有我一个"游客"，独自去倾听千古书圣笔下大自然的声音，去踏遍他笔下的星辰大海。此时的我没有一丝的杂念，只愿与山河为伴，共享心中的那片豁然开朗。

　　攀登杜少陵心中之山，览"会当凌绝顶，一览众山小"。停下匆匆步履，驻足山脚，抬头仰望，看到的是五岳独尊的泰山，使人望而生畏；而我感受到的是诗人内心登上绝顶的壮志，在泰山的顶峰俯瞰众山，一切都显得极为渺小。悲苦虽然结束了诗人的一生，但情怀延续着你的生命。我愿与你一同去追寻那份登上山顶的雄心壮志，站在巅峰感受自然之道。流浪的路上，我们每个人或多或少都怀揣梦想，当你决定起身的那天开始，我们就要坚定决心、披荆斩棘。当所有"腐朽"的铅华都被洗尽，所有的困难都被拣起，而你站在巅峰俯瞰四周，一切都会显得弥足珍贵。溶溶月，淡淡风，犹如那墨香，风飘万里给我携来坚定的信念与勇气，朝着太阳升起的方向前进。

　　钦佩文天祥爱国之壮志，抒"人生自古谁无死？留取丹心照汗青"。感受了泰山的气势磅礴，回到这里，我的眼眶不禁湿润了。每每想到：人的一生甜酸苦辣、悲欢离合，最终还是会在另一个世界相见，或许那个世界会有另一番别样的生活。前人云：人固有一死，或重于泰山，或轻于鸿毛。而你的选择则是前者，毫不犹豫为国尽忠，在你死后仍可光照千秋，青史留名。忠于国、报于国，视死如归的精神被世人永远铭记。看到你坚定的眼神，心中何尝不是满满的钦佩。念沧海一粟，我们都只是大千世界中的一粒尘埃，在大自然面前都显得格外渺小，我们或许做不到与你一样那般伟大，但至少我们明白，我们来过这个世界，也曾是这个世界的一分子，我们也曾看过世间的变化莫测，欣赏了绿水青山，感受了人间的真情，也不枉此生。

　　领略蔡元培教育之精思，悟"何谓公民道德？曰法兰西之革命也，所标榜者，曰自由、平等、博爱。道德之要旨，尽于是矣"。世界观教育是蔡元培所独创并且是五育中的最高境界。圣人孔子常讲的"慎独"，我想这与公民道德也是息息相关的。当今社会物欲横流，公民道德且流失殆尽，而要"慎独"则更是难上加难。而研读蔡元培的精思，我似乎迈入了"安得广厦千万间，大庇天下寒士俱欢颜"的博爱胸襟里，聆听了"勿以善小而不为，勿以恶小而为之"的谆谆教诲，懂得了"出淤泥而不染，濯清涟而不妖"的雅怀，酌一杯烈酒，品一碟人生，酒或烈或清，命或重或轻，全在乎一个"德"字。

　　哀叹周树人斗争之彷徨，念"时间就像海绵里的水，只要愿意挤，总还是有的"。走进你的那个时代，贯穿着对生活在封建势力重压下的农民及知识分子"哀其不幸，怒其不争"的关怀。人都有彷徨的时候。孤独无依，进退失据，谓之彷徨。然而你曾经也是彷徨的，看到你写《彷徨》的时候，其实是在勾画人生的一种轨迹，这轨迹似乎有铁的定规，从起点抛出一道圆形的弧线，然后又重新跌回起点。甚至，跌回到起点以内。这里面，有孤独、有悲哀、更多的是无奈。看到你紧锁的眉头，懂得了你写《彷徨》的那种无助心态。那时的你 45 岁，还不是大智者，因此你是彷徨的。但那时的你满怀希望，或者说曾经满怀希望，然而这希望，终究还是破灭了。你看不到有更好的出路，出路似乎总是在未来，而不是现在。于是，你变得彷徨。感叹现在的我们，不应该更好地面对生活，积极向上吗？

踏过你笔下的宇宙星河，倾听了自然的美妙声音，嗅到了万物的独特香气，我愿启程，去追寻那种美好；登上你向往的山峰，望见了不一样的万里众山，体验了高高在上的自豪感，我愿前进，找到属于自己的巅峰；看到你视死如归的决心，为国捐躯的爱国之情，我愿行动，祝愿祖国更加繁荣昌盛；心疼你内心的彷徨与孤独无依，却还心中抱有希望，继续生活。我愿思考，活在这么美好的当下，我们难道不应该更好的生活，做些更有意义的事吗？

手捧一本书，嗅过他们的一生。黄金屋有，颜如玉有。充实了人生，人活着，要有理想，坚定信念；感悟了艺术，每个作者笔下的故事，都是一种经历；探寻了"一花一世界，一叶一追寻"，再微小的生命也有它的追求。

"零落成泥碾作尘，只有香如故"，梅花作尘，滋润大地；"棠梨叶落胭脂色，荞麦花开白雪香"，或明或暗，或烈或浅，香之于灵动之中，秀之于山川之间。自然的馈赠，从不吝啬，生命的形态，从不延迟。读书就是一种享受"美"的过程，漫游于书海之涯，清嗅淡淡墨香，细品五味人生，何乐而不为？

做一个热爱读书的人

祝宝玉

喜欢雨夜和雪夜，淅淅或簌簌的自然声响遮掩了尘世的种种喧闹，沉浸在柔和的灯光里，手捧一本心仪的书，身与心俱得到安宁。

多年的厮守，已经习惯了与书相伴。对我来说，一日不食肉无所谓，但一日不读书，就会觉得缺些什么，于是，不论在课间，或晚睡前，总挤出一点儿时间，读几行文字，才能心满意足，得到某种心灵不可或缺的充实。

读书已经成为我生命里不可缺少的一部分，如同一种"病瘾"浸入了骨髓，但我愿它"无药可救"。与那些真的病入膏肓的人相比，我应该算是幸福的。我没有因为做一些无意义，甚至无聊透顶的事情而浪费时光，多年后，即使我老了，我也不会因现在的作为而悔恨当初。我想，我的选择是对的，做一个热爱读书的人。

"生活里没有书籍，就好像没有阳光；智慧里没有书籍，就好像鸟儿没有翅膀"，这话是莎士比亚说的。身处浮躁的当下，远方已被沟壑所阻，我们想去寻找诗意，但世俗紧紧把我们捆缚。有些人放弃了，而我却不愿做一个画地为牢的人，紧攥文字的稻草，在挣扎里突破。书籍便是照耀黑暗的晨曦，是助我飞翔的双翼，拥抱书籍，就可以得到天空的自由和大地的智慧。从世俗走向"桃源"，一行行文字铺路筑桥，虽然颠簸，但尚可行；虽然屈曲，但必抵达。是书籍赐我一双洞察人间的双眸，让我寻到打开理想之境的钥匙，规避太多不必要的烦扰。

小室虽小，但自成一统。一个人，与书相处，是孤独，但并不寂寞。工作之余，我更愿意躲进我的"小天地"里，把尘世的是非恩怨关在门外。我的朋友也有很多，他们是"诗歌"，是"散文"，是"小说"，他们还会为我介绍更多的益友，那些书本里的智者，能言会说的草木，深谙哲理的山河。虽然身在斗室，但心已超迈千里，读到月光，便回到唐朝，念到舟桨，便逍遥江湖。

人需要有格局，有境界，当一个人的阅历不能支撑这些时，唯有靠阅读垒筑这虚拟的高殿。近半年来，关于苏轼的书籍我买了一堆，《苏轼传》《苏东坡大传》《苏东坡传》《东坡志林》《苏轼词集》……通过文字，我汲取了一星点儿苏轼的超拔的情怀，而仅仅的少量对我这个凡夫俗子来说，已经足够。尤爱其小品《记游松风亭》："余尝寓居惠州嘉祐寺，纵步松风亭下。足力疲乏，思欲就林止息。望亭宇尚在木末，意谓是如何得到？良久，忽曰：'此间有什么歇不得处？'由是如挂钩之鱼，忽得解脱。若人悟此，虽兵阵相接，鼓声如雷霆，进则死敌，退则死法，当怎么时也不妨熟歇。"一句"此间有什么歇不得处？"道尽人间沧桑，化忐忑为平坦，化荣辱为平淡。恰如一脉清泉，洗涤心上尘埃，无限明净。

是文字，让我找到"可歇之处"。在乡间，伴着日升月落，陪着星辰风露，简约春夏秋冬的轮替，皴染悲欢离合的浓淡。我喜爱着我的工作，作为一名小学老师，和孩子们在一起，面对的是无瑕的花朵，感触的是纯净的情愫。纵然现在的校园也非绝对的净土，但总算和熙攘的尘世隔着一道薄薄的壁墙，没有太多的勾心斗角，没有太多的尔虞我诈，还能间或获得一丝幸福的感动。在我的乡村小居里，没有金碧辉煌，更没有古董陈列，不值得炫耀，也没必要显摆示人，它是我和我的书籍的安居之所，有风雨的日子，我避于内，有阳光的日子，我行于外。

　　是文字，让我懂得什么是知足常乐。像《瓦尔登湖》的作者梭罗所说的那样："我愿意深深地扎入生活，吮尽生活的骨髓，过得扎实，简单，把一切不属于生活的内容剔除得干净利落，把生活逼到绝处，用最基本的形式，简单，简单，再简单。"虽然我不是农人，但我也按着他们的作息而作息，日出而作，日落而息，日子简单地只剩下时钟表面上的时针、分针和秒针，它们除了代表时间之外，再没有其他意义。当生活被提炼为一种最简单的形式，那么幸福就能以最轻而易举的方式得到。

　　苏霍姆林斯基是我崇拜的教育家，更是一个令人仰视的读书家，他说："学校应当成为书籍的王国，要天天看书，终生以书籍为友，这是一天也不能断流的潺潺小溪，它充实着思想的江河。"做一个热爱读书的人，就会自然而然地热爱生活，热爱自己所从事的工作。我们每个人自身都是一条溪流，当我们汇聚在校园里时，便把校园变成一片浩荡的湖泊。清风自然来，鸟雀自然来，生活于此间，当然是幸福的。

　　很多年以前，我是一个非常不幸福的人。那时候，我以消极的眼光看待这份食之无味弃之可惜的工作，我以悲观的态度对待糟糕的乡村生活。读了这么多年的书，让我明白一个道理，人应该平淡地对待生活，并在平淡的生活中保持一种快乐。诗人木心说："除了灾难、病痛，时时刻刻要快乐。"三十多年来，我没遇到什么灾难，但却尝到了很多病痛，最艰险时接近死亡。那种对生命的体验，让我懂得看淡生死，而除生死之外的事情并没完全明晓。那一部分，都在后来的读书中弥补了。

　　美无处不在，关键是要有一双慧眼去发觉，世事之理，其实也处处可显，需要用文字打开心智，顿悟只在瞬间。

　　其实，一个人行走在尘间，没有人能关照你的一生，更多的时候是自己对自己的指引，在这个过程中，读书能校正前行的方向，让你更快地摆脱泥淖，回到正途上去。阳光，春风，欢愉，便是文字搭建的一处处驿站，你只有读书了，才能与它们邂逅在人生漫漫长途上，获得你想要的幸福。

做一个热爱读书的人，一切是那么单纯而美好。

我的平凡的世界

张东雄

苜蓿花开，开在我最为快乐的童年。

那满山遍野细碎的紫花，那无忧无虑简单的日子，至今想来还是那么美好。

第一次读《平凡的世界》，我才刚上初中。清晰记得煤油灯下，躺在炕上的那些夜晚，总被书中的人物故事深深地吸引，被少安的坚韧担当感动、被少平的坚强坚持感动、被润叶的敢爱秀莲的付出感动、也为晓霞的死落泪伤心……从那时起，心里默默决定要不像少安那样……要不像少平一样……后来我真的走出大山，上了大学，只因我有个像少安一样的姐姐。

大学四年，每次回家，看到熟悉的故乡、窑洞和亲人，吃着妈妈包的饺子做的馒头、外婆炒的鸡蛋……真的觉得身为陕北人，我是幸福的。

我姐妹四个，姐姐就像是书中的少安一样，敢闯敢拼，很早就挑起家的重担，一心一意，直到我们三个大学毕业……在这里，我要特别感谢我的姐姐，只想说，成长路上，懂得感恩。

山有木兮木有枝，暗香浮动情痴处。每个人都有一个梦，一个属于自己的梦。

十七年前，我坐在西大图书馆里，翻一页书卷，望着窗外的湖水和蓝天，想着未来。没想到，十多年后我还会坐在图书馆里。今天更能近距离感受新绍图的历史与文化，我感到了充实。

我轻轻地放下手中的笔，只是这样静静地看着来来往往的读者。在这里，每一片叶子都散发着温柔，每一张笑脸都堆满了动人的善意，似乎可以呼吸到的空气，都述说着此时此刻或那时那刻的故事。

于是，我试着将这段工作历程记录下来与大家分享，回顾自己十七年图书馆平凡生活的同时，一则感叹绍图十多年间的巨大变化，二则更多的是追寻一个图书馆人的价值和对图书馆事业的漫谈。

篇一：我眼中的幸福

一天，在府山公园邂逅一位老读者，他问了些我的近况，我告诉他我很好，从老馆到新馆，每一天都很充实，也很快乐。我经常对自己说：趁着时光正好，不辜负每一个当下。

总之，我会在新图书馆做好工作中的每一件事情，努力做到最好。最后他跟我说，很怀念你们在老馆的那些日子，送别这位朋友，望着他离去的背影，我很欣慰地笑了，也许这就是所谓的幸福。

来绍兴十七年，回家次数不多，总觉得愧对家很多。每一次回家，一切都是那么亲切、那么温馨，总舍不得离开；每一次离家，都可以看到父母的白发增多了，实在不忍心让他们再站在冷风中为我挥手送行。

喜欢在公园里散步，每逢一对对年迈的老夫妇微笑着从我的身旁走过，我就像是看到了爸妈的影子。每次上班看到打扫卫生的阿姨，每次下楼看到聊天的老人家，每次在广场、小区、街边看到跳舞的人群，都不由得想起了我的爸妈。此刻，我的爸妈在干什么呢？吃饱了没有，身体可好？

于是我开始想家，想家乡的杏树，想家乡的父母，家是一种血脉相连的亲情，是一种爱的牵挂……在外工作，意味着不能经常回家，更谈不上经常陪伴在父母身边，很多事情等待着自己去做，我只能把我的这种感情记录下来，只希望家里一切都好，爸妈幸福、平安！

爱情可以移情别恋，它可以选择，但对图书馆的感情确切地说应该是一种亲情，亲情是无法割舍、无法摆脱的，还有一种责任在。时间推着我走向前，一片片记忆的美好，图书馆更像是我童年故乡的影子，十七年来我把我的身影留在了图书馆，把我的足迹印在了每个角落。

岁月极美，在于她必然的流逝。路遥笔下的《平凡的世界》，唤起我许多过往的记忆，打碗碗花、老槐树、赶集、信天游。书中"另一个"世界，宁静、美好、快乐、渴望、向往，那些奋斗的日与夜，是追求每个梦想的底气。

七月花开，是爱、是暖，是这座城市的呢喃……愿图书馆的景色更加迷人，愿美丽绍兴书香更加浓郁。

篇二：与书共缔美丽情缘

前不久去了一趟小梅园弄——读者颜浩岚家，直到现在心里还很不是滋味。

见到颜浩岚的时候，她正躺在床上看电子书。她多么爱看书，又多么想在书海中自由遨游，但由于身体原因，浩岚姐现在基本上只在电脑上看电子书，因为用双手支撑看纸质图书太过吃力。交谈中，浩岚姐提到了很多图书馆人的名字，说得最多的是："不想太麻烦图书馆，图书馆帮助的够多了……"短短的几句话，让我感觉很温暖、很亲切，也让我在图书馆这种与其他行业全然不同的工作中，略微体会到了一丝丝快乐与价值。

人的一生，有很多东西我们无法选择，但是每个人心中都装着一个书香盈溢的世界。与书相伴，一路花开。深深浅浅的印痕，是对人生最美好明天的期许，是对图书馆春天美好的向往。此时此刻，我们有什么理由，不将光芒洒向更开阔的地方呢？面对此情此景，我们又有什么理由，不去更好地涂抹头顶上空那片文化的蔚蓝呢？

从事传统文化，孤独的操守。滴水成流，非一朝一夕。多分一点时间给那些温暖的人和心爱的事，永远都值得去努力。我们告诉孩子们，学习和成长的路上需要勇于探索的精神和独立思考的能力，而图书馆就是这样一个为探索而创造的"魔法森林"；我们告诉大人们，工作和生活需要不断"充电"，图书馆是一个永远"续航"的地方……

与浩岚姐的相谈、相识让我受益匪浅，更让我感慨的是一个城市有多少五星级的酒店并不重要，重要的是要有一个非常好的图书馆。不久前，湖北农民工手写留言告别东莞图书馆：余生永不忘你……留下一个人，温暖一座城，这是一个结局圆满且值得反复讲述的故事。

我们每一个人都离不开书籍的熏陶，都抵不过文字的魅力。冥冥之中，我仿佛许下了一个承诺，即我与图书馆有一个一生的约定……我轻轻扶了扶膝上的书，书的封面是《平凡的世界》一贯的印象——朴素、真实。我抚了抚书面，微微一笑。窗外，漫漫烟雨，潜了谁的梦，择了谁的明媚。

作为一名图书馆员，喜欢这种与读者相互交融、相互撞击的氛围。岁月在一排排书架的罅隙间流淌，愿漫步这片光影中的你，终能找到那份至美至雅。然而，就这么看似简单的幸福，对有的人来说也是一种奢望，只能寄望书香在梦里飘逸。

一个好读书的人，其人生也会一路芳香。相信有了书的日子，就像这秀美的梅园弄小巷，总有和风吹拂着，总有缤纷的鲜花开放着，当然更重要的还是，与书共缔美丽情缘。

篇三：爱着这一行

绍兴图书馆从古越藏书楼启程，有着118年的历史。传承文明，播扬书香，启智育人的绍图，已成为广大读者求知、学习、交流的文化殿堂和知识宝库。

走进至美而宁静的绍图，仿佛在知识的殿堂漫步。新图书馆，更像是读者的情感驿站、心灵居所，散发着无限的魅力。秉承"存古开新、平等共享；惜书敬人、尽职奉献"新的绍图精神，带着对图书馆深深的爱，下面谈几点对图书馆事业的理解。

1. 重新定位一个图书馆人的初心

2019 年 9 月 9 日，习近平总书记给国家图书馆老专家回信中指出：图书馆人的初心"传承文明、服务社会"。图书馆是国家文化发展水平的重要标志，是滋养民族心灵、培育文化自信的重要场所。

活水随处满，花柳逐时新，谁言春将尽，此处别有春，图书馆的春天一直在。

2. 全力做好图书馆宣传与引领工作

跟一朋友聊天，她说："图书馆以前在延安路，没事就去听讲座、借书、陪女儿做作业……现在这么远，图书馆，我已经失去了。"听完后，有一种莫名的伤感。2014 年 12 月 28 日，当老图书馆再也不能给予热爱它的读者更多的空间时，位于梅山脚下的这座全新现代化图书馆悄然打开了大门。

诚然，图书馆需要发展，但对图书馆本身而言，有种风景叫人越多越好。有读者，图书馆才有存在的价值，这需要一点一滴的积累，需要实实在在的努力。那么，我眼中的图书馆人，理应做好引领与宣传。

3. 把图书馆工作，当成一项事业来经营

图书馆工作让我明白：哪怕只是一份普通的工作，只要能发挥自己的才华，能激发自己的潜能，能让自己对生活更有热情，愿意不断进步，那也算是成就了自己的事业。

天天、月月、年年，就这样如水一般流淌。我们行走在不同的街角，我们奔忙在不同的时节。以我们最渴望的模样，温暖着每个人的阅读维度。

4. 书香盈溢，一代代图书馆人的坚守

从昔日的古越藏书楼，到今天的镜湖新馆，走过了整整 118 年。这一路走来，在几代图书馆人的辛勤努力下创造了一个又一个奇迹，走过了辉煌的历程。这一路走来,无数图书馆人立足自身岗位,甘于奉献,开拓进取,以实际行动诠释"存古开新,平等共享"的办馆理念,为此付出智慧和力量。

任时光荏苒、流逝,变得是自然环境、周围的人与事,不变的是与图书馆的四季相约,相伴。十七年风雨,十七年相伴,感恩点滴,共同成长。

写在最后:

博尔赫斯曾说过,"如果有天堂,天堂应该是图书馆的模样。"

是啊,世界上没有两片相同的叶子,人也不会两次踏入同一条河流。而我,已经在绍图十七年。

《平凡的世界》之于我,每读一遍都是一个全新的世界。感谢路遥的这部伟大著作,写尽了陕西人的纯朴、勤劳、聪明以及奋进,必将伴随我一生的成长。

岁月终究会从指缝中溜走,但珍贵的回忆却永生难忘……

在阅读中，享受岁月的静好

萧忆

初夏的阳光柔婉而又静谧。

周末，我的妻子霞正坐在窗前捧着手机，在一杯咖啡的熏染下与上古时期的仙怪妖魔一起充盈着时间的空域。有风从窗外轻悠地飘来，似乎屋外的聒噪都已被她过滤，她专注地沉溺在玄空的世界里享受着刀光剑影，享受着悲欢离合。

和妻子从恋爱到结婚，已有四年。

记得，我踏上西去的列车第一次穿越五六百公里的山山水水去寻找一个之前只存在于网络虚空世界里的霞时，正是暮夏。十几个小时的火车旅途耗费了我所有的期盼和激越，只剩下一副倦态的身躯慵懒地斜靠在车窗上。窗外黑魆魆的一片，我像被禁锢在一个巨硕的黑匣子里一样，随着依然保持着蓬勃之势向前驰骋的火车，假寐着，等待着。凌晨四点的时候，列车缓缓停靠在一座小城的站台。站台上，只有三四个工作人员还在值守岗位。

我下了火车，如同一个形单影只的鬼魅，走出空荡荡的火车站。在火车站灯光的照射下，我这才看清楚它的模样。这是一个袖珍型的火车站，一切都显得过于矮小。夜半的风吹拂在身上，让我接连打了几个寒战。凭着网络世界中对霞五官轮廓的记忆，我在站前空阔的小广场上飞快地扫视了一番。只见一个女孩蜷缩在模糊的雕塑下的石阶上，眼睛直直地盯着手机屏幕。凭着直觉，我知道她应该是我们先前约好前来火车站接我的霞。

我拖曳着身后纤长的影子径直朝她走去。当霞第一次如此清晰而又真实地出现在我面前的时候，她似乎已经遁入了另一个世界，纤纤如嫩黄的手指隔几秒便点一下屏幕上的进度按钮。我轻轻拍了一下她的肩膀，她这才缓过神来，略有羞报地看着我。我脱下外套披在她的身上。她以嘴角一抹淡淡的微笑作为回应。

夜风瑟瑟中，我们一起走过宁静的街衢，一起在昏黄的路灯下有说有笑，像是一对久违的老友，全无生疏感。从言谈中，我才得知霞是在看一部玄幻小说，玄幻小说是当前非常流行的一种潮流文本。小说以气势恢宏天马行空的想象力为基础，构建出一个区别于人世的社会框架，往往以上古时期为历史背景。在这个背景下，人、妖、仙、魔同处在一片混沌之中，他们为了某种利益征战不休。玄幻小说一经问世，便收拢了大批粉丝。粉丝们如坐针毡，整日期待着小说的更新。他们或多或少皆是在小说的理想世界里，寻找到能让身心得到栖息的惬意港湾。

自此，我才得知，妻子自高中开始，她便像一个奔跑的少年，一直孜孜不倦地在玄幻的世界里追索着，遨游着。直到现在，只要有闲暇时间，她都会将自己置放在那一片或是荒芜或是幽怨的境域，对于玄幻小说的钟爱从未改变。

随着智能手机的兴起和普及，手机阅读已成为了时尚。我却始终不能和妻子在阅读文本中保持一致，甚至有些厌倦那些飘飘若仙的虚幻世界。出于对文字的喜好，我始终钟情于传统文学。那些文字驾驭功底良莠不齐的风靡于网络的小说，始终走不进我的视线。时间宽宥的时刻，我更愿意翻开手机阅读一些文学经典著作。这类著作不但对故事情节精益求精，对文本文字"锱铢必较"，且更重视社会人文的思想和境界的擎举。虽然读起来相较于网络小说有些吃力，但我始终认为那才是最能靠近灵魂的读物，最能洗涤人心灵的文字。我执拗地认为，那些缥缈的世界填充的都是远离生活，远离人生的虚幻场景，只图一时的愉悦，并不能带来深远的人文影响。但我相信，随着社会的进步，网络小说将会得到更好的发展，成为一种更受人尊敬和重视的领域。网络小说目前还在起步阶段，它已经取得了很好的市场成就，相信在未来，将会更甚。

起初，因为这个话题，我和妻子常常争论不休。公说公有理，婆说婆有理，彼此据理力争，谁也不曾退却，最后只得以互不干扰而结束纷争。每到周末，我和妻子握着手机，沉浸在各自的世界里，和平共处，落得一身的自在。

忆起刚开始接触电子阅读的时候，我总觉得在电子阅读远没有阅览实体书有感觉，很长一段时间，我一直进入不了电子阅读的状态。如果时间允许，我定会坐在幽静的图书室内，挑一本余华的《活着》，或是路遥的《平凡的世界》，或是陈忠实的《白鹿原》。虽然已经阅过很多遍，但再次翻开的时候，那种扑面而来的感官享受依然能俘获我的内心。

后来走上工作岗位后，留给我的个人时间越来越少，想要整个下午把自己丢在图书室看书简直就是一种奢求。慢慢地，我适应了电子阅读。相反，实体书看得越来越少了。我离图书馆的距离，也越来越远了。

时代在向前发展，科技在进一度飞跃，对于这个日新月异的新时代，我想只有紧紧跟随，才能享受着时代和科技带给我们的便捷。过于拘囿于过去，可能是一种倒退的表现。

比如在这个寻常的周末，我同样愿意抱着手机，在窗前翻看陈彦的《主角》，唯一和妻子不同的是，我喝不惯来自异域的咖啡，但对产于汉中盆地的仙毫，却是爱不离口。在时间静静地流淌中，我在我的世界里遨游，妻子在妻子的世界里穿梭，彼此互不打扰，同享岁月恬美的静好。

我们都怀揣着一个"爱"字

竺莲君

认识你，缘于一本书。

那年下半年，去市图书馆借了两本书，一本是路遥的《平凡的世界》，一本是你的《遇见你的纯真岁月》。我把这两本书，一本放床头，一本放办公室。休息时，随手可以拿来看。真的，读这两本书，自己被深深吸引住了。《平凡的世界》，广阔的历史背景，人物所经历的种种磨难，自己被深深打动。你的那本《遇见你的纯真岁月》，更是给了我莫大的惊喜。我很是惊讶！那时，我才知道原来平时试卷里的许多阅读文章都出自这里，出自你的文笔啊！原谅我之前的孤陋寡闻，居然不知道如此温暖人心的文字，原来是一位叫丁立梅的女作家写的啊！《掌心化雪》《每一棵草都会开花》《攀铁手架的小男孩》《贺卡里的玩转流年》等等。

从此我对这本书爱不释手。下班了，我把这本书从办公室带回到车上，在等候女儿放学时可以拿出来看。回家了，我又把这本书带回家里，睡觉前，靠床上，再读读那些文字，常常共鸣：

"我们可以平常，但不可以平庸。我们可以卑微，但不可以没有梦想。我们可以不富足，但不可以不善良。"多有哲理啊！善良是本性。生活本该有趣，再清贫也可以过得活色生香。

"恍惚间，月下有小女孩，手执小扇，追着扑流萤。"依稀地，我仿佛看到了我儿时的光景：两三个小女孩，追着萤火虫从台门内到台门外，她们嬉笑着，扑闪着她们亮晶晶的眼睛，一如闪闪的萤火虫。那是她们的快乐童年啊。

"他们只是这么平凡的一对，两粒沙子般的，演绎着属于他们的地老天荒。"仿佛，我看到了我那平凡的，相爱了一辈子的父母。

我常常读，读不厌。那些暖心的文字，能让浮躁的心变安静，能让繁杂变得纯朴。能忘却日常琐碎里的烦恼，能让人从温暖的文字里，学会爱，爱人，爱生活，爱周围一切有生命的花草鸟兽。我用心感悟生活中的真善美，体会文字里充满的智慧和哲理。

可惜一个月时间很快过去。有时候觉得自己是个书痴。有这样一个嗜好，倾心爱上了一本书时，我就舍不得放下。就像小时候买不起好看的电影连环画，我就抄，抄里面的文字。如今这痴迷还是没变。眼看一个月的还书时间将到，我就去图书馆办了续借手续。我心里高兴哪！心想，我还有一个月时间，再读这两本书呢。

可是，当绍兴图书馆的短信来提醒第二个月时间即将过去，还书时间马上要到了的时候，我又赶去图书馆咨询能否再续借。当被明确告知只能续借一个月，不能再续借时，我感觉好失落，好像少了一个知心的朋友。只能万分不舍地还了这两本书。

从此，我就开始买书！买你的书，先后买回了《遇见你的纯真岁月》《有一种爱叫相依为命》《花未央，人未老》《风会记得一朵花的香》《等待绽放》《有美一朵，向晚生香》《风景这边独好》《愿全世界的花都好好地开》《向着美好奔跑》《你有蔓草，我有木瓜》《每一个四季都是自己的人生》等等书。自己网上不会买，托同事、亲戚帮我买，还因此错买了一本其他人写的《遇见你的纯真岁月》。再买，终于买回了你的那本《遇见你的纯真岁月》，尽管从图书馆借来已经看了两个月了，但看不厌呐，我可以随时想看就看。我还得到了好几本你亲笔签名的书，我捧着它们，就像捧着自己心爱的宝贝一样。

我买书，我看书。我还关注着你的微博，关注着你的微信公众号，也加了你的微信。我们不聊天，知道你忙着，但有事时，发个微信给你，你一定会回复我，亲切得像个邻家姐姐。难怪有好多你的读者都亲切地叫你梅子姐。我分享着你的文字，分享着你的真善美，分享着你对生活对生命的热爱。我陶醉其中，不亦乐乎。有时候，我还会有选择地给学生读你的文章，我还给喜欢写作的学生推荐你的书。她们也一样喜欢读，喜欢写。其中有两个通过选拔，参加了绍兴市现场作文竞赛，后来获得市级二等奖。

如今女儿也喜欢上了你的书。当她完成作业，想看书的时候，她会随手拿起一本书来读。读到令她感动的地方，她往往要拿来与我分享，不管我手头是否正忙着活。如《有父亲的时光是彩色的》《祖母的葵花》等等。原来文字的魅力能如此大，能跨越年龄，产生情感共鸣。

真的由衷感谢你的暖心文字。它在我们心里种下一颗温暖与爱的种子，生根，开花，结果。人生因此而美好。

我奇怪自己到了这个年龄，还如此痴迷自己的偶像，仿佛像个追星的粉丝，我想那一定就是文字的魅力。前年暑假，我第一次带着女儿出省到苏州，就是为了见见早已经在心里认识的你。我在苏州国际博览中心倾听你的分享，你一直站着，面带微笑，字字珠玑。我也一直站着聆听，不放过一字一句。每一字每一句都说出了我的情感，我们心心相通。

签名时，我和女儿排着队，跟着人群慢慢前移。终于，轮到我们。终于，我能看着你在我的两本书的扉页上签上了你的名字。你抬头的一个微笑，你起身的一个拥抱，驱赶了我所有的疲惫。你的笑容，就如你的文字，一下子，让人如沐春风。

我一直珍藏着我们三个人的合影，那是金城出版社丁洪涛老师给我们拍的。照片上，我们都笑容满面。因为我们都怀揣着一个"爱"字。

江河泛书舟

李登倩

我们就生活在当下的快节奏中，不难发现，现代社会其实已经没什么知识能用一辈子的了。

古人倘若年少即博览群书，便能称作"多闻"至鹤发。但现在，如果我们不想落伍于这日新月异的世界，必须不断遨游浩瀚的信息海洋，要是想成为个中弄潮儿，更需将这些化为自己的才能。

学习的重要性，显然是更甚以往。不要轻信今天已到人人娱乐至死的地步这种话了，社会变革正如火如荼，这让世界成为人类需要重新认识的对象。爆炸式的进步会令许多昨日的成功者心生隔阂，也会给许多的年轻人带来崭新的机会。

人世代代无穷，恰似江河永流；人生在世也是匆匆过客，更如流水东逝。而江河之所以为江河，也是因其历经滔滔；人世之所以为人世，也是因其阅尽匆匆。如何认清这样的时代，如何把握自己在这时代潮流中的位置，乃至如何选择方向、逆流而上，便成为极其重要的人生课题。

如今数字化浪潮席卷全球，或许对一些善于运用互联网的年轻人来说，阅读书籍不再是他们获取知识性价比最高的途径。

当我们想翻阅一本好书，早有翻拍好的电影带给你一至两小时沉浸式的美学享受，双目双耳均得到了愉悦。当我们想学习一门技能，也有专业人士拍摄的教学视频，起码比看专业书籍好理解。

文字在图像面前有一种天然的孱弱，人群中只有相对更敏感的那部分人才能理解。几帧构图出色的画面往往比一首十四行诗更令人印象深刻，这是由人的本能决定的。但文字本就不是以"鲜艳"出彩，而是更凭"深沉"出胜。一本哲学名著，世上暂时没有哪位导演可以将其演绎出一二分，但其厚重丰富的内涵却不会因此减少半点。

文学，是极少数能让我们看清世界、理解真理的领域之一。它始终关注着人类复杂的心灵，并揭示出那些难以用其他方式、唯有文字才能向他人道出的体验。也唯有文学，能够让我们深入领会其他孤独的灵魂，理解他们的逻辑，分享他们的感情，体验他们的命运。

我还记得《活着》这本小说中的句子，"月光照在路上，像是撒满了盐"。这是一个关于月光的朴素比喻句，但凡稍微有那么点才华或学识的人，都可以将月光比作银纱这类更美的事物。小说作者自然修辞精妙，但他没有为漫漫长路覆上缥缈银纱，而是真正走进农民福贵的命运，并透过他的双眼看到，柔润月光投落在农村糙劣的地上，确实是苦咸的盐。

名人琼森曾说过："当你站在那里还在思考应该让儿子读哪些书时，其他的孩子已经把书都读完了。每天都要读五个小时的书，无论读什么都可以，你很快就会变成学识渊博的人。"也有人这么说，既然看得越多忘得越多，那么最好的读书方法就应该是顺其自然，而不是对读书的时间和页数做出强制规定。

而我认为，遗忘是再正常不过的事。读书，也不硬要读者背住第几页第几行写了什么，合上书多年后，能回忆起一节深刻的片段，一个心动的角色，甚至是一种模糊的情绪，都不算白读。就算是真的彻底忘记，也正是这些个或长或短的遗忘过程，塑造了一个人的价值观念和举止修养。

想看书却不知从何看起，这是一些人可能会遇到的烦恼。这种情况通常说明了两个点，这些人有闲暇却无偏好，若读书无所嗜好，那就尽可能阅其多。况且，如果我们不先做到泛览群书，又怎么知道自己到底喜欢什么？广然后深，博然后专，然而这些也是很后的话题了，我们不必一开始就将目标放得如此长远伟大，如今并非古时，大家要多看看"闲书"。

阅读名著是节省挑选时间的好方法，绝大部分作品，如果不是足够优秀，它们也无法做到流传至今。这个道理应该是任谁都懂，但人们不太愿意阅读这些大名鼎鼎的作品，反倒对网络小说情有独钟。

木心说过：文化的悲哀，是流俗的易传、高雅的失传。对于当下年轻人被快餐文学养刁了的口味来说，名著确实是且慢且深，无法带来肾上腺素刹那飙升的快感，也缺乏网络写手深谙把握人心套路的节奏感。我也是看了很多年网络小说的人，部分读者从最初一味追求快感，到如今细扒其中致敬正经文学的情节并引以为豪，实在算是一种有趣的转变，是当下难得的审美高级化现象。

西方有这么一句谚语：人人知道荷马，谁读过荷马？这层象征很有意义：人所崇拜的东西，常是他们不知道的东西。信息发达则更加剧了这种情况，甚至大家都清楚这本书拿过如何如何的奖，被这位那位的巨擘鼎力推荐，是哪位知名作家呕心沥血而作，但真正翻开书的人可能很少。

然而每一个时代的重大文学现象和优秀文学作品，并不会随着这个时代的过去而成为过去。它们蕴含着客观的真理和历史的启迪、永恒的价值和永久的魅力。一部优秀文学作品的生命总是处在历史的永久运动之中，并且总是和世世代代人们的生活密不可分。培养自己对文学的爱好，了解文学内涵，提高文学修养，应当是我们人生的必修课。

人生匆匆，江河无穷，也正是因为这人生匆匆，人世才代代如新。

孙犁引我前行

寇建斌

入夜，雨悄然而至，伴着微风，淅淅沥沥，敲打着窗棂，如梵音，如小夜曲，清脆悦耳，一时间滤去了世间的嘈杂，心格外宁静。就想找本书读，找本与这宁静契合的书，细细去读。

于是，便从书架上翻出了两本久违的书。

这是两本包着书衣的书。我的书很少包书衣，没有珍籍，自己未必读得完，别人也未必读，何必费事多此一举。翻开泛黄的书衣，是一套两本《孙犁文集》。扉页上端，赫然有孙犁先生亲笔书写的两行娟秀的钢笔字：

建斌同志指正

孙犁一九八四年七月

我眼前顿时一亮，一件青葱岁月时做的莽撞事浮现心头。

20 世纪 80 年代，我国刚刚打开通向世界的门窗，欧风美雨呼啸而至，荡涤了积存已久的陈腐之气，让人耳目一新。同时，也裹挟着大量灰尘杂物，把人弄得眼花缭乱，头晕目眩。有一天，极为偶然地在哪本书中翻到了孙犁先生的名篇《荷花淀》，因为曾经读过，只是随意翻翻，不想却被拽了进去。之前读时觉得平淡无奇，既无动人情节，也无惊人之语，印象寡淡。此时细细读来，感觉如同一条小溪，不疾不徐，潺潺流淌进干渴焦躁的心田，那么滋润，那么熨帖。这篇著名的小说很短，感觉像散文，更像诗，文字鲜活，欢蹦乱跳地扑入心怀。我试着把一段话按诗的形制做了排列：

　　她像坐在一片洁白的雪地上
　　也像坐在一片洁白的云彩上
　　她有时望望淀里
　　淀里也是一片银白世界
　　水面笼起一层薄薄透明的雾
　　风吹过来
　　带着新鲜的荷叶荷花香

　　这不是诗的语言么，多么清新隽永，诗意盎然。读着这样的文字，让人觉得意蕴无穷，余音缭绕。如孔子闻韶，三月不知肉味。又似久食糠菜，一旦逮着机会吃了一口肥肉，勾出馋虫，再想吃却没了，那滋味岂是难受俩字了得。于是四处搜寻孙犁先生的书，因身处偏僻乡下中学，所教毕业班教学任务繁重，很难觅得。

　　一日，发现一张过期的《天津日报》刊载一则消息：天津百花出版社新近出版《孙犁文集》两册。一时心血来潮，就直接给孙老写信求书。信寄到《天津日报》，寄出后便觉荒唐，别说信难以转到孙犁先生之手，即便转到了，人家大作家能理睬你这无名小辈，管你这等琐事？自己敲几下脑壳，便把这事抛到脑后。

　　忽然有一天，邮递员送来个邮件，郑重地要我签收。打开一看，竟然是我所求的那两册文集。更让我想不到的是翻开扉页，居然有孙老的亲笔题字。这真让我喜出望外！

　　我如获至宝，爱不释手，当即捧卷研读，连吃饭都忘了，直到肚子发出抗议，才去学校食堂打饭，却早过了饭时，没饭了，只得吃几块饼干充饥。两册书,一篇篇读来,如沐春风,如饮甘霖,自觉受益颇多。

这年,我写出了真正意义上的第一篇小说《二凤》,发表在保定地区文学刊物《花山》头条,编辑是金怡(后来得知是铁凝)。接着,写了中篇小说《村东,有座小白楼》,正巧赶上湖北广播电台组织首届屈原文学奖全国性征文,荣获二等奖(仅2名)。此后,相继在《青年文学》《上海文学》《长城》《莽原》等刊物发表了一些中短篇小说。后来,由于诸多原因,辍笔多年,在文学创作的道路上并未走出多远。不过,文学已在心中扎下深根,我总会用一种特别的视角去观察社会,感悟人生,从而在急速流转的世界里不晕头转向迷失自己。

说起来,我的家乡河北安国与孙犁的故乡安平孙遥城村直线距离仅20多公里,地理相连,民风习俗相近,有一种天然的亲切感。孙犁与安国渊源很深,他从老家走出来,人生第一站就是安国。孙犁的父亲16岁到安国"永吉昌"药材店铺做学徒,后来做账房先生。由于能力突出,十几年后成了"掌柜的"(经理)。收入多了,就把妻子、儿子接来同住。孙犁这年11岁,刚在本村读完初小四年级,转到安国城内读高小。孙家住在县城南关,孙犁上学要穿越县城的南北大街走到衙门口,再拐弯走到文庙(现在的安国市政府所在地)。他的学校就在文庙里。

孙犁在作品中多次提到安国,对安国的感情很深。他在《我的童年》中写到:"每年春冬庙会,商贾云集,有川广云贵各帮。药商为了广招徕,演大戏,施舍重金,修饰药王庙,殿宇深邃,庙前有一对铁狮子,树有两根高大贴旗杆,数十里外就可以看到。"他这样记述了第一次跟随父亲进城:"先过药王庙……再过大药市,小药市,到处是黄芪味道,那时还都是人工切药。大街两旁都是店铺,真有些熙熙攘攘的意思。然后进南城门洞,有两道城门,都用铁皮铁钉包裹。"1953年孙犁下乡指导调查农村合作化运动时,特意把基地选在了安国,并据此写出了他的重要作品《铁木前传》。其中,不仅语言、内容跟安国密切相关,还直接写到了卜家、张家药材经营大户。可见对安国的了解非常深入和广博。

　　孙犁先生远逝了，他的文字依然活在人间。他的著述不算多，我把能搜集的几乎都找到了。孙犁的书，适合静读。读孙犁的书，就像面对一位忠厚的长者，他不会告诉你多少高深的道理，却会把你带到一个他所创造的清新的世界里，让你屏蔽掉浮躁喧嚣的现世，慢慢融入其中。此时，你会觉得世间一切静好，生出许多感动。等你再面对纷繁凌乱的生活时，或许就会有了不同的心态。

　　雨，仍然没停。伴着悦耳的雨声，读着孙犁，心里生出许多感动。

　　读完这两册书，我依然包好书衣。这两册书在书柜众多赤裸着的书中很惹眼，我知道，我会随时把这两册书抽出来，再读。

读纸书

疏泽民

朋友来访，见我的书架上摆放着装订粗糙的打印小册子《中短篇小说集》，一脸惊讶：都什么时代了，人还在读纸书？我呵呵地讪笑：习惯了，改不掉喽。

新媒体时代，电子阅读、指尖阅读、碎片化阅读成为人们的首选，纸媒阅读日益式微。譬如现在的报纸杂志，每年都有缩版停刊；街头的书报亭，几乎销声匿迹；就连曾经充满纸香墨香的新华书店，也在悄然转换业态，由单一的图书销售，转向图书预订、借阅、销售与市民健身、休闲、服务于一体的多功能营销模式。

这一切缘于网络化、信息化带来的冲击。如今资讯发达，人们生活节奏明显加快，业余生活方式多元，"临窗而读""拥衾而读"式的"从前慢"，差不多成为一种奢望。我也一样，为生计而忙，很难有完整的时间静下心来读一本书。于是，我关注了不少微信公众号，其中不乏文学期刊。忙里偷闲，我就在公众号中"淘宝"，遇到好的文章或有用的资料，先收藏，再集中打印装订，慢慢欣赏。

我喜欢读纸上的字。手机上、电脑上的文章再好，总有一种飘忽感，看得见，摸不着，一旦断电，什么都没有了，空落落地找不着北。字印在纸上，就不一样了，不怕断电断网。目光和指尖在纸上触摸，会有一种让人舒服的质感，似乎带着文字主人的体温。纸书可以慢慢读，慢慢品，一时读不完，夹一张书签，下次接着读。遇上令人叫绝的字句，还可以圈圈点点，批注读后感。一本书读完，搁在书架上，下次需要查阅，随手一翻就是，根本不需要在手机上电脑上百度，大海捞针。

公众号收藏的文章分为历史、文学、资料三大类，选取精华打印，业余时间慢慢读，越读越有意思。譬如打印的《中短篇小说集》，选自《北京文学》《长江文艺》《雨花》《红豆》等，其中不乏新生代作家的佳作，贴近新时代，接地气，这些都是我喜欢的，读得比较细，还用色笔做了记号。本地没有书报亭，去新华书店很难买到自己想要的书，而网络上铺天盖地的书讯，良莠不齐，远不如从微信公众号中筛选打印出来真实而方便。虽然用自家打印机打印装订的小集子很粗糙，成本也不菲，但并不妨碍自己阅读。许是敝帚自珍，自己圈点过的小集子，都是孤本，十分珍惜，概不外借。

有时候，我也会淘一些畅销书和经典图书，譬如苏童的《黄雀记》、陈忠实的《白鹿原》、钱锺书的《围城》等，一年只淘两三本。但我觉得，能将这两三本读通读透，也就够了。

喜欢读纸书，是我多年的习惯。

小时候在牛背上、煤油灯下、灶膛前，手中总要捧一本小人书。读中专时的寒暑假，我会从校图书馆借几本书带回家乡。参加工作后，依然保持读书的习惯，每当夜幕低垂，于窗前亮一盏台灯，灯下摊一本书，案前沏一壶绿茶，任清醇的茶香静静地飘拂。在这样的氛围里，我的心神很容易沉淀下来，白天溅落一身的凡尘与喧嚣，也在这微风轻拂、墨香与茶香共舞中涤荡开去。就着柔和的灯光，呷一口清茶，让目光牵着心灵在文字间悠闲地漫步，如同牧羊人放任羊群在绿茵茵的大草原中自由啃青，十分惬意。晚上要是没有读书，总觉得有一件什么事没有完成，心里不踏实。出差住旅馆，我喜欢在旅行包里装一本书。有一次去浙江横店，包里的书被同事借了去，临睡前总觉得心里空荡荡的，在房间里走动了几个来回，直至在台桌抽屉里找到一本介绍当地旅游景点和特产的书籍，躺在床上翻读至深夜，才安然入眠。

书中自有黄金屋，书中自有颜如玉。这里的"书"虽没有明确介质，但我却认为它应该是纸媒。在我看来，纸质书，才是实实在在的书，那些电子书，总有一种虚无感，如过眼烟云，读后无影无踪。

我喜欢读纸书，在纸上"啄"字，触摸纸上的温度，汲取精神的营养，且读且快乐。

读纸书，也是一种小确幸。

不负深情的女性书写

赵春霞

似乎总有那么一种特殊的气息吸引我，她的文字，她的故事，她笔下的人物都是独特的，脱俗的，有着极端的情怀和另类的美丽。美的不是相貌，而是笼罩在那些美丽女子身上的气息和性情。

《隐秘盛开》《朗霞的西街》《心爱的树》《你好安娜》每一篇都在我心上刻下某种印记，蓝色的，紫色的，墨绿色的，青粉色的。其实，最早接触蒋韵的小说还是在《新华文摘》上，大约有十年了吧，记得那篇小说的题目叫《落日情节》。很多小说读了，感动一些日子，时间一长，甭说题目了，大约读没读过都没印象了。可是这篇小说到现在我都记着题目，因为正是这篇小说让我记住了蒋韵这个名字，在文坛上一直存在但不算响亮的名字。

那个拾起槐花放到嘴里的女子，浪漫之情怀是那么自然，又那么内敛。被命运所拘束，又以自己的深情暗自对抗，但最终，她还是屈服于命运的掌控。

正是由于蒋韵小说中人物的独特，并且与我的生命色调相契合，我喜欢上了这个作家。

以后，我有意识地寻找她的小说来读，她的小说正如她在文坛上的名声一样，颇有点隐秘盛开的意思。她的小说《你好安娜》获得了2019 年度"中国好书"，甚感欣慰。至少说明还有一部分跟我一样认可这样的文学和精神追求。

　　她小说的女子仿佛都是穿着紫衣的古典女子，内心却萌发出强烈的现代气息，因而每一个女子都复杂而深情。

　　那些女子在阳光的碎影里，影单形只，但是浑身散发着美丽的光。蒋韵的小说世界并不繁复，也不浩荡，甚至少了那么一点烟火气，仿佛小说营造的世界是一个独立的星球。

　　但是那些女子却真的叫人难忘。形象是模糊的，但那模糊的外在形象却个个都闪光。

　　《落日情节》中郗童似乎永远走不出命定的局限，在一个怪圈中轮回。虽然她是那么透彻地望见命运的大手，望见远方的苍凉，望见生命的悲剧情节，但是，她却无力走出困境。

　　《隐秘盛开》里几位女子传奇的爱情故事，读了真是令人荡气回肠。虽然当下浮躁的社会已经很难看到深情的模样，多的是快餐式的爱情，所谓活在当下的自由洒脱和得益相关的爱情婚姻模式，而蒋韵小说中的几位女子个个深藏着隐秘的往事，深情被辜负了依旧坚守本来的初心，那种爱情美妙的样子，仿佛光照初红的美丽，令人潸然泪下。有人说蒋韵小说中的人物都是爱的信徒，真是一语中的。

　　特别让人感慨是《心爱的树》，这篇小说最动人的形象其实应当归在大先生身上，大先生的遭遇让人心疼，大先生的痴情也让人心疼，大先生的宽容厚道更让人心疼。不得不说，蒋韵是写爱情的高手，她笔下的爱情架构出的世界少了烟火气，无论是哪个时代，哪种生活的背景，也仅仅是她爱情模式的背景而已。她在这样的背景中编织独特的爱情故事，探秘人物命运的线索，揭开人物精神内核的古典情怀。尽管那一个个性格迥异的女子，似乎都有一个特质，就是对世俗的不迎合，按照自己生命的基因行走在世上，担负着爱的神圣，满怀深情地行走在纷乱的人群中，倾听着遥远的朦胧的歌声，而斜斜的阳光打在人的身上，一切都仿佛旧日的模样，不变的永远是那初动的心。

　　蒋韵用小说书写着20世纪的诗与远方。常常的，我在阅读她的小说时，被她的故事所感动，所吸引，而我也成了故事中的一个游离的人物，在其中穿插，修补我缺失的一切。又或许是其中的一个女子，专注地瞅着我，我的干枯的心灵在她的目光中渐渐有了生气，我在她的注视下复活，成为一个新的小说人物。

读书如吃药

汤云明

读书与吃药，看似两件风马牛不相及的事情，但仔细琢磨，还是有许多相同或相似之处。

古人说："读书破万卷，下笔如有神"，形容博览群书，把书读透，这样落实到笔下，运用起来就会得心应手。也有人说"读万卷书，行万里路"，强调的是读书和实践同样的重要，读书和生活体验都能够增加人的见识和阅历。

我们现在写的书就是后人的精神食粮，后人无不是通过前人的书了解以前的历史文化。但由于受作者个人学识水平、政治观点和当时人们对自然、社会科学的认知程度，书中难免会有错漏之处，这就需要我们有辨识地去学习和读书。于是，《孟子·尽心下》中提出"尽信书，不如无书"，告诉我们读书不要拘泥于书上或迷信书本，甚至要带着怀疑的眼光去读书，如果没有点大胆的想象、求证、推理和判断，社会就难以进步了。

说到治病用药，我们最常听到一句话，就是"是药三分毒"。其实，对于吃药也和读书一样，尽信药不如无药。因为任何药物都存在一定的毒副作用，也就是说吃药不可能一点风险都没有。无论中药还是西药，在所有上市批准的药品中，找不到一种百分之百安全的药。所以我们要慎重的用药，酌情用药，因此也才有了医师、药师资格和处方药、非处方药这些说法。

　　尽信药不如无药还有另外一个意思，就是说身体的健康不能依赖在药物上，要学会在日常生活中调理、保养和锻炼，不要等生病了才去吃药，让自己少生病，少吃药，会治"未病"才是治病的最高境界。

　　尽管书和药都不是万能的、完全正确的，但要是没有书，没有药，这个世界还真是不可想象，所以我们还得认真读书，小心吃药。

　　可以说，读书是非常重要的事情，"富家不用买良田，书中自有千钟粟；安居不用架高堂，书中自有黄金屋；出门莫恨无人随，书中车马多如簇；娶妻莫恨无良媒，书中自有颜如玉；男儿若遂平生志，六经勤向窗前读"。这句出自宋真宗赵恒的名句，不但对于古人，其实，它在当今社会，依然是社会底层的老百姓提高自己社会地位的一个方式。这句话出自皇帝之口，可见它对社会的深远影响。以前我们批判封建社会人们追求权势和地位，其实，追求权势和地位没有错，关键是看我们怎样去把握它、利用它。

　　书犹良药，善读医愚。良药如书，善用明智。两者在必要的时候还可以互相渗透、互相影响。100年前，在积贫积弱的情况下，面对国人的麻木不仁和冷血无知。鲁迅、孙中山先生两位医者认为医术只能医治人们肉体上的病痛，而不能医治精神上的愚昧无知，于是决定从深层次改变国人的面貌。他们一个选择用文字从精神和灵魂方面改变国人吃"人血馒头"的麻木习性，一个选择用武力推翻产生这种精神上"东亚病夫"的制度根源，为中国的发展壮大寻求新的道路。两位先贤弃医从文、从政，一个以笔墨作刀枪，一个直接抬起枪炮，他们就是在为救治一个国家、一个民族而寻药、寻书。

　　有句谚语说："千年文书做得药"，有两层意思，一层意思是实物上的药，说的是千年前的药方可以治疗我们现在的病痛，另外一层意思是说，旧书卷就像药的引子一样，比喻年代久远的东西是古人智慧的结晶，我们可以借古鉴今，从中找到解决问题的方式、方法。

书到用时方恨少，药到用时愁无效。恨愚多读书，恨病寻良药。读一本好书就像吃一剂良药，有时虽然苦口不爽，甚至良方难寻，但它能强身健体，治愚治贫。

最美的"旅行"

陈晓云

我自认为是个浪漫的人，喜欢一切生活中的小美好，喜欢摄影，更喜欢旅行。在最美的国度看山听水，赴一场视觉的盛宴；在他人的国土沐着海边的阳光，又或躺在幽静的吊床上，捧一册书，享一次心灵的洗礼。与书结伴，有梦为马，随处可栖，便是最美的"旅行"。

四月的风，凉凉的。漫步在校园的粉樱下，偶尔逢着一场樱花雨，那是怎样的一种邂逅！

午后时光，唤上一群爱阅读的孩子，或各安一隅，感受着童话世界的真善美。也许会遇着一位《小王子》，尽管不解与伤心地徘徊在这个所谓的"世界"里，却依然用简单而澄澈的眼睛来探索生命的真谛，为自己所爱的事物倾心付出。或许围成一圈，感叹着历代英雄的豪情万丈。也许会论一本《三国演义》，谈那两朝开济的诸葛亮神机妙算，足智多谋；谈那雄霸北方的曹操挟天子以令诸侯；谈那义薄云天的关二爷过五关斩六将，八百里走单骑……

黄昏时分，一个人静静地闲坐于树下长椅，任夕阳将无限温柔倾洒在泛黄的书页上。读一读曹爱卫的《低年级语文这样教》，收获了她对低年级语文教学的认识以及实践经验；读一读虞大明的《略读课的另一种可能》，习得了略读课文教学的教师作为和理性思考；读一读佐藤学的《静悄悄的革命》，打破了固有的教学认知，尝试着打造学习共同体，让课堂学习真实发生。起风了，花瓣飘落，花香和墨香融在四月天……

　　读书，于我而言，是工作上的一种启迪。

　　七八月的路上，达坂城的风车悠悠地转，无人区的风沙迷人眼，青海湖的水面清凌凌。越过千山万水，走过悠长小巷，卸下背包，翻一卷书，便能在旅途中遇见更好的自己。

　　如果命运是一条孤独的河流，或许能在《摆渡人》中发现灯塔，于忽闪的明亮处，找到灵魂的摆渡人。如果想来一场心灵的 SPA，或许该品品《不闻是一种清净》，在林清玄轻轻浅浅的文字中，以清净心、欢喜心、平常心、柔软心驱散尘世的纷纷扰扰，觅一份内心的平静，修炼一种"大肚能容，容天下难容之事；开口便笑，笑天下可笑之人"的胸襟。如陶渊明所言："结庐在人境，而无车马喧。问君何能尔，心远地自偏。"此时，小小的背包，承载着言说不尽的风景。

　　读书，于我而言，是生活中的一碗鸡汤。

　　寒冬腊月的咖啡店，暖暖的。朦胧的光晕在透明的玻璃上，精致的勺搁在馥郁的卡布奇诺里，耐人寻味的轻音乐缓缓流泻，似乎，正在等待背包里的一个个故事上映……

　　鲁迅在铁屋子中醒来，奋力拍打，高声《呐喊》："救救孩子！"嘶哑的声音穿越重重雾霾，拨动我僵硬的心弦。我一次次责问自己：那一个个麻木不仁的看客，一个个饱蘸烈士鲜血的馒头，一句句咀嚼他人痛苦的谈话，是我吗？我吃了吗？我参加了吗？当我庆幸都能给出否定的回答时，我发现雨果泪流满面地站在《悲惨世界》的中心，看着"贫穷使男子潦倒，饥饿使妇女堕落，黑暗使儿童羸弱"，耳边响起了杨绛先生的话："那是一个幸运的人对不幸人的愧怍"。优秀的作家心里总是装着大千世界，万物众生。每一次浸润书中，就是和大师的交谈，让我的心变得如玻璃般澄澈，映照万物。

　　读书，于我而言，是思想上的一个催化剂。收拾好背包，握紧手中的"机票"，在温暖中乘着书页等待新的航程。下一站，或许更多情；下一个自己，或许更丰盛。

人到三十始读书

陈离咎

我当然不是活到 30 岁才开始读书，在我 10 岁的时候，已经是个小书迷。可是，我在 30 岁之前，常常是囫囵吞枣式读书，一股脑儿地读过去，对书里写的东西也一股脑儿地信以为真。30 岁之后，我才学会了有的放矢地读书，也更加懂得分辨书里的真假对错。这就是我所谓的人到三十始读书。

在学生时期，我有着超强的阅读欲望，但那时候身边却没有足够的书可以读，学校没有图书馆，没有阅览室，甚至整个市区，都找不到一座图书馆。等到毕业出来工作，一个月的工资终于可以买半柜子书，但我已经没有多少闲余时间可以读书了。这个时候再去买书，只是对学生时代的精神贫瘠的一种心理补偿和报复。在这种心态下，难免沦为一个买书如山倒，读书如抽丝的虚荣分子。

买书当然是最不容易后悔的事，记得 23 岁那年，我一个人跑到广州漂泊了大半年，回家的时候，两个行囊装的几乎全是书和唱片，最不后悔带回来的东西也正是书和唱片，要说后悔，只后悔买得不够多。有一套袖珍名著，整套有几十本，我当时只买了其中六本，过后想买已经买不到那个系列的书了，十分后悔。即使买书如此勤快，但只买书不读书，或者书买得多读得少，终究是一件令人惭愧的事，像我最近翻开一本之前中断阅读的书，发现里面写着买书的日期是十年前，一阵深深的愧疚随之而来。

　　所以，一过 30 岁，就觉得自己不应该再轻易拓广生活的宽度，而更应该挖掘生活的深度。读书也是如此。30 岁之后，虽然手头已经相当宽裕，但书反而买得比以前少了，不再像以往那样疯狂地囤书。现在更喜欢翻旧书，不断地将学生时代匆匆翻过的书重新拿起来，精读一遍，甚至两遍三遍。每读一遍，有一遍的收获，读完常感慨以前只是舔书，现在才算啃书，甚至已经算得上是吸书。

　　经常有朋友笑我，说我年纪轻轻就一大堆老年人的爱好，又是养花又是读书又练书法。我也一度觉得自己有点"老气横秋"，可是后来经历多了，反而觉得，我有那么多老气横秋的嗜好，是一种机缘和运气，岂不闻"少年须有沧桑意，老年须带少年气"？

　　清代名医吴尚先在《理瀹骈文》一书中明确指出："七情之病也，看花解闷，听曲消愁，有胜于服药者。"这种说法我已经不止一次地亲身验证过了。每个人都有自己的嗜好，嗜好可以带来喜乐，可以带来感悟，嗜好也可以医自己人生路上的愁苦。有的人嗜好是喝酒，有的人嗜好是玩电子游戏，有些人嗜好旅行，而我刚好爱好读书罢了。年龄越大，就越相信嗜好的巨大力量。

　　即使因为工作繁忙，阅读量大大减少，但与身边的许多人相比，我还算是个爱读书的人。书架有书，枕边有书，闲房有书，手机里也有读书软件，只要有空闲总会翻几页，一年下来，也能看几十本书。

　　人生一大乐趣就是，吸了书中的精华，然后将它放到生活、生命中去，让生活和生命更有质感、更加厚重。有书可读不知岁月快，40 岁已经近在眼前，吸书的欲望依然强烈。因为读书，我吸收了不少快乐之道、取舍之道、投资之道、养生之道，令我一路走来，无论在物质上还是精神上，都得到了收益。

读往书随笔

应鸣朗

> 人心如良苗，得养乃滋长；
> 苗以泉水灌，心以理义养。
> 一日不读书，胸臆无佳想；
> 一月不读书，耳目失精爽。

——题记

曾经随大人们去到乡下，村里遇到爷爷的朋友——一位老翁。老翁没有和其他村民同在村里聚居，而是在村子附近找了一片环境清幽的地方，自己开了几亩良田，造了一个小砖瓦房独居。他不似隐士般的清闲，亦无神仙般的仙风道骨；他同其他村民一样，穿着乡下人的布褂布鞋，每日挑粪浇田。但只要靠近他，空气中便隐约飘忽着一股馨香。

那是书的香味。

记得儿时那日随父母到乡下玩，中午时逃开了父母独自玩耍。耍着耍着便走到了那老翁的小砖瓦房边。

年纪甚小，不记归路，日当正午，骄阳似火。于是便在老翁的邀请下进小屋里吃了顿午餐。

刚进那小屋时，内心是惊艳的。

小屋不大，屋内只有一桌，一床，几只小凳，还有几个柜子，就连烧饭菜的小煤炉也放在屋外的，但柜子上却整整齐齐地码着一摞又一摞"高耸入云"的书。

吃过简单的饭菜后，在老翁热情地招呼我歇着时，仿佛是人类求知的天性，我鬼使神差地从他的柜子上抽书，看了起来。柜子上书很多，好书当然不少，比如什么《三国》《水浒》《红楼》《聊斋》之类，书页均已泛着黄，仿佛诉说着岁月。

于是我就这么静静地坐着看了一下午书，老翁并没有一丝的阻拦与不快。反而看书的间隙，总能感到他鼓励的微笑与目光。

后来父母寻来时，天已迟暮。我欢快地向老翁道了谢，临走，老翁翻翻找找，抽出一本泛黄的《格林童话》给我。我礼貌地道了谢。

回家后我开始阅读那本老旧的《格林童话》，书的扉页上有一小行遒劲的小字："读书就像种地，种地养庄稼，读书养人心。"

当时年纪小，不明白其中真意，每每只觉得童话真是好看。幸而那本老旧的童话从未破散，也从未被我丢弃，一直陪着我长大。

后来我又看了很多很多书，随着年龄的增长书籍的美越来越深入人心……

《简·爱》，简·爱对罗切斯特独立平等的告白使人看到那惊世骇俗的美，一字一句仿佛仍在耳边回响；

《呼啸山庄》，凯茜与希斯克利夫的生死恋情使人动容；

《穆斯林的葬礼》，三代回民的故事与时代的交织令人唏嘘感慨，新月的爱情让人心碎；

《聊斋》，黄英、聂小倩、莲花公主等那些书生小姐的离合悲欢故事让人动容。

只是终忘不了《格林童话》扉页的文字。

再回首，翻开泛黄的书页，终于明白了老翁对一个读书的小孩写这一句寄语所包含的殷切期望。

书籍对人的意义，如清朝萧抡谓《读书有所见作》中的："人心如良苗，得养乃滋长；苗以泉水灌，心以理义养。"如陶渊明《癸卯岁十二月中作与从弟敬远》中的："历览千载书，时时见遗烈。"亦如高尔基的："书籍是人类进步的阶梯。"

书啊，就像黑夜中的光，久旱时的雨，迷雾中的长明灯。它穿过人类历史的浩渺烟波，一直一直引领人们在学海前行，从不停息……

愿未来的我，还能继续徜徉书海，一如往昔老翁家里借残照夕阳翻动的书页。

"灯火纸窗修竹里，读书声。"

愿未来，继续与爱读书的你们——爱读书！善读书！读更多好书！

书声起，万妙生

赵诗莹

> 万物之味，久则可厌，读书之味，愈久愈深。
>
> ——题记

纵观古今，书的形式一变再变，但其中凝结的智慧经得起千百年光阴的雕琢，给我们带来无法估量的价值。学会读书，是一种态度，一种习惯，更是一种境界。

"腹有诗书气自华"，当红主持人董卿可谓是此语最真实的写照，她完美诠释了中国传统之"知书达理"。在对她的一次访谈中我们得知，她的成功秘诀便是——读书。每晚睡前一小时的阅读是她雷打不动的习惯，隔绝流光溢彩的现代夜生活，安安静静地沉浸在诗意的书中世界，广泛涉猎，反复咀嚼，深厚的文学素养使之能对唐诗宋词、名家经典信手拈来。"美人当以玉为骨，雪为肤，芙蓉为面，杨柳为姿，更重要的是以诗词为心"，《中国诗词大会》上有选手如是夸赞主持人董卿。诚哉斯言，勤于读书的人身上总会有一种儒雅之气自然流露出来，使她们看起来与众不同。如三毛女士之言：读书多了容颜自然改变，许多时候，可能以为许多看过的书籍都成过眼云烟，不复记忆，其实她们仍是潜在的，在气质里，在谈吐上，在胸襟的无涯，当然也可能显露在生活和文字中。

读书之味，是灵魂的酣畅淋漓。在书中，我们叹了"笑谈渴饮匈奴血"的壮志，品了李清照"物是人非事事休，欲语泪先流"的韶华流逝间风雨人的彷徨，悟了"十年生死两茫茫，不思量，自难忘"的悲戚，赏了晏几道"落花人独立，微雨燕双飞"的凄美绝伦……阅读，使天地万物尽收眼底，诸公百味皆入心房，岂不妙哉？

古人云："书犹药也，善读之，可以医愚。"当下绝大部分读者，无非过翻阅浏览之瘾，广泛涉猎，毫无目的，无关有用与否，多为囫囵吞枣式，略解大意式，颇有"句读之不知，惑之不解"之风气，可谓：小学而大遗。美其名曰"消遣余光与陶冶性情"，实则不如过江之鲫，在这盛行"多读书、好读书、读好书"的时代里附庸风雅罢了，朱光潜先生在《给青年的十二封信》一书中有言："读书一定是要读两遍的，一边略读，一边精读。"罢了，沉心读书者，求质不求量。

《幽梦续影》有言："素食则气不浊，独窗则神不浊，默坐则心不浊，读书则口不浊。"只需一卷泛黄的书册，一杯酽酽的春茶，一点如豆的灯光，我们便能体会到"数简隐书忘世味，半瓯春茗过花时"的意趣。读书教会人们很多，它教导人类由愚昧的混沌走向明智的新生，教会人类去尊重和热爱这个世界，让人类主动创新自我……读书甚妙，盖皆见于此。

读书之味，历久弥新，自此，书声起，万妙生。

那些平淡的读书日子

何亚兵

有时我想，读书大约也需要某种机缘。父亲酷爱读书，家里藏书颇丰，于我也算是"近水楼台"了。

读书人一定爱书。父亲年轻时因为家庭条件有限，连初中学业都没有完成，但这丝毫无碍他读书爱书。农闲时，总会看见父亲捧书而读，乐在其中。那些书种类广泛，有小说名著等传统书籍，也有农耕渔业等专业书籍。父亲常告诫我和姐姐要"敬惜字纸"，不能在书本上乱涂乱画，更不能毁损书本。在天气晴好的日子里，父亲就会整理书籍，修补我与姐姐损坏的书籍，他用糨糊将撕坏的书页修补贴好，实在毁坏得无法粘贴的就用白纸重新抄录，有的书还重新补做封皮，用清秀的毛笔字誊好书名，然后晒干整理好放回书柜。后来上学时，我们的成绩也许不一定最好，但书本肯定最干净整齐的，这是爱书的习惯使然。

识字后，慢慢开始喜欢上读书。父亲并不限制我，随我自己去读。书籍像是一个万花筒，打开了我对世界认知的大门。家中历史演义类书籍特别多，《三国演义》《说唐全传》等等，年少的我一读就迷，还喜欢和父亲争论其中的情节，父亲也不以为忤，反而对我说起许多书中未曾写到的情节，让我更加痴迷，成为被左邻右舍取笑的小书呆子。这些丝毫不会影响我读书的兴趣，特别是我将书上内容编成故事讲给小伙伴们听时，他们钦佩神往的目光让我更加志得意满。

那时候借书是很常见的事情，家中书籍毕竟有限。有两次借书印象很深刻。一次听堂哥说邻村一位初中学长有一本《一千零一夜》，托堂哥借却没有借到。为了能顺利借阅，小小年纪的我竟然会处心积虑地揣度对方喜欢阅读什么类型的书，然后从书柜挑出几本，"越陌度阡"了十几里一直问路到对方家，在他诧异的表情里换阅成功。还有一次是高中时，青春期的我们喜欢上了诗歌，好不容易从一位同学手里"抢"走一本新买的诗集，条件是第二天必须归还。于是一个通宵，我硬是将一本诗集给抄了下来。就像一首歌里唱的那样，"至少有十首歌给我安慰"，这些被岁月浸染得有点模糊的发黄字句，曾经在无数个夜晚给过我感动和力量。

彼时我们无书不读，就像"饿极的人扑在面包上"。择书而读是后来的事情。大学时，学校周边书店很多，尤其是有不少适合学生的低价打折书店和旧书店，于是，周末最大的爱好就是去"淘书"。淘得多了，腰包也就瘪了，只好节衣缩食、忍饥挨饿。大一寒假回家，母亲见我大大的背包里是将近二百册书，再瞅我因衣裳单薄更显消瘦的身材，不由得流起泪来。父亲却很喜欢我带回的书，父子俩一起利用过年的闲暇读书、讨论，而今只觉是"今夕复何夕，共此灯烛光"了。

用饥渴来形容读书，丝毫不算夸张。那时，学校晚自习十点熄灯，但是会留一个通宵教室，主要是为大四学生考研准备的，我们常常跑到那里去蹭光。很多时候读得过于忘怀，错过回寝室的时间点。不过，在通宵教室读书本就是一大快事，与月夜在篮球场上打球、雨天在足球场上踢球一样酷爽。喜欢读书的同学一有新书，往往相约通宵赏读，还组成了读书会，互相探讨。如今，也总有二三喜欢读书的知己。一位年轻的同事在宿舍里购置了半间屋子的书，过着"半床明月半床书"的日子。一位朋友在新居里专门订制了三堵墙的书架来放置各类书籍，有人笑他为买而买看不完，他却"笑人看不穿"。确实，与书为伴的乐趣，非个中人所能知也。

我想，读书之乐，大概就在于与思想对话，与自己对话，是一种但求阅读，莫问收获的平淡快乐。

夏至论书

钱晟

　　好书如茶，沁人心脾。最是人间好时节，淡茶一盏，持半册书卷在手，挑灯夜读，不知东方之既白。年少时读书，最爱书中的快意恩仇，儿女情长，会为英雄的壮志未酬而扼腕，也会潜然于有情人的相忘天涯。好书，带我见山见水，见大千世界，见世道人心。掩卷之余，顿觉人生如白驹过隙，何必锱铢必较一时得失，更应该拥有开阔的胸襟来看待周遭。

　　好书如歌，常读常新。初听不识曲中意，再闻已是曲中人。那些熟悉的旋律，幼年时只觉得是花团锦簇的热闹，如今而立，细细品茗，才深觉字字戳心。好书亦然，譬如"红楼"，在"象牙塔"时只为木石前盟的情深感动，不齿于贾府一众纨绔子弟富贵等闲。年岁渐长，才在字里行间看到风花雪月的外衣里，是皇权更迭下旧派大家族随着命运翻云覆雨一步步走向衰败的必然与残酷。

　　好书如镜，照我来路。古有"半部《论语》治天下"一说，可见一部优秀的书，可以激励读者修身、齐家、治国、平天下。读书人能通过阅读自省，照见自己的尺短寸长，映照出内心世界，时时警醒自己在漫长的人生道路中，不要忘记启程时的原点与初心。一本好书，可以影响人的一生，它扎根在读者内心深处，当你迷茫时给予些许点拨，在你得意时送上清醒良药，在你失意时化绵绵春雨。

　　与书结缘相伴，得益于父亲自小为我购置的海量书籍。父亲说他在年轻时代，非常喜欢看苏联电影，有次被电影主人公家里满当当的藏书所震撼，所以也决心要为他的孩子多买书，买好书。因为这颗小小的种子，在我的学生时代，书柜里就会出现少有的古籍和中外名著。书本成为我繁重学业之外的慰藉，会有为了顺畅读白话文小说边翻《辞海》边瞎琢磨繁体字的绞尽脑汁，也会有许多80后共鸣的与家长之间"猫捉老鼠"的趣事。如今还记得某天熬夜读完了《少年维特的烦恼》，因为太过疲倦而忘记收起书，不料翌日放学母亲就对我促膝长谈警示教育了一番，现在回忆起来不禁哑然失笑。是阅读让我普通的童年有了更多绚丽，也是阅读启蒙了我的三观，阅读如良师益友般与我对话，让我从小就领略到历史的厚重，初心的可贵。

进去围城之后，生活的重心慢慢倾斜到工作与家庭中。微信、电子书、听书平台的崛起，快节奏的生活让阅读变得更碎片化，纸质书的时光近乎奢侈。家有幼女，我也想把阅读这个传统传承下去。每晚睡前的亲子时光，与女儿共读绘本，她每次总会很认真地听我眉飞色舞地讲解故事情节，情绪起伏都被书中的人物所牵动，一双圆圆的小眼睛闪动着光芒。每带着女儿去一个新城市，总会带她去找寻当地的特色书店，找一个舒服的角落，翻看手中的新书，构建属于母女的秘密花园。托女儿的福，我也读了不少儿童绘本。曾有一位日本文人说过，"人的一生有三次读绘本的机会，第一次是自己是孩子的时候，第二次是自己做了父母抚养孩子的时候，第三次是人生过半，面对衰老、疾苦、死亡的时候。每一次阅读都能从图画书中读出许多可以称之为新发现的深刻意义"。深以为然，童年没有女儿这样丰富的绘本可以选择，现在陪女儿遨游书海，看着女儿快乐的书虫身影，更深刻体会到好的书能如明灯照亮你的成长之路，陪你嬉笑怒骂，然后变成铭刻到你骨髓里的力量。

春有百花秋有月，夏有凉风冬有雪。无论四季如何更替，这一夜，愿能重新点起桌灯，再次拿起手中的书，笑语对天地，闲情阅古今。

家有父母喜读书

王玉凤

  幸福的家庭是相似的，不幸福的家庭各有各的不幸。我的父母属于前者。虽说他们的性格大相径庭，但都喜欢读书。他们一个属于婉约派一个属于豪放派。所谓的"开门七件事柴米油盐酱醋茶"，事事关心，事事都会温柔以待的母亲喜欢读小说，擅长画绣样、窗花、门神，喜欢烹饪，更喜欢"人间美味是清欢"。父亲则不同，他的七件大事是"琴棋书画诗酒花"，喜欢读武侠吟《诗经》。虽然治学严谨，却能利用他吹拉弹唱的特长跟学生打成一片。当然，对于我启蒙最大的还是我的父亲。

  因为母亲从事计生工作，那时候在农村开展这个工作特别困难，需要承受许多意想不到的压力，还需要到很远的村子去做思想工作甚至蹲点。我的性别，在那个封建思想还有遗留的时代，的确带给她很多话柄与难题。父亲那辈是单传，奶奶就经常对我和母亲指桑骂槐。母亲气不过的时候，父亲通常拉着她的手说"走，清官难断家务事，不如我们看书去！"来缓和尴尬局面，而母亲在看书之后心情也会变得大好，还会把故事讲给我听，来安慰我这颗受委屈的心。

  当父母的工作都要调离时候，我是带着快乐的心情离开老家的，搬家时所带的东西简略到不能再简略，但唯独书一本都没少。那时学校里的老师根本就不分专业，身为校长的父亲在学校里不但要教语文、数学，还要教音体美。父亲又是一个力求完美的人，所谓的"亲力亲为"

用在他身上一点都不假。为了让自己更加专业，他就四处打探借回来很多书，什么琴谱、工笔素描入门、棋类大全等等。就这样，父亲自学成才后就将这些宝贵的才艺教给孩子们。那时候的学校贫穷到连凳子都要自己捎带的地步，父亲的这种做法无疑给枯燥乏味的校园生活，撒播下了一颗斑斓七彩的种子，并开启了孩子们对艺术之美的憧憬。而在我们临时的家里，父亲和母亲通常也是书卷同读，雅俗共赏，好不快乐。

后来上学堂的我在他们的熏陶下，喜欢上了读各种门类的书，什么童话寓言，什么经典诵读，甚至是药物和家用电器的说明书，只要有文字的地方我都会花上几分钟多看几眼。因为我肚子里装着数不完的故事，所以村上的孩子们都愿意讨好我，让我讲故事；又因为我读的书不拘一格，故而见识也多，所以无论生活上还是学习上出现大大小小的问题，她们都愿意向我讨教。而我俨然就像一位"小老师"，告诉她们解决处理的方式和方法，告诉她们读书可以让自己聪明起来，强大起来。所谓"近朱者赤近墨者黑"，于是乎，她们都抢着和我一起读书，我们家又成了父亲口中名副其实的"第二课堂"。

而如今我的父母都已经退休，他们更有大把的时间来读书。在今年的疫情在家隔离期间，村子里的许多父老乡亲都烦闷的很，他们就将家里的藏书摆在村居委会门口的大路边，只要邻居们喜欢读就可以随意来领书，什么文学名著类的，什么生活百科类的，还有美食食谱，中医养生，真的是达到了"只要你来，总有一本适合你"的境界。他们甚至为了"促销"，凡是来借书者还免费送口罩，一个记录一个发放，地球人都知道当时的医用口罩是多么的宝贝！就这样他们二老将我好不容易购买到的口罩，全部赠送一空。想起这些，我心里不但没有怪罪，而且装着满满的欢喜和骄傲。

第五辑　我的读后之感

读后感，

可深可浅，

或感性，或理性，

是读者在阅读过程中的情之所及、理之所涉。

闲思方显本色，闲思更见灼知
——闲读《湖上闲思录》

张雷

佛家追求"顿悟"，创作需要灵感，哲者的思想火花一样来自于生命体验的厚积薄发。

顿悟、灵感、哲思这些思维状态的产生和出现，都是在当事人身心放松的状态之下，本能地捕捉到的饱含着情感与智慧的闪念。《湖上闲思录》正是钱穆先生在漫步湖畔、赏景怡情这样一种闲适环境下完成的。适逢钱穆先生课务轻闲，胃病新愈，又值时局晦昧，借回乡教书闲暇，在太湖边赏心悦目的胜景之中，摆脱尘世的种种干扰，闲思宇宙与人生，论今古、贯中西，思路逐渐清晰，并以空灵的文笔、超脱的姿态、睿智的见识写就成篇。可以说，钱先生的"思"得益于"闲"，"闲"成就了"思"，"思风发于胸臆，言泉流于唇齿"，唯其闲，方显哲人"空灵"本色。

作者显然是很在意这种闲适状态的。在"序"中作者多次指出要用闲情逸致来读他的书，"忙读是领略不到闲思的情味的"，"让读者们好分集的闲闲地来读"，"我只请求读者们在临读时，也先把自己的心情放闲些"，急功近利、冥顽不灵的人是不能读懂读透他的"闲思"的。而读者也只有用"闲读"的状态去体味，用闲适的心情去领略，也许才能洞见哲人的真知灼见。

细读《湖上闲思录》，凡三十篇，涉及人类精神和文化领域诸多课题，分别就"人文与自然""精神与物质""艺术与科学""礼与法"等相对命题作了灵动、细腻而深刻的分析与阐发，从思维模式、价值取向、人文传统与科学精神等多个视角比较、评析中西文化差异。书中多次提到了中西人文精神、风格的迥异，这些差异主要表现在对中西文化的价值取向的理解。"欧洲人轻于长往，乐于追求，中国人则长虑却顾，迟重自保，终无欧人凌厉向前之勇气"。而"中国传统思想似乎只偏重在内心情感方面，对于知识自由，未能积极提倡"。以仁、义、礼、智、信为核心理念的中国文化道德价值观和以勇敢、竞争、自由、平等、节制、谨慎为核心理念的西方文化道德价值观导致了中西文化理解的分歧。

作者通过分析中西文化核心理念差异，指出两种文化都是人类对生活理解的真实表达，并从两种文化形成的内部条件对差异的成因进行了分析。如在思维方式上，西方人企图完全依赖纯理性的意识本体而求得统一，但最终免不了形式逻辑的对立。而中国传统儒家思想则认为情感是不可避免的融入意识之流中，注重推己及人，互爱互敬，最终达到人我统一。在思想观念上，西方人乐于追求，中国人却持重自保，终没有那种凌厉向前的勇气、无限向前的人生观。对于这些差异，作者还从外部条件加以解释，认为西方的地理环境多在分裂状态中，导致他们看宇宙看历史总偏重于强力与斗争。而中国常在"大一统"状态中，看待宇宙和历史总偏重于和平与仁慈。

作者始终坚持辩证地看待中西文化的差异，认为中国人该当自有中国人的道途与方法。他旗帜鲜明地反对割断传统文化脉络、不顾中国国情、不考虑中西文化差异而盲目引进西方文化，指出中国文化的出路不在于"拾取西方人生之外皮"，中国的文化前途，要用自身内部的力量来补救。西方的人生观与中国传统的人生观相抵触，拾取西方人生观之外壳无异于"邯郸学步"。

在文化问题研究上，人们往往把自然与人文作为截然对立的两个范畴。如何看待人文与自然的关系？钱穆认为，"人类从自然中产出文化来，本来就具有和自然反抗决斗的姿态。然而文化终必亲依自然，回向自然"。按照他的理论，自然中本来就蕴涵有人文，人文亦必由自然中演生而出，但人文不能违反自然而独立存在。随着科技进步和生产力的发展，以及资本主义国家管理体制的完善，近代都市尤其是西方国家的城市工业化、机械化进程不断加快，但人却逐步异化为使用工具的工具，而法治进程的加速则以人性的逐渐消弭为代价。人文与自然相背离，人文发展趋向远离了自然，作者对这一现象深表忧虑，"正犹如武士身上的重铠，这一个负担，终将逼得向人类自身求决战，终将逼得不胜负担而脱卸"。

现代社会如何实现人文与自然的"相通合一"？作者对中西方文化发展中有关"天"与"人"之关系的观念进行了评析。他指出，西方的基督教思想与荀子以及佛家都主张人性本恶，正是源于未能处理好"天"与"人"的关系。近代西方的思想已从中世纪基督教义中解放出来，复归古希腊人文观念，虽然积极肯定了人生，但由于依然没有能够对人类文化进行宏观分析、整体着眼，使得思想界"依然要回头乞灵于中世纪的宗教，来补救目前的病痛"。为此，作者认为解决办法仍在于复兴中国传统文化中的"天人合一"观念。当然，作者并不是反对现代科学，他强调的是人文不违离自然的基本命题。在他的多篇文章中，提出要符合世界自然科学突飞猛进的新趋势，使自然与人文，相得益彰，从而为人类开示一终极大理想。

"天人合一"是钱穆极为看重并随时加以阐发的中国传统思想精髓。经过长时间的探究，晚年时期，作者得出了"天人合一"实是中国传统文化思想之归宿处的结论。他认为，以人文精神为中心的中国传统文化，有一终极理想，即天人合一之境界。在本书开篇之作《人文与自然》中，作者对中国传统文化里的"天人合一"观念进行了一番阐述。事实上，作者很清楚人文之于自然的对抗，恰如萤尾微光之于大黑深夜，可以说，有限的人文与无限的自然，根本没有可比性。

但是由于人是有心智的动物，"人类的心智，则偏要在虚空中觅真实，黑暗中寻光明，那只有在人类大群以往历史文化的累积里面去寻觅"，因此，人类总是孜孜以求地认识世界、改造世界，这些经人类大群以往历史所累积着的文化遗产，即可称之为人文，它与自然对立，又与自然相依相亲。

应该说，作者对人文与自然的论述凸显传统文化的和谐主题，在今天看来，仍有重大的现实指导意义。人类从自然中产出文化来，从自然走向文化，从孤独走向大群，从安定走向活动，本来就具有和自然反抗决斗的姿态，然而文化终必亲依自然，回向自然，否则文化若与自然隔绝太甚，终必受自然之膺惩，为自然所毁灭。对中国这样一个城乡结构二元分割、文化差异较大的国家来说，和谐观念与和谐社会的构建至关重要。乡村是田园诗式的，代表着自然、孤独与安定；而城市则是现代化的，代表着文化、大群与活动。但城市化必须有一限度、循序渐进，都市挣扎的人们也只有回归乡村、回归自然，才能让疲惫的身心得到休憩，重新积蓄力量和资本到城市去发展。因为，"人的心力体力，一切智慧情感，意志气魄，无不从自然中汲取，从孤独而安定中成长"。

慢煮一壶教育的茶

——读《孩子你慢慢来》有感

胡月雅

茶。

香叶，嫩芽。

慕诗客，爱僧家。

碾雕白玉，罗织红纱。

铫煎黄蕊色，碗转曲尘花。

夜后邀陪明月，晨前命对朝霞。

洗尽古今人不倦，将至醉后岂堪夸。

——元稹《一字至七字诗·茶》

韶光正好，锦屏犹在，紫砂入水，红泥小炉，焙火慢煮，或新茶浅尝，或陈茶浓酌，何不快哉？一壶好茶的诞生，取之于水、取之于火、取之于叶，更取之于三者的融合交汇：你寻水，濯濯清泉，与叶共舞；你观火，丝丝舌苗，经久不息；你觅叶，翩翩起舞，极尽妍态。一茶在手，在氤氲水汽袅袅清香中静读一本书，品这或浓或淡一杯茶，悟这或深或浅一个理……

慢煮一壶教育的茶——你是那水

寻水：濯濯清泉，与叶共舞！

"有些经验，是不可言传的。"当龙应台在沉默许久后，跟友人说出这样一句话时，我仿佛看到了一个不停穿梭于孩子的各种琐事中，忘乎了自身的工作事业，却依旧乐此不疲的母亲。和孩子在一起，帮他组装玩具、给他讲故事、处理他的小调皮、照顾他的饮食起居……这一切的一切，在友人看来，是那么的烦琐无趣，那么的让人打乱自身计划，可在龙应台的眼中，却是如此真实的快乐、如此贴心的温暖。

这不禁令我想到了甘地夫人说的一句话："孩子们需要母亲的爱抚，犹如幼苗需要阳光和雨露一样。对一个母亲来说，她应该把孩子放在首位，因为孩子对母亲有着非常特殊的依赖。"母亲于孩子如是，教师又何尝不是呢？在家里，孩子依赖的是母亲，而在学校里，孩子需要的是老师，和孩子在一起，你就是那壶好茶中不可或缺的水，你有着包容万物的心胸，你不能观望孩子，更不能远离孩子，你必须和孩子在一起，了解他们的所需所求。每个孩子都有自己的小世界，你若不融入他们的生活，很难了解孩子们的想法，他们的喜他们的怒他们的哀他们的乐你都无从感知。作为一个教育者，最悲哀的事情莫过于走不进孩子的内心，而信任是接纳的基础，孩子为何信你？何以信你？以何信你？取决于你对他／她的关爱程度，取决于你对他／她的重视程度，孩子虽然不懂，但是他们能真切感受到。

安安一脸的眼泪，枕头也是湿的。

"怎么了？"妈妈惊异地问。不说话，新的泪水又沁涌出来。

"到底怎么了？你说话呀！"摇摇头，不说话，一脸倔强。

妈妈就知道了，现在需要的不是语言。她把安安抱起来，搂在怀里，像搂一个婴儿一样。安安的头靠在妈妈肩上，胸贴着妈妈的胸。安静着。

过了一会儿，妈妈轻声说："现在可以说了吗？谁对不起你了？"

安安坐直身子，揉揉眼睛，有点不好意思地说："没有啦！只是看到你刚刚去抱弟弟那个样子，你一直在亲他，看着他笑……我觉得你比较爱弟弟……"

　　孩子是敏感的，在学校里，有时甚至是老师一个不经意间的眼神就能让孩子琢磨半天，你不能只把他们当孩子看，他们的心里都住了一个小小的思想者，于你而言的一件小事，在孩子看来可能就是一件天大的事情。身为教师，我们也常常奇怪，为什么有孩子会一天到晚来办公室叨唠你，仅仅只是因为同桌拿了他喜爱的橡皮，忘记了归还；为什么有孩子会因为你的一句表扬而快乐好几天；为什么有孩子由于课堂发言失误被其他孩子嘲笑，从而不敢再举起他的小手……陈鹤琴先生曾说："家庭教育必须根据儿童的心理始能行之得当，若不明儿童的心理而要施以教育，那教育必定没有成效可言的……"家庭教育如是，学校教育又岂不如是？要明白孩子的心理，不外乎多接触孩子多了解孩子，孩子有着自己独特的占有欲和表现欲，每个孩子都希望被关怀被重视，停下你匆匆而过的脚步，多陪陪你的孩子们，千万不要让他们站在门边的阴影里。

慢煮一壶教育的茶——你是那火

　　观火：<u>丝丝舌苗，经久不息！</u>

　　我，坐在斜阳浅照的石阶上，望着这个眼睛清亮的小孩专心地做一件事。是的，我愿意等上一辈子的时间，让他从从容容地把这个蝴蝶结扎好，用他五岁的手指。

　　孩子，你慢慢来，慢慢来。

　　你，站在三尺见方的讲台边，看着一个个烂漫天真的孩子一天天在你身边成长。是的，你愿意等上一辈子的时间，让他们一步一步地实现自己的小小梦想，用他们倔强的执着，烂漫的童真。

　　孩子，你慢慢来，慢慢来。

　　对于儿童教育的两种极端，都令人望而生畏：一是忽视；二是期望太切。忽视则任其像茅草一样自生自灭，期望太切不免拔苗助长，反而促其夭折。有些家长，为了不让孩子输在起跑线上，在小学阶段，就不停地给孩子报这个班学那个班，今天数学考砸了，明天孩子就出现在了奥数培训班内，家长们恨不得在短短一周之内达到立竿见影的效果，让孩子的数学出现质的飞跃，可结果却往往令人无比沮丧。"大自然希望儿童在成人以前就像儿童的样子。如果我们打乱了这个次序，就会造成一些早熟的果实，它们长得既不丰满也不甜美，而且很快就会腐烂。"卢梭的话句句真机，一针见血，教育是一个过程，这种过程本身就是一种等待。

一直相信，每个孩子的体内都有属于他们独特的内部生物钟，这些令人奇怪又妙不可言的小东西总是遵循着自身的规律在那里滴答作响，不急不躁。孩子的成长是一段漫长的征途，孩子的接受能力同样需要时间来磨合，他们才是自己生命的主人，一切你所期望的进步与成就都会有它发生的时间和规律，急不得，躁不得。用等待的心态去教育，每一天你都能收获惊喜：困扰了孩子几星期的古诗，突然他就这样轻轻松松地理解了，而你，并未如和尚般天天念叨；连跳绳都没碰过的孩子，突然有一天拿起了绳子，在你面前磕磕绊绊地跳了第一下，从此一发不可收拾，而你，并未参与约束……作为教师，在不断地灌溉疏引的同时，更应当学会宽容与等待，恢复人性最初的温柔，慢慢地，等待那些生命的必然的到来，等待生命的慢慢成长。

孩子，你慢慢来，慢慢来。

慢是一个自学自悟的过程，慢是一种接纳开放的姿态。

师者，你慢慢来，慢慢来。

慢是一段包容理解的旅途，慢是一场等待花开的邂逅。

慢，与孩子一起。慢，与教育一起。用一份静谧的安然，等待一壶茶开的声音，看着火苗一簇簇轻盈跳跃，使得清泉一点点翻滚沸腾，使得茶香一丝丝飘逸充盈，这又何尝不失为一种幸福啊！

慢煮一壶教育的茶——孩子是那茶叶

觅叶：翩翩起舞，极尽妍态！

　　原野上有一群乳牛，成天悠闲自在地吃草，好像整片天空、整片草原都属于它们。直到有一天，一只小牛想闯得更远，碰到了一条细得几乎看不见的线：那是界线，线上充了电，小牛触了电，吓了一跳，停下脚来。原来这世界上有去不得的地方，做不得的事情。

　　女娲欢欢喜喜地给泥娃娃取了个名字，一个很简单的名字，叫作"人"，一撇一捺，我们那么容易地书写着人字，却又那么复杂地演绎着人生。古语有云"不撞南墙不回头"，在孩子眼中，所有他们想做的事都有一股莫名的吸引力，如同黑洞般神秘莫测，他们可以不管不顾家长老师的劝阻警告，也要毅然决然地完成自己"神圣的使命"，即使前方布满荆棘，在一次又一次或成功或失败的尝试中，他们逐渐认识了自我、认识了世界。

　　当安安在灰沉沉的屋宇，灰沉沉的天空，灰沉沉的行人大衣之中，看到一条近百米长的彩带时，大声告诉妈妈——那是龙，理智在申诉着真理，但彩带在风里波浪似的翻滚时，谁说这不是一条龙呢？这真是一个美丽的"错误"，为何总有那么多人要用大人的标准去衡量孩子的世界呢？当你拿起规矩的鞭笞束缚的枷锁时，是否会想到孩子也有着自己的思想呢？有时，你的千言万语、你的清规戒律、你的满腹经纶，在孩子的面前显得如此脆弱如此不堪一击，明明近在咫尺就有一条捷径，为何还要大费周章地做无用之功呢？你能做的，你可做的，你要做的，只需放手，放手也是一种爱，放手让孩子自我经历自我尝试自我体验，他撞上了南墙，自然便理解了你的苦口婆心；他获得了成功，自然会迫不及待地告知你，如此一举两得之事，你为何不做？

　　一片茶叶，如此纤弱、如此细小，却又如此微妙，在它与水融合的刹那开始，它便毫无保留地释放出了自己的一切，缓缓舒展、摇曳沉浮。一壶好茶的诞生绝不是一蹴而就的，一杯一茶，每片茶叶里一定住着一个活泼好动的魂灵，在一次次的洗礼中凤凰涅槃，展翅高飞，亦如孩子！

宠辱不惊，看庭前花开花落；去留无意，望天上云卷云舒，孩子，长长的人生路，愿你慢慢地走，如同慢煮一壶清茶。一杯茶过半，一页书已完，若说人生如茶，教育如茶，那我，愿花上一辈子的时间，品尽一壶人生的茶，煮透一壶教育的茶！

后记：

孩子

若我是水，若我是火

你定是那沉浮的茶叶

我沸腾我的热血

我燃烧我的激情

来换取

你的四溢清香

让我浸润你的容颜

让我温暖的你胸膛

孩子

长长的路

慢慢地走

无论你走多远

你终将缓缓地轻轻地

落下

在我的眼眸里

谁在"目送"谁的"背影"呢

——我读龙应台的《目送》

徐新保

　　我慢慢地、慢慢地了解到，所谓父女母子一场，只不过意味着，你和他的缘分就是今生今世不断地在目送他的背影渐行渐远。你站立在小路的这一端，看着他逐渐消失在小路转弯的地方，而且，他用背影告诉你：不必追。

　　读到这段文字时，我的心不由自主地颤动了一下。这不就是在叙述着我的成长经历吗？这不就是我心中时常无法言说的隐痛吗？

一、在陪女儿相处亲密时，我不安了

　　《目送》主要写的是，作为母亲的龙应台送儿子去上学，在儿子华安上小学第一天时，"我和他手牵着手，穿过几条街"，直到"我看着他瘦小的背影消失在门里"，那时的儿子一边往前走，一边不断地回头；待到华安16岁赴美去做交换生时，已是"勉强忍受母亲的深情"了，"我一直在等候，等候他消失前的回头一瞥。但是他没有，一次都没有"；在他18岁成年人时，忽然间已长得很高的儿子向母亲埋怨道，"我已经18岁了，你真的应该克制一下要牵我手过街的反射冲动"。为人母的龙应台愣住了，眼泪巴巴，止不住地流下。"儿子顿时觉得丢脸极了，大步蹿过街到了对面，两手抄在裤袋里，盯自己的脚尖，一副和你毫不相干的样子"；在他21岁上大学时，正好是"我"教课

的大学。"但即使是同路,他也不愿搭我的车。即使同车,他戴上耳机——只有一个人能听的音乐,是一扇紧闭的门"。当"我"在楼上往楼下看时,公交车却挡住了他的身影。"车子开走,一条空荡荡的街,只立着一只邮筒"。

此时此刻,龙应台女士话锋一转,"我慢慢地、慢慢地了解到,所谓父女母子一场,只不过意味着,你和他的缘分就是今生今世不断地在目送他的背影渐行渐远。你站立在小路的这一端,看着他逐渐消失在小路转弯的地方,而且,他用背影告诉你:不必追。"谁又能读懂龙应台心中的几许心酸,几份无奈!读到这里,我不禁想起了我那活泼可爱的女儿。

我女儿现在不满八周岁。从她一出生后,我们全家人视她若"掌上明珠",我更疼爱不已。我一下班回去,就陪伴在女儿身边,带她漫步于小河边,教她学简单而又有趣的"语言",编她喜欢听的幼儿故事。和其他父母一样,生活中的点点滴滴,我都把她记录在自己的QQ空间,包括文字记录和照片等。三年来的相处,对我们父女来说,其中有太多太多美好的回忆。随着女儿的渐渐长大,我越来越发现她更加要"黏"我了。每天下班,我和她妈妈一起回家,她总是远远地大声喊着"爸爸抱,爸爸抱"。然后,我就带着她沿着村口马路边来到村前的一条小河边,尽情地漫步着,尽情地欣赏着。黄昏时分,夕阳西下,小河里除了几只小鸭子游来游去外,就只剩下了我们父女俩欢快的笑声了。有时,静下心来,觉得这天地之间只存在我们俩似的。女儿,已是我今生今世的唯一!

可是,当我读到龙应台"目送"自己的儿子渐渐消失的背影时,我的心隐隐不安起来了。我的女儿长大后,会不会像"华安"对他母亲那样的用"背影告诉你:不必追"呢?果真到了那一天,又有谁能读懂我心中的那几许心酸,几分无奈呢?

此时此刻,我想起了另一个人,人世间最伟大的母亲,我的母亲!

二、在我转身离开时，母亲大哭了

来浙江绍兴工作十多年了，母亲只来看过我一次，而且是在哥哥、弟弟及弟媳、侄儿、侄女等一大帮人的陪同下，才来的。记得那是在我工作第 12 个年头的正月初六，我回老家探亲返程时，带他们一起过来的。坐了七八个小时的车，再加上一路的呕吐，母亲没说一句埋怨的话。

住了二三天，母亲便说要回老家去。在进入车站候车处，远远看见"绍兴——铜陵"的大客车，早已等候在那里。我帮母亲提了行李，送他们上了车。在车上，我们有说有笑着。时间一分一秒地过去了，我要下车了。当我转身离开的一刹那，母亲突然抓住我的手，嚎啕大哭起来。我定睛看时，只见母亲的面容在抽搐着，眼泪在哗哗地流着。我一惊，"嗯（妈），你怎么了？"。弟媳也在一旁奇怪地问："刚才还好好的，你现在怎么啦？"母亲伤心地对我说："我们大家都走了，只把你一个人丢下，你怎么办呢？"我不禁哑然失笑起来，"哦，没事的，我在这儿生活十多年了，已经习惯了"。大家也在一旁纷纷劝慰着，母亲终于止住了哭声。在车子开动离开车站时，我还看到母亲对着窗户，深情地望着我。

可惜，当时我没能理解作为母亲的心中，该有多大的伤痛！现在读了龙应台的《目送》，我才感觉到当时的傻笑是多么无知！我好悔恨呀，我真不孝！"古今中外的母亲，都是一样的。"（季羡林语）。是的，一样的善良，一样的母爱！我也真正读懂了龙应台的内心，作为一个母亲，似乎只能把这"个人生命中最私密、最深埋、最不可言喻的'伤逝'和'舍'"铭刻在心，诉诸文字了。

但是，作为一个父亲，又何尝不是如此呢？

三、在母亲走出家后，父亲流泪了

昨天是 3 月 18 日，星期一。这一天，是个好日子。这一晚，我打给父亲一个电话，这个电话让我终生难忘。

昨天傍晚四点多，母亲在二舅的陪同下，离开老家，包车去了芜湖，再转晚上 8 点 50 分的车子，坐火车去河北沧州任丘市阿弟工作的地方，照顾已怀孕五个多月的弟媳。母亲走后，我担心父亲不能照顾好自己，也更担心他照顾不好他孙子——这也是我大哥唯一放心不下的，就是他那从小失去娘的儿子。

晚饭后，我把电话打到老家，想让侄儿接电话，嘱咐他几句，电话占线。过了一下，再打过去，又是占线。我打给父亲的手机，父亲接过我的电话，有些忧郁地说："新保啊，你母亲今天坐车走了。你知道吗？我抽了一包多香烟！"我一惊，父亲一向是不抽烟的，即便要抽，一天也不过半包的。父亲接着还告诉我，自母亲离开家门后，他一个人在家独自流着泪水。父亲六十多岁的人了，而且，在我记忆中，父亲对母亲是不好的，甚至还曾出手打过她。母亲有一次还偷偷地告诉我，她这辈子对我父亲太失望了，伤心透了。如今，母亲离开家门时，父亲竟然伤心流泪了。

原来，父亲心中还是有母亲的。听到父亲几近抽噎的声音，我一时无言以对。

早知如此，我不该当初向弟弟建议把母亲接过去照顾他媳妇，还不如在当地请个保姆罢了。

以上四段文字，已记录在我 QQ 空间中。现在读起来，前些日子发生的事情，还历历在目，难以释怀。

父爱，有时像一座大山，深沉的，深沉的几乎让你感觉不到；有时又像一团棉花，软软的，软软的几乎让你产生想要哭的感觉！

四、再看到他们"背影"时，我会淡定了

古人云：四十不惑。人到中年，站在人生的交叉路口，龙应台一面目送父亲的远去，以及母亲的即将远去，还要目送已长大成人，渴望自由独立的儿子，在自己的人生之路上渐行渐远的背影，此时的她四顾茫然，唯有目送。不管你舍不舍得，愿不愿意，他终归要走，而且走得很远，永不回来，你只能在他孤单的背影后默默地目送着。纵使有太多的遗憾与不舍，也只能如此。

如今，我的父母、兄弟、朋友仍然面临相隔一方；今后，我们的下一代成长起来，也会各奔东西，相隔天涯。读完《目送》，我已不再徘徊，不再忧伤。我也会在他们孤单的背影后，默默地目送着。目送亲人远去，目送时间流逝，目送历史苍茫，目送一个个、一行行、一页页的文字翻过，直至最后的一纸空白……

仰望历史的璀璨星空

——读《人类群星闪耀时》有感

李琳

> 一个人生命中的最大幸运，莫过于在他的人生中途，即在他年富力强时发现了自己的人生使命。
>
> ——茨威格

回望历史长河，在那积满砂砾的河床上，有这样的颗颗"钻石"，他们折射出一道道迷人的光，即使大江东去，也洗不去这份光彩。改变世界的那些人，是真的存在过的。他们来这世上走了一遭，却像夜空中耀眼夺目的星辰一样照亮了人间。

一个"半吊子"音乐家，在一个平常的夜晚接下一个寻常的创作任务，却创作出了震撼人心的巨作《马赛曲》。一个平庸卑微的将领因为自己的犹豫不决与谨小慎微，使一位英雄二十多年的丰功伟业毁于一旦。这本略显厚重的书中，无论喜剧，抑或悲情，都能触动你的心弦。

也许真正决定历史的那个瞬间，从来都不会出现在人马喧嚣、群情激昂的时候，它只会由一个或极少的伟大的灵魂来造就，在几乎无人问津的孤独中上演。

一个因为躲避债务而藏进行李箱的西班牙男人——巴尔博亚，却成了第一个看到太平洋的欧洲人。这片海洋本身也许并不能使他变得富有，可却为人类文明的繁荣埋下了新的可能。泥沙中的黄金，曾让发现加州金矿的瑞士男人变成世界上最富有的人。可也因为这座金矿，他最后落得一贫如洗，只能在华盛顿的法院大厦附近，以乞讨的方式度过余生——为了食物，也为了公正。

在菲尔德不屈不挠的努力下，人类越过大西洋的第一次通话才得以实现。屡次的失败，带来的不仅是对菲尔德自信的打击，也包括那些在成功时欢呼，失败后怀疑的墙头草对他的抨击——菲尔德选择了沉默。但失败之所以显得极其伟大，正是因为它往往昭示着成功的到来。六年后，菲尔德利用更加成熟的技术成功地铺设了大西洋海底电缆，架起了欧洲和美洲之间新的沟通桥梁，也让人类看到了在不久的将来蕴藏着无限的可能。

一个人要经历怎样的来自生活的残酷无情，才能为了躲避债务而去"不朽的事业中寻求庇护"；一个人要接受怎样的身家处境的巨大落差，还能努力着活下去并用尽余生去寻找公正；一个人又要忍受怎样的孤独和煎熬，才能在失败的打击和铺天盖地的质疑中坚持下去，直到用成功来证明自己，为自己重新赢得荣耀。

历史是公平的，它不仅记下了第一个到达南极点的阿蒙森，也为后来者留下了足够书写其伟大的丰碑，让我们记住了斯科特。

斯科特上校一行人被暴风雪困在帐篷中，心知生还无望。奥兹突然站起来，"我想出去走走，我可能要在外面待一会。"这是真正的英雄，哪怕自己的任务已然失败，死亡就在附近徘徊，勇敢地面对它，像一位骑士，郑重地披上铠甲，戴上久经沙场磨砺的头盔，跳上那陪伴自己无数次厮杀的战马，完成这生命最后的冲锋。坦然，充满着绅士的风度；牺牲，充斥着骑士的荣耀，为了留给队友更多生存的希望。这是失败者的骄傲！

他们决定不再迈步向厄运走去，而是骄傲地在帐篷里等待死神的来临，不管还要忍受怎样的痛苦，他们爬进各自的睡袋，却始终没向世界哀叹过一声自己最后遭遇的种种苦难。他们真的放弃了吗？答案是否定的，他们在一连串的灾难之后，放弃了自己的生命，这是他们的权利，但是他们依然坚持着自己的使命。这是他们的责任，他们在人生的最后一刻仍然坚守着自己的责任。

斯科特用冻僵的手拿着笔，在日记上写下一封封书信，记录这次冒险失败的原因，为后来者提供宝贵的经验；为他的每一个伙伴的家人留下证明他们是勇士的证言；为自己的妻子还有儿子留下安慰和希望。这些信是"写给他认识的人的，然而是说给全人类听的；写给那个时代的，但说的话却是千古永垂"。最让人动容的是，最后一篇日记，"请把这本日记送到我的妻子手中！"但他最后又悲伤地、坚决地划去了"我的妻子"这几个字，在它们上面补写了可怕的字眼："我的遗孀"。他做了他所能做的一切，但唯独没有为自己做点什么，甚至是一份遗嘱。伟大莫过于此！

在给自己妻子的信中，斯科特提醒她，要照顾好他最宝贵的遗产——儿子，教育他不要懒散。他在信中承认自己是个懒散的人，但是为了强迫自己有所追求，他参与这次行动，在他行将死去的时刻，仍然为这次决定感到光荣而不是感到遗憾："关于这次远征的一切，我能告诉你什么呢，它比舒舒服服地坐在家里不知要好多少。"茨威格称之为"一个人的能力在距离文明世界千里之外的地方获得了和在家相比截然不同的犒赏"。

最后，他与队友们壮烈的毁灭，但虽死犹生。在失败中产生攀登无限高峰的意志，只有雄心壮志，才会点燃火热的心，去做那些获得成就和轻易成功极为偶然的事，虽然在同不可战胜占绝对优势的厄运的搏斗中毁灭自己，但他的心灵却因此变得无比高尚。

"就这样，看似徒劳的事，最终却结出了果实，一件失败的事情会变成对人类的大声疾呼。"失败没有价值？失败者难道就没有属于他们的骄傲吗？并不是！他们失败了，他们的身体埋在了雪白死寂的世界里，生命被自然吞灭；但是，他们的精神却留传百世，他们的心灵却变得无比高尚。失败不可怕，甚至是死亡又能如何，人会败，会死，而他的心不会败，他的神不会灭，如果这样想，那么失败又有啥可怕的。以勇气挑战梦想，用生命承担责任，这样的人，找不出理由不去尊敬和纪念。

普通人之所以普通，是因为既不肯为了理想牺牲虚荣，又不会为了世俗放弃高尚。"一个民族，千百万人里面出现一个天才，天才和疯子只有一线之隔"。滑铁卢一役，拿破仑这样一位天才所建立的伟大事业，就葬送在了一个平庸甚至可以说软弱无能的副将手中。对人类的历史走向起到决定作用的一代伟人，最终却没能避免如此悲惨的结局。托尔斯泰亦如此，他有着像普照世界的圣光一样伟大的思想，却一生都生活在精神枷锁之下，过着与思想相悖的生活——"用着银质的餐具，写着人间的苦难"。他出逃了，在生命的最后一个小的段落。可就是因为这一个小小的段落，才让他的人生变得完整，变得更加高尚。除了拿破仑，除了托尔斯泰，还有用生命写歌的亨德尔、闯入地狱之门的陀思妥耶夫斯基、野心勃勃的玛霍梅特……都是在各自领域推动时代的天才，他们是无所畏惧的疯子。也正是因为这群"疯子"，推动了西方文明的进步。茨威格说："历史作为诗人、作为戏剧家在行事，任何诗人都不应企图超越她。"虽然无论如何都无法超越历史，这也是人类文明世界里可见的另一种真实。

人类对星星的遐想贯穿古今，纵横中西。史铁生在《奶奶的星星》中写到，奶奶说："地上死一个人，天上就又多了一个星星。"所以我们会相信"每一个活过的人，都能给后人的路途上添些光亮，也许是一颗巨星，也许是一把火炬，也许只是一支含泪的烛光"。康德说，"有两种东西，我们越是经常、越是执着地思考它们，心中越是充满永远新鲜、有增无减的赞叹和敬畏——我们头上的灿烂星空，我们心中的道德法则"。

茨威格在战火纷飞中，为我们记录了明星的倩影，让我们得以遥望星空；茨威格走了，留给我们的是丰富的、温婉的、深刻的、动人的文字。时光流转，当夜幕降临之时，群星依旧璀璨，一如他的文采，绽放耀眼的光芒，慰藉着地球上一代又一代困顿的人们。面对挫折，从头再来；面对选择，遵从本心。真正的经典，就像群星一样璀璨，不会落下。

你我皆风景

——读关海山先生散文集《站在桥上》有感

史慧清

关海山先生，早闻大名，一直以为是个耄耋老者，抑或年近古稀，不曾想是个 70 后。

庚子年暮春，身体小恙又诸事困扰，不得不在家休憩。那段时日心情如覆水之舟没入海底，又似乌云密布久驱不散。就在此时，关先生散文集《站在桥上》走进我的生活。

此前曾一度喜欢他的诗作《霸王别姬》《云冈石窟》《爱情普救寺》。那"垓下的云飘盖了整个天空 / 乌骓马只知道仰天长啸"，"在一个流光溢彩的清晨 / 我看见你 / 昙曜 / 带领各色教众 / 穿越一千五百年冷冷的硝烟 / 风雨摇曳 / 安详而来"这些诗久读不厌。霸王、楚帐、古寺、石窟、昙曜，他们从历史深处疾驰而来，又绝尘而去，成为作者笔下一行行饱含深情的诗。他的诗厚重隽永，意味深长，理智兼具情感，唯美中透着感伤。那些诗曾陪我度过己亥年那个最漫长的严冬。

后来也曾在各大网络平台，零碎读过他的一些散文作品，如《女婿》《唢呐》读后不觉耳目一新，与平日所读散文迥然。没想到庚子年暮春，已年过不惑的我，与他 30 多岁时出版发行的散文集《站在桥上》相遇。此书 2007 年出版发行，距今已过去 13 个年头。书封面简洁又富有深意，灰色主打基调。打开扉页是作者照片，那是一个而立之年的男子，斯文秀气，目光有神，自信中带着几分腼腆。

全书共四辑：《谁是我　我是谁》《信口开河》《雾里看花》《人生风景线》，汇集了作者在全国各大报刊发表过的散文作品。奈何我读书甚少，思想浅薄，但从书集中我还是读出了他的"冷"和"热"。

冷：打开书集，一篇篇《男人与男人》《男人与女人》《女人与包》标题夺人眼球，读后我不由惊叹，作者当时仅三十几岁，竟然将这世间红男绿女描写得如此入木三分。"男人们总是自作多情地把自己誉为苍穹中的鹰，或者洪荒里独来独往的虎。其实，内心里男人才是最惧怕孤独、最耐不住寂寞的""最能体现男人粗犷豪放的活动是喝酒""谈女人是男人的另一大能事""无论多么心高气傲的女子，一旦定准目标，便执着泼辣一往情深，不顾一切地投入其怀抱……这常令感觉高高在上的男人们惊叹、感叹，且自愧不如。""没有了男人，女人会无所依附、无所留恋；没有了女人，男人的所有奋斗也将随之黯淡，变得微不足道毫无意义。"还有开篇的《美人》"自古英雄难过美人关，斯巴达王后海伦跟了忒路亚王子逃走，演成古代的世界大战，多少英雄与妇孺牺牲在这里""女人的美貌与男人的好名声一样，都是虚而又虚的不可依靠的东西。……要想把昙花的美丽与冬青的长绿结合起来，非得下一番大功夫是不行的。"

其后诸多的《媒人》《胖人》《名人》《小人》，各色人等均在他的笔下生花，趣味盎然又发人深省。还有24属相中的《说鼠》《说牛》《说虎》等等，还有《说哭》《说笑》《说钱》《请客》《送礼》《吸烟》《算命》《打苍蝇》《喝茶》《围棋》《跳舞》，生活诸多方面尽收眼底。芸芸众生，世间万象均在他的笔下成为一道道独特的风景。为生计忧的凡人，被名累的名人，心存善念的老好人，怕老婆的好男人，各色人等。凡尘俗世中的请客送礼、买彩票中大奖，结婚离婚、聊天打闹、生活琐事在他的笔下均成为锦绣文章，变得妙趣横生，富有哲理。

读后只觉作者万事通透，似一个饱经世故的老者，又是一个孤独的旅者。站在桥上，静观大千世界，冷品人间百态。他的文字中有着与他的年龄不相称的通透，透着与他的年龄不相称的"冷"，冷峻、冷眼、冷静。

热：文贵在情真，读《再哭奶奶》，我不禁为作者至情至性而感动。"这一年中，我曾不止一次一百次地梦见奶奶，有时候白天做事情间隙下来休息时，神经刚一松弛，无端地看见她站在我的前面，并且能很清晰地听见她同我主话，一语一笑、一言一行、神态动作都和在世时没有任何两样，而每当我要努力地留存这情景时，一切又无踪无影，恢复了寂静。""从西安回来，奶奶的病情便迅速恶化，令人无法控制。她一辈子与人为善、刚强坚烈，多少非人的困难和挫折都没能让她喊一声苦、叫一声累，这时，却不住声地呻吟——奶奶是实在疼痛难忍了！后来每次输液都死死抓住我的手，有时不言不语只长时间地呆呆地看着我，双眼里总是满含着渴望，可是——奶奶呀，如果能让我加倍地替你受罪，甚至去死，我会毫不犹豫的……"读到这里，我不禁潸然泪下。

再读《小屋》《日记》《有关头发》《检查》《想起连环画》《写信》这些作品可窥见作者的成长轨迹。《想起连环画》中那个特别懂事的孩童，"单靠换同学的连环画来看显然远远不能满足我日益扩大的精神胃口了。于是自己动手丰衣足食，我便利用业余时间去拼命挣钱"。《检查》中那个顽皮少年，"上学的时候，我生性顽皮、好动……自己又不坚定，时常找个借口向老师请假，然后到街上去玩、去疯……结果我那几页检查写的是痛心疾首，声泪俱下，信誓旦旦，感人肺腑"。《写给我那即将出生的孩子》《萱萱》中的为人父。《戒指》《女婿》中的为人夫、为人婿，一个性格倔强、自幼聪明好学的人物形象跃然纸上。

他的作品还有一个很显著的特点：篇幅精短，但引经据典，旁征博引，佳句频出，随处可见名人名言、诗词典故、妙语连珠。可见作者博览群书，阅读甚广且笔耕不辍。仅《手杖》一篇："孔子蚤作，负手曳杖，逍遥于门，显然，这手杖并不起到实际作用，而作为点染气氛的辅助物了。""就连柯南道尔笔下的福尔摩斯，其全部精明能干的智慧也都集中在那根黑亮油光的手杖上，着实爱煞人也"。晋陶渊明《归去来兮辞》里"策扶老以流憩，时矫首而暇观之扶老……被誉为杖上之品"。

从他的作品中，我看到了一个对生命有着巨大热情的中年男性作家，不管经历多少风霜，他始终执着热情地拥抱生活，不屈不挠，像石中小草，如土中嫩芽。只有一个对生命抱着巨大热情的人才会写出如此至情至性的作品。也只有对生命对人生有着巨大热情的人，才会有如此细微地观察力，有如此深刻的洞察力，才会在俗世的烟火气中，写出如此通透客观入木三分的文字。在作者看似冷峻、众人皆醉我独醒的冷眼旁观后面，是一颗火热敏感的内心。作者的"冷"也许是更大的"热"，也只有如此灼热的生命态度，才会写出如此独到深刻的文字。

在绿树阴浓的初夏，我在 26 层高楼上，伴着云卷云舒，读完他的散文集。合上书本已是残阳入西崦，缺月挂疏桐之时。时空流转 13 年后我在书里和作者相逢，是相逢意气为君饮？还是相见不相识？不得而知。不惑之年的我常在俗事的藤蔓中缠绕困顿不可自拔，似乎从未停下脚步去思索去观望过这个世界，每日浑浑噩噩忙忙碌碌，也似乎从未真正触摸过自己的也算温暖的内心。在他的作品中我似乎悟出些什么，又似乎明白些什么，但每个人都是独立的生命个体。

我站起身，向窗外眺望，风景这边独好。"你站在桥上看风景，看风景的人在楼上看你"，人生处处皆风景，包括你和我。

手捧诗联复受业

——品读《桑梓情》

王良庆

缘分，并非以化学方式可解析其密码。

鼠年，初夏，海内新冠肺炎疫情日趋式微。与人近距离交流，亦勿须以口罩相隔了。某日上班不久，湘北一枚温度恰到好处的太阳，于向南的窗棂伸来长长的镜头，摄下了一对师徒喜续前缘的场景。

中学物理授课老师饶松林先生着一身朴素夏装，兴致勃勃找到我的办公室，未多寒暄，便入正题。静听先生一席言，始知先生执意"请"弟子为其诗联文选集《桑梓情》作序。我旋即跌入两难，双手捧起绿皮清样，轻轻翻开，未料我的名字早已排入"目录"。转而一想，也好，再做一回学生，再交一份作业吧。

记忆深处，20世纪70年代末期的先生，于湘北地区农历"二四八月乱穿衣"时，常着一件色泽变淡、风纪扣严丝合缝的草绿夹衣，不过并未伴生军人之威严。相反，随着先生沉稳、温和地讲述，清晰、清秀的板书与娴熟、简便的演示……一位富有活力与亲和力的年轻老师，伴着我们这群就近入学的农村孩子，走过了4个难忘的春秋。

记得昔年在高中学出墙报时，身材修长的先生定会靠近简易木质乒乓球桌，微微躬身，挽挽双袖，摇摇墨瓶，铺开尺寸不一颜色各异的纸张，屏息凝神、一丝不苟地横抄竖写自己原创的七言八句、五言四句，甚或长短句。我也偶有顺口溜与所谓新诗，被先生一并书写，待墨干后，用米糊张贴在走廊内风雨不及的东墙西墙上。先生时常叫我拉纸移墨、扶梯稳凳、递刷送糊，竟让同窗好生羡慕。一张学校共青团总支部委员合影，将时任教导处主任的先生，与有幸担任团总支部书记的我的师生缘，紧紧地、久久地连接在一起。

未曾想到，与新中国同龄的先生，无论改行还是数易行政领导岗位，吟诗填词做对的业余爱好至今未移，且新作迭出，已突破数百首（篇、副），或亮相报刊，或登台领奖，或跻身选本。

哦，我们的先生既能理，又能文啊！

花上双休日，一口气拜读了先生的绝句、律诗、新诗、词、楹联与散文随笔，及微信、朋友圈、网络相关资料。闭目一想，其功效，根本不亚于当年物理课堂上先生之传道、授业与解惑矣。

《桑梓情》一书于字里行间，将先生素来尊崇的爱党爱国、向善向上、崇文崇美等家国情怀，展露无遗。请读七绝《华容楹联廿年庆》，"楹联创建浪淘沙，连获五金荣万家。福寿长安松与鹤，弘扬国粹看章华。"一种对华容本县楹联事业十分敬重、热爱与坚信的情愫跃然纸上，难怪先生身兼数职——大到国字号的诗词学会、楹联家学会，小到一县一镇分会。"离骚一曲万年殇，美酒扬波汨水香。竞渡龙舟怀屈子，悬蒲插艾祭忠良。"《端午祭屈原》将作者感怀历史、追思先贤等真情实意表达得淋漓尽致。此类包孕人间至善至美情感的绝句律诗于先生集子随处可见。如"市民巧织千般锦"之《人民广场抒怀》，又如"波光水影拨天琴"之《东湖望月》，即便篇数占比较少的新诗《民政的春风》与散文《终南茶山好采茶》等等，皆具同工异曲之效。如此道来，《桑》著又何尝不是弟子有幸新领的一册课本呢！

先生自幼深受其父母教诲，曾熟读《唐诗三百首》《古文观止》等经典名著，一些篇什至今倒背如流。显然，这是一粒种子，一粒饱满诗词联文的种子，只是先生的聪慧加勤勉，让这粒不错的种子，及时生根发芽、繁枝茂叶与开花结果了。而且在排列组合汉字与标点的过程中，让我们要么耳目一新，要么刮目相看。

尚且不论先生如何用平用仄，如何用韵用典，单就先生择选"动词"制造诗意、语境便令弟子够学了。集中《题陈文殿》诗云："风带斑鸠拗树声，僧人相引入云行。山坡草路游仙到，一谷寒烟绕殿生。"28枚汉字中，便嵌了"带""拗""引""入""行""到""绕""生"等四分之一强的动词。将殿之静之幽之高之雅之绵绵缠缠的禅意，写明写透，平添了不少浓浓厚厚的诗意，让读者如临其境，飘然若仙。

先生律诗中亦不乏典型例子。不妨读读《闲吟》，你便觉得"霏雨连绵锁雾浓"，一个动词"锁"，几多神奇精准，委实生动形象。《鹧鸪天·咏菊》一词中连用数个动词，尤以"披"与"抖"最为传神，将秋菊之精气神描摹到了极致。倘若将其移至语文课堂上作范文解读，也未尝不可。这般想来，无异于先生送教上门，弟子实在三生运好。

先生创作长长短短的楹联时，同样不忘精选动词。《题终南禹麓秋思》联曰："枫叶深秋舞，月夜终南听竹语；菊花漫野妍，重阳禹麓采风谣。"一"听"一"采"，看似颇为寻常，但一旦融入此联，便让这物这景"活"了、"神"了，顿生一秋诗情画意。再吟《鱼塘观景》联："锦鲤穿莲，点水蜻蜓随蝶舞；黄莺戏柳，登枝喜鹊报春来。"于抑扬顿挫中，异常清晰的画面美感不禁油然而生，设若换掉了"穿""点""戏""登"等有刚有柔、有疾有徐的动词，那相反结果自是可想而知的。集中联语不少，就留待读者朋友细品慢读吧。

以我习新诗30余年之认知与体会，品读先生《春意》一诗，不得不令弟子佩服得五体投地。末尾一节写道："把春天紧紧握在手中，披着春风的纱巾，踩着鸟鸣的节律，携着雨露的滋润，裹着阳光的温暖，种下春天、种下绿意，让原野长出绿茵茵的诗行，让我们和春天一起结伴，将梦想一步步拓宽。"无须笔者再费口舌说什么比拟、比喻、通感、排比等辞格的综合运用，读者自会体味到个中的美妙与神韵。

先生老宅坐落于华容县境南禹山山脉五谷坳。祖祖辈辈面朝黄土背朝天，但其父母节衣缩食送子读书，让先生自小便有机会接触诗词歌赋，学写毛笔字与练习打算盘。屋前房后，茶山蜿蜒，荷塘棋布，花香氤氲，鸟语声声……正如先生散文所言，实乃湘北桃花源也。于是乎，天地造化，家庭熏染，让先生严谨治学一生，舞文弄墨一生，而又乐观豁达一生。先生退而不休，须发未乱，一如本地人人喜爱推崇的再生稻，适逢利好时节，正焕发二次青春，坚持以诗词联文，为新时代及其风流人物树碑立传，为桑梓春夏秋冬及其巨变写真留痕，为亲朋好友送上快乐、幸福、祝福抑或必不可少的抚慰……可谓一字一句皆为心血打造啊。

而今静心捧读《桑梓情》，先生四十余载前自三尺讲台发出的谆谆教诲，依旧在耳畔萦绕不去，反复催我自省，催我奋蹄。

这份另有意味的作业就如此惶悚着完成了。弟子弯背恭请恩师饶松林先生一如当年那般审阅批评指正，同请读者诸君不吝赐教！

寻找精神世界中的世外桃源

——读沈从文散文有感

胡杰

在都市生活十余年，都市的繁华与躁动让我反而有了一种想逃遁的感觉。目睹着车水马龙，面对着喧嚣声起，每每此时，我总会抱怨起"久在樊笼里"的怅惘。于是对"耳无车马喧"的乡村田园更多了一份向往与怀念。

安定情绪，读书可谓是一剂良药。喜欢茶余饭后看会儿闲书，就这样熟识了不少作家。也正因为如此，沈从文走入了我的视线，也渐渐喜欢上了他的散文。

喜欢沈从文清淡得如茶水般的文字，尤其是他对故乡生活回忆类的散文，清新、自然，如一泓清泉流过人的心间，滋润枯涩的心头；又像一抹夕阳的余晖，把整日的繁杂，在夕阳西下那一短暂的时刻，消融在了它无限的美好中。这样的文字更适合在安静的午后，或是静谧的夜晚去品味它，从而你定能滋生出更多的想法与感受。

读久了，渐渐发现沈从文散文的美好不仅仅局限于毫无雕饰的词句中，更体现在它特有的情调上。在他的笔下，湘西成了一个世外桃源，成了现代都市人梦中的香格里拉。湘西的静谧，古风的纯朴，人们的安分纯善，无不让人内心涌起巨大的波澜。读沈从文的文章，如画般的景致，会在读者的眼前逐渐铺展开来，让人觉得越靠近它似乎离得愈发遥远。这样的景致怎么不使人觉得韵味无穷呢？我每读这些文字，

总会想到，回归自然是如此美好纯净的感觉。

尽管沈从文的散文中流淌着一些悲伤的情调，这种隐蔽在文字背后的情调，不易让人察觉。正如他自己所说："你们能欣赏我故事的清新，照例那背后蕴藏着的热情却忽视了；你们能欣赏我文字的朴实，照例那作品背后隐伏的悲痛也忽略了。"

但那又如何呢，我有阅读的选择权，我有自由的感受力。我选择放弃去感悟文字背后的那些悲怆的情感力量，而纯粹选择去感受那纯朴的乡情，朴素的语言。这又何尝不可呢？

案头放一本《沈从文散文集》，挺好。开卷有益，文字这种奇妙的东西，能带人走入一个个奇妙的境界。

读他的《市集》，能把我带入湘西农村喧闹的圩场，感受乡村人最自然、也是最气派的买卖。在作者的细致描摹下，我能身临其境地感受到圩场的喧闹，能目睹各色的行人：朴实的乡下人，叫卖的小贩子，戴花幞头、大耳环、丰姿俊逸的苗姑娘，穿灰色号褂子的副爷们，着高筒子老牛皮的团总，草鞋底带了黄泥浆的买卖人，形形色色，熙熙攘攘。

我耳旁仿佛会听到那各色的声音：生意人的讨价还价，因秤不公而起的口角，卖猪场上，小猪仔耳朵被提起来的尖叫声；卖羊场上，小羊儿咩咩的叫声；牛场上的小茅棚内喝茶喝酒的聊天声……如此种种，如洪亮的潮声汇入人的耳朵。

这种充满乡村气息的集市，对于一个久居城市的人来说是件新奇的事。徐志摩说它是一幅美丽生动的乡村画，真是评价得恰到好处。

每次读着这些文字，我总会想象着自己飞跃千山万水，穿越时空，亲临现场，参与到这个浮华城市所感受不到的市集。

也会唤醒我儿时生活的记忆，那些似曾相识的人、物、场景在脑海中苏醒过来。想起儿时看水牛在开满紫英花的农田里耕犁；想起邻居家那个弓着背，手持长鞭，追赶在羊群后的白发老人；想起坐在父亲那辆老自行车的后座上去赶集。想起……太多太多的关于逝去生活的点点滴滴，总会在读沈从文的文字时逐渐清晰起来，它让我重温了儿时那个物资匮乏年代的生活美好。

很多记忆中的东西，就这样被一个故事，一篇文章，串联起来，成为精神世界中的食粮。

我喜欢他《市集》中纯朴的民风，如果说这是一幅民情风俗画，那么我也喜欢那些灵秀、柔美的湘西自然风光。在沈从文的很多散文中，描绘了一幅幅绮丽多姿的湘西风景画：群峰罗列，如屏如障；流水潺潺，清幽澄澈；碧林修竹，小径通幽，加之以似雨似雾的轻烟细雨，朦胧轻柔的苍茫烟浦，一切显得新鲜而又神秘，读之使人耳目一新。

读读他的《桃源与沅州》《常德的船》《箱子岩》吧。撇开那些风俗民情不说，单就看看这些美景吧，你会有一种回归自然的感觉。徜徉于清逸的文字间，你会以为自己在轻舟上飘荡，在竹林间穿行。这种自然生命的美，在作者灵动的笔触下熠熠生辉。

就让我们来感受一下他那淡雅、清新的文字吧。如他在《箱子岩》中这样写道："遇晴明天气，白日西落，天上薄云由银红转成灰紫。停泊崖下的小渔船，烧湿柴煮饭，炊烟受湿，平贴水面，如平摊一块白幕。绿头凫三只五只，排阵掠水飞去，消失在微茫烟波里。一切光景静美而略带忧郁。随意割切一段勾勒纸上，就可成一绝好宋人画本。满眼是诗，一种纯粹的诗。"这一段黄昏下箱子岩的描写，让我们感受着晚霞染天际，烟波浩渺，水鸟齐飞，渔船静立的美景。此情此景，像一幅中国水墨画，更像是一首带着淡淡忧愁的诗。此刻，倘若站在这样的天宇间，定会把你的思绪带到很远很远。

不知余霞散成绮的黄昏，你会想起哪些故事呢？

再看看他对白河中王村景物的描写："夹河高山，壁立拔峰，竹木青翠，岩石黛黑。水深而清，鱼大如人。河岸两旁黛色庞大石头上，依然是在这样晴朗冬天里，尚有野莺与画眉鸟，从山谷中竹簧里飞出来，休息在石头上晒太阳，悠然自得哼唱悦耳的曲子，直到有船近身时，方从从容容一齐向林中飞去。水边还有许多不知名的水鸟，身小轻捷，活泼快乐，或颈脯极红，如缚上一条彩色带子，或尾如扇子，花纹奇丽，鸣声都异常清脆。"

如此景致，哪儿还是一个简单的村子，这简直是世外桃源，人间仙境。这寥寥数笔勾勒了一幅美丽清奇的画卷。大自然的生命与魅力，在作者的笔下释放出了它前所未有的光彩。而对于读者来说，读着这样的文字，心中充满了无限的向往和憧憬，这种幽妙舒放的动人意境怎能不使人陶醉在其中呢？

如此的美景总在沈从文的散文中出现，其实这些如画般美丽的意境何尝不是作者心中想永存的一片宁静之地。他用自己无限的想象，描绘出如泼墨山水画一样的湘西风光，同时也给我以无限的想象。他要用最美最纯的文字把湘西风光定格下来，成为永恒，因为他明白不久的将来，这些美景也会如同湘西人的命运一样变得飘忽不定。但不管将来会怎样，沈从文当即写下的那些文字，永远都是散发着清淡的香气，留给人无尽的享受。

有人说真正的文学应该是回归生活，回归自然。我喜欢这样带着淳朴生活气的文字。如果你也喜欢，不妨就打开沈从文的散文吧，让它带你到一个辽远的想象之城，让它带你去寻找属于你精神世界里的世外桃源吧！

不一样，也没关系

——读《叫我第一名》后感

魏如月

不一样，也没关系。

对啊，不一样，有什么关系？

当我合上科恩·维素基的《叫我第一名》，"不一样，也没关系"。这句话却久久地印刻在我的脑海中，叩问着我的心灵，你呢？对待不一样，你是如何做的？

《叫我第一名》讲述的是布拉德科恩的故事。布拉德科恩是一名妥瑞氏症患者，会不自主地身体抽搐和发出怪声。这使得周围的人产生误解，以为这都是他故意的，因此同学嘲笑他，老师厌恶他，甚至自己的爸爸也不愿亲近他。科恩一直被这个与他如影随形的朋友困扰着，他不敢去图书馆，总是在上课时因打扰其他同学而被老师处罚，还被校长认为是残疾人。

中学毕业时，科恩非常希望事情能有所改观。换新的学校，交新的朋友，结果却一样。又一次，科恩被数学老师遭到了校长室。由于烦躁抑郁，科恩的情况加剧，在见到校长时仍不断怪叫。梅尔校长见了他并没有要求他道歉认错，而是问他，学校是用来干什么的，并回答说，要用知识来打败无知。科恩并不了解校长讲这句话的用意是什么，但下一句，他彻底地被震住了，因为校长要求他出现在学校下午的音乐会上。

　　毫无意外地，科恩成了音乐会上最讨人厌的对象，他成功地破坏了大家欣赏交响乐的环境和心情。演出结束，梅尔校长站在台上，问大家，是否听见了怪声，并指出科恩正是这怪声的制造者，并将他叫到了台上，开门见山地问他，让科恩自己站在台上，第一次表明自己的内心，解释自己怪叫的原因，也因此获得了同学们的理解与认同。第一次，科恩看到了大家不再用嘲讽的眼神看自己，得到了那么多的掌声与笑容。

　　说几句话，教育一下，就像开启了通往全新世界的大门。梅尔校长的短短几句话，就那么直接地，简单地，彻底地改变了科恩的世界。科恩说，我知道将来不管我怎么做，无论我有没有妥瑞症，我都要当一个老师。每个人的一生里，总是会遇到那么一个影响自己一辈子的人，而对于科恩，那个人无疑是梅尔校长。

　　梅尔校长，其实并没有说什么大道理，他做的，只是把学生们当作了一个人来看。之所以这么说是因为，很多老师都并没有将学生看成一个独立自主的有思考能力的人，对待他们的方式只是灌输，只是给予。就像一个空杯子，不停往里灌水。但我认为，学生本身就是有自己的认知的，他们懂得很多，只是这些都模糊地存在于脑海里，而不能用言语去概括表达而已。而梅尔校长，无疑认识到了这点，并且非常信任学生，他相信学生们有自己判断是非，体悟善恶的能力，他相信学生们都足够善良能够接纳科恩的病。事实证明，他是对的，不仅避免了学生们成为以别人的痛楚为乐趣的恶毒的人，而且开启了科恩通往光明、自信、乐观积极世界的大门。

　　教师，教书育人的职业。但更为重要的，还是育人吧。尤其是在教导学生是非观的时候，千万不能把他们当作一个没有感觉思维的木偶看待，要将其放到平等的位置，与之对话，告诉他实情，与他沟通，相信他们自己能够从事情本身中得出认知，做出判断。总之，做到平等，信任。

子曰，有教无类。教育本身的目的，就是育人。不管什么人都可以受到教育，不因为贫富、贵贱、智愚、善恶等原因把一些人排除在教育对象之外。教育，是为了让他更好，而不是为了"好"这一个终极目标。如果仅仅是为了"好"这个目标去筛选教育对象，那么这不仅违背了教育初衷，而且也玷污了教师的崇高品质。如果仅仅为了"轻松"的教学过程，而去排斥一些教育对象，也同样地有悖教育的本质。

教育，就是点亮学生心中的灯，开启他认知的大门，找到人生的前进之路。就像梅尔校长的一句话，彻底地改变了这个科恩，让他拥有了无比坚定的梦想，成为一名教师。一个旁人听来都觉得心疼的梦想，因为科恩而不一样！

可是，不一样，有什么关系！科恩要成为一名教师，不是想，不是希望，而是我要。为了找到一个愿意接受自己的学校，甚至在全国的地图上圈出未去过的学校，然后带着地图，驾车前往，在被 25 所学校拒绝之后，科恩带着希望来到景山小学，并最终被录取。

成为一名小学二年级教师的科恩，在班级经营管理上无疑是十分成功的。色彩缤纷、温暖明媚的班级美化，教室里摆放的玩具、小动物，还有每个孩子自己个性独特的空间，让孩子们很容易就爱上这个教室，有了归属感，因此去爱护它，喜欢在这里上课生活。经营一个班级，如同经营一个家，要让班级有温暖明媚的感觉，才会让人心情愉悦。对待孩子，即使只是二年级的小孩，科恩也像他的启蒙老师梅尔校长一样，平等地和他们对话，告诉自己得妥瑞症的实情，并没有丝毫隐瞒，或以教师的威严去压迫学生们对其闭口不谈，而是鼓励他们自由提问，风趣的言语一下子就让孩子们消除了对奇怪的科恩老师的恐惧感与距离感。

对待问题学生汤姆斯，科恩同样地以一个平等宽容的姿态去面对他，并坚信，不一样也没关系，每个孩子都不应该被放弃。即使汤姆斯有上课走动，还经常爆粗口，不喜欢读书等一大堆缺点，科恩总是告诉他什么是错的，什么时候做什么事，但从不对其体罚责骂。其实这已经是将汤姆斯当成了一个明事理的大人看待了，让他自己去辨是非，并以身为教，让他发现其实读书并不是一件多么困难的事。这或许是对教师最大的挑战，就是以身作则，以己教人，让自己的精神内涵成为学生成长道路上的指向标，激励他们坚持不懈地去追逐梦想，不要被任何事情打败。

"与其诅咒黑暗，不如点亮自己"，科恩用他的人生告诉我们这个道理，而且他不仅点亮了自己，还成为一名教师去点亮更多的人。我想，这就是教师一职的魅力所在吧！

《叫我第一名》，不仅仅是科恩不屈的奋斗史，一部感人的励志书籍，同样也是一部有着丰富班级经营管理，教师教育经验的教科书。每看一次，都会有不一样的收获。"不一样，也没关系"更成了我教师生涯的警示语，让我时时警惕，有教无类，平等地对待学生，以身作则，以己教人。

我站在泰山之巅

——读《另一半中国史》有感

孟磊

身边无伟人，家乡无风景。

高洪雷入主鲁商，成为厅级干部，我没怎么惊奇。倒是听说他写作出书，成大作家了，差点惊掉了下巴，大大出乎我的意料：这是哪跟哪？根本不搭界啊！

他的代表作《另一半中国史》，在 2017 年 5 月入围京东文学奖八进五名单，而且据此改编成电影剧本《冒顿》，在多家电台播出且被中国广播协会评为专家奖一等奖，还翻译为维吾尔文、蒙古文、柯尔克孜文、锡伯文、韩文等多种语言出版，《大写西域》荣获第七届徐迟报告文学奖等。

既然如此牛，那就了解一下吧。

开篇就被它磅礴的气势、恢宏的布局、久远辽阔的视野所震撼！

首先，是他那迥异于常人的格局，标新立异的思维方式，突破大而统、正宗的以中原为主的传统的中国历史。这直接让我脑洞大开——咦，在历史教科书之外还有如此瑰丽、丰富多彩、波澜壮阔的中华民族的渊源。

在《另一半中国史》中，字里行间，目光所及，不只是大漠草原、狂沙蔽日，冷月弯刀、铁蹄嗜血，商途苦旅、胡雁驼铃。"撩乱边愁听不尽，高高秋月照长城。"还看到了几千年来东西方文化的激烈碰撞，各民族的交流融合。"铁马秋风塞北，杏花春雨江南，椰树骄阳海岛，牦牛冰雪高原。"

通过《另一半中国史》，我知道了"大漠孤烟直，长河落日圆"不仅是汉家壮士西域征途的漫漫黄沙，还包含货商互通、民族融合的过程；也体会到了马致远为何直接由"小桥流水人家"的秀水江南一下就跳到了"古道西风瘦马"的大漠西北；贞观之治的李家皇室也有着鲜卑血统，当时的长安犹如现在的联合国；大元王朝的忽必烈是中国人，但他爷爷成吉思汗不是，成吉思汗属于世界，他是天之骄子，是世界历史上的燎原烈火；文学瑰宝《红楼梦》的作者曹雪芹，他的祖先叫靺鞨，后来叫女真，然后是后金，创建的大清王朝统治中国近三百年。正是源于民族融合，开放包容，才成就了我们伟大的中华民族。是的，如今的中华儿女多是孔孟之道的儒家熏陶和北胡草原强悍体魄的统一体。

过去，起码在我的思维认知中，华夏文明是以中原文化为主体，只存在征服四夷的强汉，万邦来贺的盛唐，七下西洋的郑和巨船及帝国符号丝绸、陶瓷和茶叶等等骄傲自豪感。不自觉地封闭了几千年来少数民族对华夏文明的贡献：胡服骑射解放了我们的手脚，胡琴、琵琶丰富了我们的艺术，葡萄、西瓜增加了水果品种，就连小时候吃到反胃的地瓜也是舶来品，它解决了我们的温饱，成功地让我们的人口数由千万级突飞猛进到万万（亿）级。

中华文明，兼收并蓄，源远流长。东北亚的荡荡胡风，北漠草原的滚滚铁骑，千里西域的丝路花雨，在黄河两岸交织、生根、发芽。

在《另一半中国史》中，我们与30多个民族对话，而今天，我们将以博大的胸怀在泰山脚下、汶水河边摆上鲜花美酒邀全体地球村公民同聚一堂，相互依存，共生共赢，共享太平。

时代在变迁，人类在进步。今天的地球公民应抛弃信仰、政见、体制的不同，求同存异，悲悯天下苍生，摒弃"你死我活"的零和博弈，追求"美美与共"的和谐。

由丝绸之路而演化至民族团结、血脉交融，现在又"一带一路"建设人类命运共同体。孔子曰："君子和而不同，小人同而不和。"孟子也说："天时不如地利，地利不如人和。"两位先哲都指出了"和"的重要地位和价值，历史长河流淌到现在，人类命运共同体的核心仍旧还是这一个字：和！

和平与发展是当今世界的两大主题。不同肤色、不同民族、不同地域、不同国家的人们都有自己的历史和文化传统，只要"和而不同"、相互尊重、相互学习、共同进步，就会"美美与共"，天下为公，世界大同。

人类命运共同体继承了中华传统哲学"美其之美、和美为美、美美与共、天下大同"的思想，是合作、共赢有机的统一，也是"丝绸之路"精神的延伸、升华。传承着中华文明五千年的智慧，厚积薄发；体现着每一个地球村民的追求和向往，万众福祉。"有朋自远方来，不亦乐乎"。摈弃以邻为壑、零和博弈、冷战思维，谋求和平发展、打造合作共赢模式。我们将站在泰山之巅，牵手阿尔卑斯山，启动世界高度的新起点，开创世界历史发展的新纪元。

高洪雷出生在泰山南一个叫羊流村的地方，这里物华天宝，人杰地灵。泰山文化浓缩、代表了中华传统文明，在历史上瑰丽璀璨、闪耀星汉。

泰山，雄峙中原，俯瞰天下，为中华文明的精神家园。

泰山脚下的乌珠台智人化石遗址、大汶口文化首开先河；诸葛亮少时在泰山郡读书，好为《梁甫吟》，而后《隆中对》，三定天下；李白隐居独秀峰，把酒《泰山吟》："天门一长啸，万里清风来。"

民众信仰，北为碧霞元君，南为海神妈祖林默娘。由"问礼"而受孔子大赞的先贤林放乃泰山放城人氏、比干后人，是林默娘先祖。

最为惊奇的是中国历史上赫赫有名的羊氏显族：培育出悬鱼太守羊续、西晋太傅羊祜、一门两皇后（羊徽瑜、羊献容）之羊氏故里——

泰山南城就是高洪雷的出生地羊流村，他们是同乡同村。

作为泰安人，为家乡如此的文明，先人如此的伟大，历史如此的灿烂芳华而优雅自信是理所当然的，但绝不能骄傲自满、故步自封、夜郎自大，而应是"会当凌绝顶""更知天下阔""面朝大海，春暖花开"。

泰山揽黄河，处于中原文明的核心地域；我们作为新时代的地球村的村民，家国天下，胸襟坦荡：站在泰山之巅，极目远眺，放眼世界；张开双臂，海纳百川。"海内存知己，天涯若比邻"。

读书，读一本好书。是向先贤学习，与智者对话。最后，让我以一联来表述读《另一半中国史》之体会、感悟：

观前朝，历史巨浪，淘尽黄沙，民族大融合；
登泰山，拥抱九州，世界大同，命运共同体。

《生命清供——国画背后的世界》读后感

雷涵琪

先者以道修其身，以文养其性，以画刻其魂。

中国画凭借其特有的艺术形式与绘画技巧赢得世人的喜爱，相比于西洋画而言，中国画更注重于情怀的宣泄，重在追求"以形写神"的表态方式。有人言，西洋画是"再现"的艺术，而中国画是"表现"的艺术。中国画意义之深远绝不仅存于画像形式，更为主要的是画像背后九曲回肠的情感。

知名教育学家朱良志撰写的《生命清供——国画背后的世界》一书，就从历史、情怀、写意等多个角度评析中国多幅顶极画作。以特有的思维方式，另类的观看视角为世人再现书画背后的故事。全书一共15章，从"秋江待渡"到"云烟缥缈"，从景物描绘到人物刻画，作者以极为优雅、动情的文字让读者身临其境般感受国画背后的世界。

国画技艺之精深难以通过寥寥几笔叙述，在文中引言的部分，作者便用石涛提与《秋冈远望图》的诗句"与其呕血十斗，不如啮学一团"，作为开篇。古人匠心独具，在绘图技艺方面便足以耗尽一生的精力去学习与研究。绘画不光靠"学"，还要靠"养"。一花一世界，一叶一菩提，作者透过国画表面的笔墨行书，深入画家时代的故事，以此探寻画家内心深处的艺术情感来源。

一本书的深度不仅在于自我知识的输出，更为重要的是多类知识的结合。本书中，恰到好处的引用许多诗句、典故、佛语，以加强文章的主题结构与情感深度，也便于读者体会其中的绵延不绝之情。

正如第一章"秋江待渡"中，作者以钱选的《秋江待渡图》为开篇，在描绘画中内容时便重点讲述到画中的一簇红树。红树耀眼，树下的人盼望着江中的扁舟快些到来，欲渡河，欲度过河。由此引出"度"字，乱世浮沉，人事飘零，想渡河，更想由此便度过了茫茫迷雾的凡尘。

作者在这时引用了佛教有大波罗蜜之说：一布施，二持戒，三忍辱，四精进，五禅定，六智慧，也就是六度。而后还在文中添加佛门弟子入门四大宏愿：众生无边誓愿度，烦恼无尽誓愿断，法门无量誓愿学，佛道无上誓愿成。由此加深画家渴望心灵得到救赎的心情，在这浩浩的生命中，只希望自己能够寄情山水，纵享时光。

外人看画，看的是构图、工笔、层次，而作者却看到画中一笔一画的寂寥。本章的最后，作者描写到："在这生命的居所中浮空蹑影，纵怀高蹈，如月光荡涤下的通透。环绕钱选寻找生命幽居的艺术历程，我们更加明晰地看出中国画作为性灵扁舟的事实。"

以画为江中的一叶扁舟，承载着画家的满心愁情。画是画家的乌托邦，是他们思想的寄存地。

愁情难断，而志不得却叫人扼腕惋惜。

文中第二章《生命清供》在介绍画家陈洪绶的画中之时，便引用了大量的诗句用以描绘画家满腔热血，志难的悲愤之情。评析陈洪绶的《痛饮读骚图》中，为了更好地描绘画中主人公内心的情绪，引用了辛弃疾的《水龙吟·登建康赏心亭》中的"把吴钩看了，栏杆拍遍，无人会，登临意"的气势。说尽前朝无边事，故园何在，何以为家。

无论是壮志难得的悲愤之情还是渴望救赎的愁苦之情。情，素来是艺术家笔尖流淌的灵魂。情，是岁月的桥梁，是缩短空间的链条。合理抒发情感会让人读来犹如余音绕梁三日不停歇般恋恋不舍，一腔情思，阅后让人久久难以忘怀。

"孤舟蓑笠翁，独钓寒江雪。"这家喻户晓的诗句，通过口头的传颂，早已失去字里行间充沛的情感。一叶扁舟，茫茫江面，簌簌寒雪，潇潇渔翁，脑海中浮现的画面正与南宋马远所作的《寒江独钓图》重合。

在书中第七章《苇岸泊舟》中，作者就对《江雪》一诗进行了解读。通过结合马远所描绘的画作感受出"钓"一词的寂寥与孤独，茫茫江面，唯独渔夫一人坐在舟头静静地等待鱼儿上钩。极为干净，清简的画面却包含了无边的寂寥。江岸的纷纷扰扰在此刻没有任何事可以打搅渔翁钓鱼的兴致。若问，所钓的是鱼乎，非也。在苍茫大地，却难寻一方净土。画家借以渔翁的形象暗指自己所追求清净、无虑的岁月时光。"钓"不仅是一个行为的体现，更是中国艺术中的一种境界，在这凡世间脱离尘俗寻找心灵的真正安宁。

可在这世间，何处是归途。漂泊几乎是人类无法摆脱的宿命，回归是人类永恒的呼唤。在这世间，人们一直在奔波寻找自身的归途。有父母在的地方为家，爱人在的地方为家，心灵在的地方为家，有国在的地方为家。我们一生奔波，一生追寻心灵的归途。家在何处，魂便归何处。

文中第四章《暮鸦宾鸿》中，作者从恽南田的《古木寒鸦图》到陈道复的《雪渚惊鸿图卷》，借以乌鸦与宾鸿来描绘寻找归途的事物。日照西斜暮鸦归息，这群饱含神秘气息的生物成为诗人画家用以宣泄情感的端口。

古藤老树昏鸦，小桥流水人家，古道西风瘦马，断肠人在天涯。全景式的描写手法，在外飘零的游子，孤单寂寥的身形独自走在袅袅乡烟中，盼望着早日寻找内心的归处。

相比于乌鸦四处漂泊，万里归家的属性。宾鸿一个居无定所，永远奔波在路上的生物，更让人感到苍茫无边的空旷。正如文中所描写的诗人李商隐《鸿雁》中的"欲问孤鸿向何处，不知身世自悠悠"。一生兜兜转转，宛如浮萍四处漂泊。世上哪有永恒的故园，浮生万事不过只是人生中的一个过客罢了。

　　一幅缓缓打开的画作，观其笔法，赏其风格，品其情怀。这本书就像是一幅好画，一般一遍读下来便得一种思绪，更为可贵是在这浮躁的时代中，让阅读者想要停下脚步，细细地品味书中、画中的笔笔柔情。好书难得，一本值得多次阅读的好书更为稀缺。

十年磨砺，不忘初心

——《大神们：我和网络作家这十年》读后感

盛尔行

作为一个拥有五千年历史的大国，宫廷剧、古装剧一直是我们茶余饭后的一大消遣方式。几年前，大型清宫剧《甄嬛传》红极一时，名扬海外，继之，《孤芳不自赏》《三生三世十里桃花》《知否知否应是绿肥红瘦》等大批优秀的影视作品陆陆续续登上银幕，丰富了人们的闲暇生活。然而这批影视作品，绝大多数为当红的网络作家作品改编而来。此前，人们只知道甄嬛们背后的女人流潋紫厉害，今日读罢此书才知，在甄嬛们的背后，还有着一位真正的幕后推手。

《大神们：我和网络作家这十年》以通俗畅达的散文随笔的语言，回忆了作者夏烈这十年中与国内一些网络文学大神，尤其是以流潋紫、南派三叔、沧月等为代表的网络作家的交流，梳理了网络文学史料，品评网络小说，讲述动人的细节、幕后，是当代网络文学亲历者、组织者、评论家对于神秘且热门的网络文学的零距离书写，对网络文学研究者、爱好者、粉丝等都有了一定程度的吸引力和文献参考价值，填补了当下网络文学文体研究的空白。

十年前，初生的网络文学，作为一种新兴的文学样式，在其萌芽之际，难免会遭到文学界的嗤之以鼻，许多文人作家以及大众，对网络文学采取不予理睬或不认为其是一种"文学"的态度。然而，夏烈却做出了与这些人截然不同的行动，他从一开始就以一种敏锐的感觉及平等的视角去关注网络文学，评论网络文学，与网络文学对话。十二年前，他"振衣千仞岗"，拉起网络文学的旗帜，设立了杭州作协也是全国作协里第一家"类型文学创作委员会"，拉起了网络文学的旗帜。此后便开始招兵买马，吸引大量优秀的网络小说"大神"如沧月、南派三叔、曹三公子、流潋紫等加盟，浙江"网络作家群"的雏形才得以形成，用"类型文学"去命名与正名，夏烈算得上是促进其发展的概念推手，这显示出他对新生事物的敏锐度、前瞻性和超现实的特点。

在大多数人的印象中，网络作家似乎是个悠闲自在、快活逍遥的一个职业。那些网络作家会在网上连载他们写的各类小说，闲暇时，他们会在各种社交公众平台里频繁互动，然而事实却是，网络中的大神们在现实生活中并不大与人来往，他们平日里的生活在外人看来是非常神秘，也很有距离感。在《大神们：我和网络作家这十年》一书中，夏烈认真记录并描述了自己与这些大神们从相识、相交到日后往来的过程，让我们走近网络作家个人，通过文字感受到了他们的容颜、举止、谈吐，使我们能有机会了解那些用文字给我们带来喜怒哀乐的网络名家的创作历程、日常生活，以及个人的癖好和小性子等等。在夏烈的文字中，我们认识了自爆舆论事件，常常突然失踪，骨子里特别浪漫的南派三叔；以一只唇彩而得名，以"成为一名深受学生爱戴的中学老师"为事业追求的流潋紫；行动不便但爱好旅行，不拘小节却坚强乐观的安意如，这些网络中的大神在我心中留下了深刻的印象。通过《大神们：我和网络作家这十年》，我有了与网络大神们相识、相知的接触感，还原了网络作家作为作家、作为青年人、作为世俗生活一员的线下面目以及真实脾性。

鲁迅先生在《致叶紫信》中曾这样写道："太伟大的变动，我们会无力表现的，不过这也无须悲观，我们即使不能表现他的全盘，我们可以表现它的一角。巨大的建筑，总是由一木一石叠起来的，我们何妨做做这一木一石呢？我时常做些零碎事，就是为此。"创作本是一门不易的艺术，所有伟大的创作都离不开创作者一点一滴，昼夜复始的积累和思考。起初，这个世界上只有混沌，这段混沌时期持续了很长一段时间，但突然有一天，混沌中出现了一些特别的东西，这便是网络文学。它宛如黑暗中最早的光。当四下是一团漆黑的时候，即便是如萤火虫的尾焰，也足以照亮人的眼睛。谁也不曾想过，网络文学在随着科技与社会蓬勃发展的今天，也曾弱小地蜷缩在一个狭小的角落，接受着来自社会各地的排斥和批判。

当然，人无完人，金无足赤。夏烈在为网络文学击鼓鸣锣之时，也对这一类文学有着较为客观的评价和清醒的认识。对于一些网络作家涉嫌的"抄袭"和习以为常的后现代式的"拼贴化""据贝症"予以谨慎的指责。在为《后宫·甄嬛传》写的一篇短评中，既指出"它将可读性和文学性做了不错的结合"，随即又指出的一些常识性问题："比如写积雪未扫的满国红梅，作者用了，真真是一个'疏影横斜水清浅，暗香浮动月黄昏'的神仙境界，引用的诗句同描写的景致就不恰切了。"他既肯定了网络作品优秀的一面，又对其不足之处给出了意见，比较真实地展现了网络文学的总体状态和具体状态，不愧为网络文学的净友和观察家。

在与大量的网络作家长期交往之后，夏烈写作的语言也如他们一般俏皮、有趣、网络化。《大神们：我和网络作家这十年》是夏烈的《大神们》系列创作的第一部，十数年的心路历程，既是回忆，亦是一路披荆斩棘、闯荡而来的血与泪。它不仅是十年网络文学的现场实录和人物志，也是一本很有趣味的小书，可以看出夏烈这位青年评论家的不羁才情和强烈的时代感。

生命是孤独的展开

——读《城堡》有感

朱凤梨

　　张爱玲说："人生三恨：一恨海棠无香，二恨鲥鱼多刺，三恨红楼梦未完。"《红楼梦》之未完，已然是众所周知的，这也不仅仅是张爱玲一个人的遗憾。然而世间又岂止一部《红楼梦》未完，前些天阅读的卡夫卡的《城堡》也是一部未完成的杰作，毫不逊色于《红楼梦》，只是要读懂它并不容易。

　　在阅读此书时往往有一种不知所云的感觉，故事显得十分混乱和荒诞，不知道作者要传达什么。可是奇怪的却是即便自己无法全然理解，但是它像是有魔力一般让我手不释卷。我反复思量究竟是什么吸引着我，终是慢慢地揭开了答案。

　　小说中的主人公"K"像是从天而降般到达城堡的一个小村庄，一切于他而言皆是陌生的，他希望能够进入他们的世界，可是他所面对的却是冷漠和拒绝。他需要一个身份，这个身份是他的入场券，没有它谁也不会接受"K"。这个身份必须要由城堡里的工作人员确认过。小说从一开始到它结束，主人公一直在努力进入城堡，可是却始终无法进入。那是一个既令人向往，又十分恐怖的存在，"K"既渴望着进入它，同时也抗拒着进入。

　　阅读卡夫卡这部作品必须抛弃我们固有的逻辑思维，而要利用抽象思维。"K"所代表的正是我们的生存困境，我们正如他一般莫名其妙地来到这个世界，孤独地面对这个冷漠而光怪陆离的世间。杜甫有诗曰："谁怜一片影，相失万重云。"一个"片影"实在精彩，它是"K"，是每一个孤独的个体。如此单薄的存在，却不得不去寻找进入城堡的路，因为唯有进入其中，方能找到那失落的群体。"孤雁不饮啄，飞鸣声念群。"谁愿面对如此孤寂的现实，然而又有谁能够不面对呢？

对比杜甫的《孤雁》和卡夫卡的《城堡》，我们不难发现它们皆道出人孤独存在的本质。《孤雁》的语言极其凝练，几句话就道出了人的孤独。而《城堡》的不同在于它的展开，它同样写出了如孤雁般的生存境况，但它并未就此止步，而是希望去战胜这样孤独，即便结局只是徒劳也要一试。

朱子曾经说过："理一不难，难的是分殊。"在认识了生命的现状之后，人存在的目的便在于如何去应对，不同的人有不同的应对方法，而生命的呈现就在这不同之中。世间万象无非是"理"的呈现，其源于"一"，也必归于"一"。没有展开就没有生命，孤独不展开就一直是孤独，《城堡》一文无不在展现孤独以及与孤独斗争所呈现的一切。

"K"一直是被拒绝的，没有人希望他的到来。即便无法改变他来到的事实，那里的人也并不真心接纳他，甚至连和他相爱的女招待也未必真心。身处其中，"K"很难辨明真假、真心、真意，一切的一切只能任其发生，所谓的慧眼亦只能观他人之境，而难辨自己之境。所经历的一切恍如一场梦，但若是不醒，又有谁不是在梦中说梦呢？我们可以以第三者的眼光来看"K"所经历的一切，可又谁知有没有第三者来看我们当下荒唐的经历呢？

孤独是人存在的本质状态，然而与孤独做斗争则是人生命的呈现，其目的是为能够更好地活。这是一个没有答案，但又不得不去寻找答案的问题。《城堡》可以说是孤独的个体在社会中所呈现的一种形式。它是"一"，也就是无限在特定时空中的投射，因此它也就成了"多"，也就是有限。人的孤独就源于这一有限，如果能将有限融入无限之中，那么人也就能超越这存在的本质。"K"对于城堡的渴求虽源于孤独，但是城堡却并非无限，只是有限的社会形式而已，因此他才会有所抗拒。辨明所遇之事，需要的是一种超越的智慧，若是不明"一"，就很难在展开中趋向正确的作为，这也是为什么一直以来大家要去追寻那个"一"的原因所在。我们的归宿虽亦是"一"，但此"一"早已包含了这一展开的过程，看我们如何回到这"一"之中。

有限融入无限之中，对无限而言可谓是不增不减，然而于我们人而言有限却是全部。这是我们一辈子需要思考的问题——如何摆正自己的位置。在撞入无限之前如何展开有限？即知有限，便不再渴望无限，然不渴望无限又如何能够尽情展开这有限？

"一"和"多"的问题也就是"有限"和"无限"的问题若是无法调和，那么整个生命世界将无法和谐运转。若只知"一"而不识"多"，则将落入空虚之中，而若沉溺于"多"，则往往令人迷惑而不知所措。一个是只知天，不知人，一个是只知人而不知天，二者的和谐才是我们最需要追求的。"和"一词看似简单，实则艰难无比。因为"和"便意味着"多"与"一"的统一，也就是有差异的统一。没有"和"的境界，世界就只是一片混乱。《中庸》言"致中和，天地位焉，万物育焉"。此言可谓深矣，只是后人难解先人之苦心而已。

《城堡》一书并未向我们呈现生命如何和谐，而是告诉我们对城堡也就是对社会的渴求并不能使我们摆脱孤独的本质，而是需要自我转向。它使我们陷入了深深的探寻之中，希望能够找到一条合适的路来，真正克服生命中的孤独。

人间有味是清欢

——读袁枚的《随园食单》有感

徐舒超

难得空闲的周末，从书架翻出一本袁枚的《随园食单》，书的封皮积了些薄灰，用手拂去，手心与纸妥帖的碰触，就像与一位老朋友轻手相握。沏了一壶清茗，屋子里弥漫起淡淡的茶香，窗外下着细绵绵的雨，雨气飘进来和茶香混合在一起，仿佛雨都别有了一番味道。是时候，重启阅读之旅了。

《随园食单》，作者袁枚，清代性灵派的杰出代表，书名中的"随园"，是袁枚的私宅，由一废园精心改建后，成为私家江南园林的代表，亦是《红楼梦》中大观园的原型。

书是小书，薄薄一册，五脏虽小，倒也齐全。袁枚将全书分为须知单、戒单、海鲜单、江鲜单、特牲单、杂牲单、羽族单、水族有鳞单、水族无鳞单等十四单，外加一序，共记有三百多种菜肴。各单看似独立又相互关联，整本书文字淡雅清简，正如他倡导的食物之理"味浓则厌，趣淡反佳"，阅读过程中让人心生愉悦，乐在其中。

通读下来，袁枚讲食具体可概括为三点。首先对于食物，态度要"尊重"。袁枚先生说："凡事不可苟且，而于饮食尤甚。他事或可苟且，为饮食不可。"这位清代美食家，倡导无论是从新鲜度、食材处理和搭配，还是配料、火力、时节都要重视，突破了传统意义上对食物的看法，对每样自然馈赠的食物都有自己独到的认识和见地。其次，食物在烹饪时，应当"顺物性"。所谓"顺物性",他这样写道:"顺物之性,循物之理,自然为本,引之导之,调之剂之。"强调无论购买食物,烹饪食物,享用食物,都应以遵循食物的特点为最妙。"清者配清,浓者配浓,柔者配柔,刚者配刚,方有和合之妙",才能享受到食物的美好。最后,对于食物应当"有情",这也是我读完以后,对这本书的偏爱之处。食物在"有情"人眼里,不仅仅是果腹之用,更是对人生的一种追求,对理想生活的一种向往。

食物带给人的不光是一种味蕾的体验,还是一种爱和记忆的表述。看过一部日本电影叫《深夜食堂》,国内亦有翻拍。一家只在深夜开放的饭馆,留食的大多是拖着疲惫身躯的人们。他们走进这间饭馆,寻求的是食物,也是对心灵的慰藉,更是对明日朝阳再次升起时,让自己振奋前行的动力。汪曾祺在《四方食事》里写到:"四方食事,不过一碗人间烟火。"谁说山珍海味才是至味,清淡小粥可能更具人间温情。让人触动心灵的或许仅仅是暑天里一碗梅子汤带来的清凉,也可能仅仅是大雪纷飞日里,一碗羊肉汤带来的温暖。如果仅食物本身而言,也许并不具备打动人心的力量,但是,不同的食物因为有了不同的意义才更显魅力。

小时候住在鉴湖边。童年天微亮时,为食物而奔波的人们穿梭在露天的早市中。跳跃的河鲜,新鲜的蔬菜,还有小玩具、杂货等等都早早出摊,熙熙攘攘的人流从跨湖桥脚起,延着几百米长。百货大厦门口的墙角,坐着卖自制腌菜的阿姨,看到小孩子路过,就顺手往我手里塞一把萝卜干当作零嘴。路过卖豆腐大叔的摊,大叔给我舀上一碗新出的豆腐,飞上点白糖,白糖遇热微化,口感"沙沙",和豆腐的滑嫩混合在舌尖的独特味道,是让人难以忘记的。长大以后,孤身在北方求学的,有时候对家乡的食物甚是想念,夏天就用外婆晒的干菜做一碗干菜丝瓜消暑汤,冬天买了炖锅在寝室里熬粥汤,简单的放些米,最后撒上一点雪菜末和酱瓜,在零下几十度的天气里,和沸腾的食物做对话，算是当时与故乡的一点点精神上的靠近。

"半部论语治天下"，其实说"一部随园食人生"也并不为过，这种讲求自然、淡雅、从容的理念正是现代人所追求的吧。对于人生的味道，浓郁是一种，平淡的欢愉才是生活真切的本质吧。日子每天似乎过得很赶，忙碌工作，忙碌生活，路上的每个人都行色匆匆，手机不离，被快捷、碎片的信息所包围，忘却了生活本初的模样。但细想，这日子又走得从容，转眼毕业数年，如今回味，那些食料通过简单的方式，倒是别有一番味道了。

青葱岁月时，阅读对我而言，是生活的必需品。一杯凉白开，几册心爱书，在图书馆自习室度过长长的一下午，是再美妙不过的事了。毕业以后，这样的日子似乎是一去不复返了。我的导师郎伟先生曾说过"阅读让生活充满芬芳"，也曾劝导我们毕业以后，能记起自己当初选择这个中文专业的初衷。阅读是与作者在一个平行空间同行的过程，与忙碌的生活做短暂的别离。感谢袁枚，以让一蔬一饭的哲学打破时间的限制，触动我的味觉和记忆，让我与老先生在某一段时光的长河里共同前行，体会到阅读的快乐，感悟到"人间有味是清欢"的意义。

小壶里的茶汤倾尽了，窗外的雨也做短暂停歇，玻璃窗上有一只躲雨的天牛，他的背后变成了水墨画般的天空。今年的梅雨季有些漫长，但是终究是出梅了。是时候改变下生活的步调，回归当初的本心，重新拾起阅读吧，就像老朋友重逢那般喜悦！

原来，你就在这里

——读《摆渡人》的遐想

徐彩芬

断断续续，终于翻阅完了克莱儿·麦克福尔的《摆渡人》。合上书页，满脑子的都是灵魂摆渡人崔斯坦引领着迪伦穿越荒原的种种惊险，甚至恐怖的场景，自己仿佛也跟着他们历经了一次轮回。

15 岁的迪伦乘火车去探望久未谋面的父亲，出了事故意外而亡。她的灵魂摆渡人崔斯坦勇敢、坚毅，凭着他丰富的经验，一次次化解危机，成功将迪伦引向了天堂。迪伦为寻找崔斯坦，又一次折返荒原，最后，他们一起重返人世，在人间相遇。故事情节可谓一波三折，跌宕起伏，引人入胜。

起初，没读几个章节，我还以为这只是少男少女之间纯洁而浓烈的爱情故事，只不过作者把故事安放在了灵魂通往天堂的途中。随着阅读的深入，突然发现，"爱情"之外还有一个更为重要的命题：救赎。崔斯坦担负着灵魂摆渡人的职责，他救赎了迪伦的灵魂，不被恶魔吞噬。反过来，迪伦凭着非凡的勇气，坚定的信念，鼓励崔斯坦打破荒原的禁锢，尝试着和她一起返回人间。迪伦不仅救赎了自己和崔斯坦的生命，也救赎了他们的爱情。文末的一句"嗨，原来你在这里"，"是的，我在这里"，简单而又默契的对白，却有着震撼人心的力量！小说折射出的人性之美，真爱、勇敢、信念，无不涤荡着我的心。当我们必须直面生存和死亡，爱情的永生诸多问题时，你是不是已有选择，让自己的人生不后悔？

"生命是条孤独的河流，谁会是你灵魂的摆渡人？"

谁会是我们人生旅途中的摆渡人呢？师长？朋友？同事？……我想，我已经找到答案了。

"人生何处，总有一个原点，生命旅程，定有几处摆渡。"今年正值母校春晖中学110周年华诞，和所有春晖学子一样，不敢说魂牵梦萦，总也常常在心里忆起她。记忆中的春晖园，庄重、亲和，一草一木，一廊一楼，了然于胸，历历在目。在白马湖畔求学三年，已然是我生命里的一笔巨大财富，这里有秉照千秋的名师典范，这里有自强不息的人文情怀，这里有聪慧好学的同窗好友，这里有朝气蓬勃的运动氛围……在这里，我们学会了求知，学会了生活，学会了勤勉，学会了胸怀家国……这一切的一切，等到毕业多年之后，蓦然回首，才发现已成深刻的烙印，是流淌在血液里的印记，是深入骨髓的自觉。从这里走出去的万千春晖学子，传承着春晖精神，春晖园是我们共同的原点。

想当年，我们这群来自山里海头的农家孩子，背着简单的行囊，怀揣着看世界的梦想，踏上春晖桥，来到这一方崭新的天地，开启了我们人生的新篇章。在这里，我遇见了许多让我终身受益的好老师：和善严谨的班主任兼数学王启东老师，儒雅博学的语文贾超英、严禄标老师，威严规范的体育徐光照老师，风趣帅气的历史陈栋老师，温婉娴静的英语马海玉老师……这么多年过去了，老师们的一言一行，一颦一笑，犹在眼前，老师们的循循善诱，谆谆教导，铭刻在心。正如李培明校长所期望的那样，"希望春晖能成为万千学子人生的起航地和摆渡人。"母校春晖就是我生命里的摆渡人，原来，母校春晖您就在这里，从不曾远离。

时光匆匆催人老，转眼，我离开母校24年了，我已是一个有着21年教龄的老教师了。我当班主任，也是语文老师，不敢夸口以我肤浅的学识一定能教出多少优秀的学生，但我兢兢业业，尽我所能，呵护他们，促其成长。每接手一个新的班级，我都以静待花开的从容和笃定，倾听每一朵花苗的私语。阅读是学生获得精神和智力成长的主要营养源，多读书，读好书是我和学生的约定。我们一起读《草房子》，感受人性的善良，悲悯的情怀；我们一起做《狼王梦》，感悟母爱的无私伟大；我们一起品《西游记》，感怀古典经典的永恒魅力……阅读是最好的教育，从读一本好书开始，这是自我精神成长的必经之路。我们的集体被评为校、镇、区级十佳书香班级，这一刻，我们相视一笑，多少个与书相伴的日子，在我们心头轻轻划过……厚积而薄发，学生们的一篇篇透着或奇思妙想，或文辞优美的文章见诸报纸杂志，频频获奖，这一刻，我们会心一笑，多少个孤独的夜晚，我敲击着键盘，梦想着朵朵莲花开……

　　铁打的营盘流水的兵，每年都有那么几拨往届的毕业生，趁着假期来学校看望老师。此刻，是我当老师最感欣慰和骄傲的时刻。他们阳光开朗，优秀上进，善良正直，朝气蓬勃。和学生们细数着过往，展望着未来，在他们的青葱华年里，留有关于我的光影，在我的黄金岁月里，留有关于他们的成长。佛说：渡人即渡己。在与学生相处的日子里，我也从青涩走向成熟，从浮躁走向沉稳。我希望我能成为他们生命里的摆渡人，多年以后，也许会有人对我说："嗨，徐老师，原来你就在这里。"这样就好。

读书的人不寂寞

——读张晓风散文有感

沈琼丽

　　冬日的一个星期天下午，在朋友家六楼屋顶晒太阳、聊天，无意中看到小凳子上放着一本书，书页显得有些旧了，顺手拿起来一看是张晓风的散文集《地毯的那一端》，因前几天刚刚在听彭佳慧的《走在红毯那一天》那首伤感的歌，以为是同类型的，便向朋友说，能否借我一读？默许后便拿回了家，晚上迫不及待地打开阅读了起来。

　　张晓风是台湾第三代散文家中的名家，《地毯的那一端》是她的处女作。这本书中更多的体现的是张晓风对生活的热爱，对人生的感恩，正如她在这本书的自序中所说的："我所献出的已是我手中所有的了。这些字句也许只能称为一抹淡淡的痕迹。但它足以说明曾有一个女孩子那样炽烈的爱过这个世界。"几句平淡而真切的话语，便勾起了我往下读的念头，放弃了烦琐的电视连续剧，沉浸在张晓风的世界里。书中有很多描写大自然带给人们惊喜的文字，浓郁的山风，清新的山溪，翠玉的山峦，让人产生身临其境之感，恨不得立刻能够投身到大自然的怀抱中，去享受大自然的美丽。热爱生活的人，生活中总是不缺少美的，不缺少感恩的。

　　文章中所体现的亲情、友情、爱情，同样让人感动。《回到家里》一文中写道："我真的这样相信：每个人，当他回到自己家里的时候，一定会为甜蜜和幸福所包围。"想着自己在家中，亲人的爱护，家人的宽容，这样的生活真的很惬意。也正是这种平常的家庭温情牵连着人人的心，让每一颗在外为生计而奔波的心，向往家庭，向往温暖。

最喜欢的还是《我喜欢》这一篇文章。"我喜欢活着，生命是如此充满了愉悦"，对生命的热爱和感恩之情跃然纸上。想想自己的生活，自己这几年来的人生变迁，其实，酸甜苦辣都是一种幸福，因为我可以体验生活的精彩，享受生活的激情，这样的人生还有什么可抱怨的呢？"我喜欢，我喜欢，这一切我都深深地喜欢！我喜欢能在我心里充满这样多的喜欢！"犹如一个幼稚园的小朋友，得到了心爱的礼物后，那样的欣喜和满足。

现代社会，越造越高的楼层、车水马龙的市场、浮躁的人群、快节奏的生活，一切的一切变幻无穷，又让人目不暇接。因为匆忙，我们丢失了心灵深处的平静；因为匆忙，我们忽略了来之不易的情感；因为匆忙，我们疏远了多姿多彩的生活；因为匆忙，我们虚耗了理想抱负的动力……唯有寂静柔和的心，才能让人平淡看待一切、让人真正信服。

渐渐地，我爱上了张晓风的散文集，《这杯咖啡的温度刚好》《星期三都已经到齐了》《愁乡石》《你还没有爱过》，都看得我心生暗喜，这世上怎会有如此美妙、如此契合心意的文字。前段时间，她的新作《细数那些叫思念的羊》又发行了，我便在网络上花两个晚上把它读遍。依然是那些生活中的小事，依然是那种淡定的心态，依然是那种发自内心的梳理。书中，张晓风从寻常小事切入，描绘出人人拥有的幸福；俯视红尘，悲悯人世无常，探看大自然的奥妙，亦秀亦豪，从而深思人生的种种际遇，用最悠游且积极的生命节奏与城市的律动同步。她出门旅游时，对着巍峨的高山说："树在。山在。大地在。岁月在。我在。你还有怎样更好的世界？"在大自然的怀抱里，还有什么可放不下、可丢弃不了的？有如此博大的胸怀，如此激动的文句，触动我心灵深处爱哭的琴弦。"爱一个人就是在他迟归时想上一千种坏可能，在想象中经历万般劫难，发誓等他回来要好好罚他，一旦见面却又什么都忘了"。文字中的细腻女人情感，怎会写出如此心里的悲喜交加，让人爱恨不能的心灵感应。

读张晓风的散文，让我懂得满足，懂得珍惜，懂得感恩，懂得如何感悟并享受生活。感谢张晓风，有她细腻动人的文字陪伴，让我在平淡而忙碌的生活中充实，让我丢弃失去爱人的伤感，远离孩子的无奈。喜欢上了张晓风的散文，更多的是喜欢她的为人处世的态度，希望自己经过生活的磨炼，也能够拥有这样坦荡的人生态度，不减的人生热情！"我喜、我悲、我贪恋、我舍弃"，愿人生一切能在平淡中充实，安稳中发展，知足者常乐，远离世间纷扰的争执，做一个淡雅而快乐的女人。

做好生活的"送信人"

——读《给加西亚的信》有感

郑建伟

记得刚迈出校门到一家集团公司工作，当那个平时一向节俭的公司不惜花费一笔资金买来《给加西亚的信》一书赠送给我们工厂千余名员工每人一本，要求我们认真阅读时，我颇感惊讶。可当我认真看完此书后，心情久久难以平静，在以后的工作和培训学习中，才慢慢地悟出公司老总推荐我们阅读此书的用意。

《给加西亚的信》这本全世界广泛流传、承载百年智慧的小书，强烈地震撼着彼时我那迷茫无助的心弦，它带给我的不仅仅是深切的感悟和体会；更促使我在繁忙的工作之余，学会了善于思考和反省。

此书的主人公——罗文，他一心一意，锲而不舍地努力完成目标，是我们在工作和生活中学习的典型榜样。他在接到总统交给的任务之后，明知困难重重，却还是毫不犹豫、义无反顾地成功完成使命。罗文之所以这样做，除了服从命令是他的职责，而敢于迎难而上，挑战全新的不同自我，也使他完成此次任务。

我在公司里，工作岗位是主管公司产品的生产与销售。俗话说："质量，是企业发展的生命力，工人是浇灌和培育企业生命力的源泉"，这句话颇有一定的哲学道理。在公司里这个由来自五湖四海临时组建的流水线"大家庭"中，我有责任和义务，在自己工作的岗位上，牢记"品质意识在我心中，产品质量在我手中"，从原材料采购，到产品生产质量监控，我都亲力亲为，严以律己，从我做起；而绝不会当面临生产重任和严抓产品质检时，把压力推给下属工人们，让自己"事不关己，高高挂起"。

读了《给加西亚的信》这本书，让我体会到在工厂无论做一个合格的一线工人或一个普通的管理者，那么首先要从工作态度、工作细节入手。一个良好的工作态度，为确保产品顺利生产和产品质量指引正确的发展方向。所以在企业中工作的我们，要学会积极主动地树立"主人翁"意识，增强责任感，要把公司利益放在首位，在工作岗位上一切听从公司安排，大家团结一致，各司其职确保产品达到优良品质，赢得客户的满意。

《给加西亚的信》一书让我明白，如今在企业中要想担当"主人翁"角色，做一名合格的"送信人"，必须具备的两种精神意识：一是主动性，二是忠诚敬业和责任感。工人拥有这两种精神是一个企业能够发展壮大的基本保证。正如书中所说：年轻人所需要的不仅仅是书本知识，也不仅仅是聆听他人的指导，而是更需要一种敬业精神和行动精神，对上级的托付，应积极响应立即采取实际行动，保质保量地完成工作任务。

我们大家都知道，在市场经济激烈竞争的当下，若"今天不努力工作，明天努力找工作"。在这个浮躁的社会，有的人把随意跳槽当成了一种习惯，工作中遇到困难想跳槽，人际关系紧张也想跳槽。其实在这种现象的背后，是一种对忠诚的缺失。以至于好多年轻人在无谓的跳槽中丧失成就事业最宝贵的时机，变得心浮气躁，碌碌无为。联想自己从最初的车间操作普工，通过多年的努力一步步积累工作经验，上升为销售总经理的经历，我为自己能拥有一份来之不易的工作而感到欣慰，而倍加珍惜手中的工作。阅读《给加西亚的信》一书后，我要奉劝那些喜欢跳槽的人，在工作岗位上既不要"无职思职，在职怨职"，也不要"高不成低不就"，更不要"眼高手低"，要相信"三十行、行行出状元"。我们在平凡的工作岗位上要学会发现自我的不平凡、人生闪光点，无论我们在工作岗位上所发出的光芒有多少微弱和渺小，只要我们充分发挥个人的聪明才干，为企业的辉煌发光发热，那么这就是人生充实而激昂的前进动力！

《给加西亚的信》一书，主人公罗文敬业、执着、服从精神，是值得我和我们这个时代求知上进的年轻人们共同学习的好榜样！

有一种爱叫"咬"

——我眼中的好书《狼王梦》

单蕊蕊

假期里，我读到了沈石溪的《狼王梦》。

说真的，第一遍读，我对母狼紫岚的印象差极了，它为了实现丈夫的遗愿，让自己的孩子成为狼王，非常严厉甚至极其残忍地训练着它们。一开始，因为它觉得黑仔是最有可能被培养成狼王的，所以它特别偏爱这只小狼，让它占最大的奶头，吃最好的食物，甚至让年幼的双毛被黑仔欺负成了一副奴仆样；后来，它为了把瘦小懦弱的双毛训练成狼王，宁愿让新鲜的食物腐烂掉，而眼睁睁地看着双毛在饥饿与疲惫中挣扎……

当然，最让我难以接受的是它对待蓝魂儿的态度：一场暴雪阻挡了蓝魂儿登上狼王宝座的成功之路，更让狼群在难忍的饥饿中徘徊、煎熬。突然，前方出现了一只被肢解的羊，蓝魂儿像往常一样，第一个勇敢地冲上前去叼起了死羊，谁知不幸降临了，因为这正是猎人铺设的陷阱，一个巨大的铁夹夹住了蓝魂儿的腰，任蓝魂儿如何百般挣扎，任母狼如何竭力啃咬，但是连钢锯都锯不断的铁夹，狼牙又怎能对付得了呢？眼看猎人已越逼越近，母狼紫岚最后竟狠心一口咬断了蓝魂儿的喉管……

读到这里，我不禁大骂母狼太残忍了，哪有做妈妈的会舍得咬死自己的孩子呢？妈妈看我愤愤不平的样子，也忍不住拿起这本书来读。

于是，关于母狼紫岚，我和妈妈展开了一场辩论。在妈妈眼里，紫岚是一个值得尊敬的了不起的母亲，因为她没有一味地溺爱孩子，她为了把孩子培养成材，将爱深深地埋藏在心底，在她看似无情的训练中，却无不流露着她对孩子不同寻常的爱。最后，妈妈建议我再读一遍《狼王梦》，不妨去找一找母狼对孩子的爱。于是，我开始了对《狼王梦》的第二遍阅读，果然，我找到了许多爱的"蛛丝马迹"，特别是这一段描写更让我感动："它把全部母性的温柔都凝集在舌尖上，来回舔着蓝魂儿潮湿的颈窝，钟情而又慈祥，蓝魂儿被浓烈的母爱陶醉了，狼嘴发出呜呜惬意的叫声；突然间，紫岚一口咬断了蓝魂儿的喉管，动作干净利索，只听得咔嗒一生脆响，蓝魂儿的颈窝里迸溅出一汪滚烫的狼血，脑袋便咕咚栽倒在地里，气绝身亡了。"读到这里，我不禁眼窝湿润了，心里真不是滋味啊。可怜的母狼紫岚，为了不让蓝魂儿落入无情贪婪的猎人手中，竟用这看似残忍的一"咬"让孩子免受痛苦与凌辱，让孩子在温暖的母爱中得到解脱，而把无尽的悲痛留给了自己。

哦，这一次我读懂了：原来母爱不一定是天冷时为我加衣，饥饿时为我递上热气腾腾的点心，生病时背我上医院整夜守候在病床前；原来母爱也可以是遇到困难时的袖手旁观，受到挫折时的无动于衷，犯了错误时的严厉惩罚！

于是，我忍不住又开始第三遍读《狼王梦》，因为每一遍读它，我都能收获一份新的感受，都能经历一次新的历程……

《哈利·波特》——我的信仰，我的魔法梦

阮意棋

　　也许你和我一样曾经无数次幻想自己走在伦敦的一条街道里，寻找着破釜酒吧的痕迹。突然，一个穿长袍的怪人迎面走来，喃喃道："到处都是麻瓜……"等你惊喜地转过头去，那人却消失在了一个书店与唱片店之间。

　　这就是 J·K·罗琳所创造的奇迹——一套令全球少年为之疯狂的小说《哈利·波特》。初看《哈利·波特》，我是因同学推荐才去随手一翻，却被它奇幻的故事所吸引。之后便一发不可收拾，在三年级时就看完了上百万字的小说。不过，让我着迷的，不只是有趣的情节。我爱《哈利·波特》，是因为它给我很多感受，其中最重要的，就是有爱。

　　故事中的人物——有爱。我所指的不单单是主人公哈利，更是在书中的每一个人。从可爱的金妮到严厉的麦格，从伟大的邓不利多到善良的海格。罗琳笔下的每一个人物，都具有无穷无尽的爱。甚至到处与哈利作对的德科拉·马尔福在最后的最后，也有善良、有爱的一面。

　　故事中的情节——有爱。主人公哈利固然厉害，可如果他没有罗恩在一边鼓励，他能走到打败伏地魔的一天吗？不能。如果没有莉莉的牺牲，他能活到今天吗？不能。也许没有他们，哈利也可以顽强的活下来，成为大名鼎鼎的"救世之星"。但不可否认的一点是，没有爱，哈利什么也不是。他需要爱，也给予爱。

　　故事中的想象——有爱。在我们这个年龄，哪一个没有幻想过自

己有一根魔杖，在魔法学校上课？只要一挥魔杖，就能使出各种魔法，自信勇敢地面对一切。这些都是我们梦寐以求的，而这一切的一切，都在书中成了现实，怎能不让我们趋之若鹜呢？

在这套书中，我曾为小天狼星的死而痛苦，为乔治的孤独而同情，为斯教的痴情而感慨，为伏地魔的身世而敬佩。是作者创造出了这一切。我们爱着她，同时也觉得惋惜——我们觉得惋惜，因为她让我们费尽心思，却只能在梦中与魔法世界相遇。

在阅读《哈利·波特》的过程中，我学会了很多，也慢慢联想出自己的魔法世界。我宁可相信自己是麻瓜，也不相信那个世界是不存在的。我从来没有把《哈利·波特》当成一本普通小说来看，它更像是一种信仰，将永远在我心中发光。《哈利·波特》带给我的不止是几本书，远远不止。我坚信，总有一天，它会带我到那个美丽的世界。

这，就是《哈利·波特》，一个活在我心中的魔法梦。

《回归》读书报告

王昕怡

　　繁体的"回归"两个字眼镶嵌于一抹浅绿与芥末绿之中，这是这本书的封面，给我一种抽象派的水墨画一般的体会。本书展示了一位大学校长退出权力中心后的心灵净化史，而当我翻阅至目录时，此书总共有五章。各章分别是"归途漫漫""风雨来临""伯乐难为""求医波折""情海微澜"，由此种种，便不难看出"回归之路"的不易与反复。

　　佛曰，人生有七苦：生、老、病、死、怨憎会、爱别离、求不得。人生的苦楚有些是人无法决定，不想听天，却不得不听天，但更多的苦楚却是由于迷失自我，迷失了本心，忘记了自己最原本的样子。当叠加的外在越来越多的时候，人就需要学会放下。放下，是一种生活的智慧。当你懂得放下的学问时，心灵才能获得真正的自由。

　　文中主人公薛鹏举与李薇长达多年的柏拉图式恋情也是一大亮点。其中"黑如点漆的眸子镶嵌在一片比羊脂玉还要纯净的乳白中，相互映衬，彼此生发，弥漾出夺人眼球的晶莹。岂止如此，晶莹中似乎还蕴蓄并缓缓释放出某种慧光，流盼之间，迅即生成一种令人心旌摇曳的电波"。这一小段话无不洋溢着李薇的美丽动人，她的明眸善睐也在薛鹏举心中秋波盈盈。之后，薛鹏举回忆起他们的初遇、初知、相识、相知，可谓是一段令人心生艳羡的才子佳人，但是在撇开两人已有家室的角度来说的。对于薛鹏举"回归之路"，"回归家庭"便是第一步，当他的意志即将被佳人的兰桂般幽香消融时，他以理制欲，深得中国古典哲学的折中要领，只使得两人成心息相通的知己。可是站在与薛鹏举相濡以沫二十多年的发妻黄墨玉来看，且她给予他的不仅仅是相伴，更是恩德与奉献，精神出轨无疑是一个令她心碎的背叛。但黄墨玉最终凭她的知书达礼和胸怀宽广抓回了丈夫薛鹏举的心，但薛鹏举却并未真正斩断情丝、掘尽情根，而这份情只能深埋于心。现实生活中，在妻子生儿育女、年老色衰时，男方不论出于何种原因，精神出轨，肉体出轨之类的事在社会中层出不穷。糟糠之妻所付出的一切却换来这样的后果，这就是大部分人都难以做到宋明理学中的"存天理，灭人欲"，犯下道德错误。这是薛鹏举在"回归之路"上迈出的一步。

接下来的第二章"风雨来临"，也是让我印象深刻的一章。晓风笔下的巡视组之事着实让人耳目一新，包括下章写的医患关系，都与当下社会时事有着千丝万缕的关系，体现了晓风着眼于实际，透过社会生活看本质，真实地反映生活。这章写到制度环境的问题，使得小说由此上升到制度面的反思，升华了这部小说的主题。

这章里体现出强烈的现实关怀意识，折射出中国社会的许多热点问题。高校为提高排名增加知名度，利用公共手段打通人脉等行业潜规则，一味冲刺国家重点学科的评比、项目审批，综合评估等等这种充斥商业气息的行为层出不穷。薛鹏举睁一只眼闭一只眼也是纵容了这种风气，但陈默对薛鹏举的忠心却让我心生敬佩，与其相反的是，人事处长变色龙似的人物也确实让人心中一颤。其中有句话来自于组长："惩戒，惩戒，重点不在惩而在戒，或者说惩是手段，戒才是目的。换言之，惩的目的是为了告诫后人，起到警示作用。"这几句话没有华丽的词，却让人深省。这个道理特别适用于家庭教育。当孩子犯错时，家长应牢记是为了戒而惩，而不是为了惩而戒，否则一颠倒，可能教育孩子的方向会出现偏差，伤害孩子，对他们产生不好的影响。

欣慰的是，他经历巡视的洗礼，政治生命已盖棺定论了，可以远离政治波涛，抱着超然的态度在局外笑看云卷云舒、潮起潮落了。当人性被官场异化，薛鹏举挣扎着回归自我。

第三章"伯乐难为"，涉及高校博士生的就业问题，薛鹏举的书斋生活终不平静。小说以薛鹏举的视角以第三人称展开，体现了为解决两个弟子的就业问题，受到权力不在、高校政策、性别偏见等诸多挫折，经历多次碰壁终于解决……他却开始直视自身的表现令其自我厌恶，引发质疑"回归本真"的想法。

"求医波折"这一章的小说情节同样波澜起伏，医患关系的建立与破坏都来自不同的人性，病人的猜疑甚至质疑、责骂、辱骂，医生的冷漠、逃避等都是破坏医患关系的因素之一。李宇阳的人生境遇可用悲惨来形容，以我自身观点来看，即使薛鹏举的才能确实会胜他的大师兄一筹，但他还是抢走了原本不属于他的东西，从此两个人的人生轨迹发生了重大差距，一个学术造诣高，身居高位，一个终日碌碌奔波，为生计，为家庭，穷困潦倒、学无所成，实在是令人惋惜。幸运的是，大师兄有了个成就硕然的儿子替他完成夙愿。

但我对于薛鹏举认为李博士故意加害致使医疗事故的心理活动，不以为然，我更愿意相信是李博士粗心所致，而非如主人公薛鹏举所说的是恶意冲动而为之。且我更是油然而生地敬佩李宇阳在历经人生如此多的大风大浪后仍选择回归学术，即使已经落后于学术的潮流一大截，仍静下心回归学术，这种毅力和对学术的热爱是难以磨灭的，加之其宽容大度与之前薛鹏举的精致利己形成反差，更增添人物的鲜活性与真实性。

这章里也提到了一个关于"种族歧视"的问题，试想如果你的孩子有黑人朋友，你当然会热情相迎，但若是你的儿媳妇呢？薛鹏举何尝不是沉湎在对灵魂黑洞的自我拷问中呢？今天的奥斯卡最佳真人短片《Skin》中，白人教自己的小孩用枪和灌输种族歧视，因殴打黑人被报复全身变成黑色，成为自己最"厌恶"的黑人，最后被自己的孩子一枪崩掉，反转动人心魄，也引发种族歧视的深思。"动物用肤色伪装以驱天敌，人类却因肤色自相残杀"。

"回归之路"没有尽头，谨记不忘初心，我们都在路上不断探索，不断回归。

在现代社会的繁杂纷扰中，人们为理想生计四处奔波，我们追求金钱、利益、地位，却往往忽略了生命中真正重要的东西。

活到老，真好

北洋

　　很多时候我说，喜欢旧纸书籍的香气。纸本不一定很古旧，但一定要有深度；书籍不一定连篇重文，但一定要有广远的气度。书可以让我们看见前面的道路，书也可以让我们相信未来，相信希望。

　　读散文家王鼎钧（人称鼎公）的《活到老，真好》，就是一次非凡的心灵游历。我不知道人到了耄耋或者极高的年纪还会想些什么，需要多少机能去维持生命的张力，我只能想见老人对生活的体会是大彻大悟的。人活到老年，才突然发现原来很多事情都看通透了，原来人也是可以活成自己想要的姿态的；活到老年，才能明白无论小说还是散文，写作的长度也许缩短了，下笔的气力也许不够了，但文字却更精致、更深刻了；活到老年，就要怀抱善心、初心，拥有真心、虚心和恒心了。

　　作家林语堂出世又入世，最后淡泊一切，在纷飞的时代留下永恒的经典，是一种初心。我们在抗战时期读他的散文，在逼仄的现实中能独得片刻清凉，留下美好的回忆。有的人说他不顾百姓疾苦，但他沁人心脾的文字已经在滋养人的心灵。王鼎钧先生写他读《安身立命》一书，看到有关描述林语堂思维模式的文字，就会涌现诸多感叹。鼎公也常说劝人留驻初心，劝人像孩子一般多笑多歌唱。片刻的惬意不是让人忘记苦痛，而是为了更好地迎接未来的朝阳。"人世难逢开口笑"，尤其是我辈，远至异国，更要常笑。

笑是一种能力。有时候，我们一度丧失了这种能力，被社会的、生活的压力限制了我们的微笑。鼎公有一篇《今天我要笑》，不是说作为任务一样去笑，而是不分时间，自如放松地尽情去笑。浅笑、大笑、畅笑，即使在疾病肆虐、人生奔波的时刻，我们不也应该保持微笑，保留纯真，任凭狂风骤雨的猛烈侵扰，笑对人生吗？快乐不是经济学，是哲学，不是生活条件，而是生活态度。鼎公的生活态度就是不论现时顺境逆境，都要珍惜初心，保持轻松的心情。那么，再困难崎岖的山岗也是可以跨越的。柴米油盐酱醋茶，总是要快乐地度过的。"笑！每天晚上，吾日三省吾身，今天笑了没有？"鼎公立世之道，可为上品。

《活到老》书中有一篇《劝人看报》，颇有趣味。光看题目，猜想可能是胡适之流让人多读书多写字之类的教化文章，或者香港老报人董桥的那种文人轶事小品。写作无非多看文字多动笔，教人多看报，似乎也不为过。及至翻看全文才明白，鼎公所谓"劝人看报"，却是一种善行善作、善念善成的佛心，是由善良而生的一种体悟。"每天早晨，我打开报纸，就好像看见一群人，脸色灰暗，嘴唇干燥，正从报馆大门络绎而出"。早年的鼎公也是报人出身，能够推己及人，看到报纸想到劳作的大众，是一种难得的善念。很多时候，我们的脚步都太急促。匆匆那些年，弹指如烟。停下来看看身边辛苦的人，珍惜眼下的所得，是何等的福分！就像看到白色口罩，可想到现在无数个医护人员奔忙的身影；看到快递包裹，想到许许多多运输队伍在疫区川行的车流一样，我们的思想里需要有这样的善良，来理解一些事，来正视我们脚下的路。

都说"虚心"和"真心"是一对双胞胎。对友人的真心，也体现在虚心接受批评，虚心向身边的朋友求学问道。鼎公《送别》六则，就体现了这样的姿态。纽约就是送天下人的地方，每次有送往活动，请鼎公致辞已成惯例。老作家一生经历丰富，却依然能够虚心看到别人的优点。那些温和又坚定、谦逊又自尊的朋友，在鼎公笔下，都是帮助自己提升的最好的老师。朋友中有零金碎玉，也有秦砖汉瓦，一双发现长处的眼睛会让你看到世间更多的精彩。鼎公在文章里数次提到朋友的真情，不论是实习记者，还是故交作家；不论是科技人员，还是医院病友，"挚友多真"，在老先生笔下都是最珍贵的所在。人不能等到只剩下老妻、老狗和老酒的岁月才知道真心待友，从现在起，关爱身边的医生、护士、老师、亲朋吧，他们都值得你用心相待。

看鼎公文章得出一番理论：老年黄金说。到老年了，可以看透万事万物，可以不在乎刮风下雨，春起秋落。如同长跑后的胜利者，手中攥着的是用毅力换来的奖章。鼎公九十岁回顾谈今生，发现恒心是最重要的生命品质。做工作要恒心，写文章也要恒心。"即使颠沛造次，不管风雨阴晴"，文字创作不能急于求成，要有终其一生奋斗的勇气。文章写好了，还要写得多一点，多写可以不发表，可以现在写，将来出版，不要等将来想出版了，再去动笔。鼎公说，"你爱天地山河，爱冷暖阴晴，因为那是你还没写成的诗"。只有这种苦行般地付出，才能看到收获的美好春景。参天大树之所以好看，因为它有一种努力生长的样子，不达高度不罢休的气力。人也好看，只要人努力上进，只要有不屈的勇毅。放到现在，我们的国家不也正是在用全中华的勇毅恒心来与病疫做战斗，体现出那般坚韧挺直的精神吗？

活到老，真好。这是一本书的名字，也真像是一位经历百态的长者贴在你身边轻言细语的一声低喃。读完了书，我感到灵魂身心的舒适，这种舒适是一种休养生息，亟待勃发前的感觉。它让人醉心拥抱如春光般明媚的时代，坚信拥有像鼎公一样真性情的民族，也能迎接朝阳，不喜不惧，去行走那一条属于自己的路。